高等学校广告学专业教学丛书

企业形象策划与管理

张茂林　王奕俊　编著

中国建筑工业出版社

图书在版编目（CIP）数据

企业形象策划与管理/张茂林等编著．—北京：中国建筑工业出版社，2008（2023.9重印）

（高等学校广告学专业教学丛书）

ISBN 978-7-112-09863-7

Ⅰ．企⋯ Ⅱ．张⋯ Ⅲ．企业形象－设计－高等学校－教材 Ⅳ．F270

中国版本图书馆CIP数据核字（2008）第065115号

　　本书是广告学专业教学丛书之一。本书共分12章，分别介绍了以下内容：从管理视角阐述了企业形象的价值与功能以及CI策划的内涵、特性与原则；从实务的角度阐述CI策划的流程，包括组织机构设置、CI策划基本程序、CI企划案制作、CI策划的内外发布以及CI的导入程序；分析了中国CI的运行环境，作者结合多年的CI策划实践提出了CI策划体系的"五要素说"，并依次对理念识别、战略识别、行为识别、品牌识别和视觉识别展开系统论述；从企业管理的视角阐述企业形象管理的涵义、内容和流程，CI与企业经营管理的关系，并提出"形象管理三部曲"理论，分析了企业形象管理的发展趋势。全书在阐述理论的同时，剖析了大量经典的中外CI策划案例。

　　本书可作为高校广告学专业教材、行业高级培训教材及广告人员继续教育教材，亦可供广大从业人员、美术及商业工作者学习、参考。

责任编辑：朱象清　李东禧　陈小力
责任设计：郑秋菊
责任校对：梁珊珊　刘　钰

高等学校广告学专业教学丛书
企业形象策划与管理
张茂林　王奕俊　编著

中国建筑工业出版社出版、发行（北京西郊百万庄）
各地新华书店、建筑书店经销
北京嘉泰利德公司制版
北京云浩印刷有限责任公司印刷

＊

开本：787×960毫米　1/16　印张：11¾　字数：230千字
2008年6月第一版　　2023年9月第五次印刷
定价：**32.00元**
ISBN 978-7-112-09863-7
　　　（16567）

版权所有　翻印必究
如有印装质量问题，可寄本社退换
（邮政编码 100037）

高等学校广告学专业教学丛书编委会

主 任 委 员 尤建新　同济大学
副主任委员 张茂林　同济大学
　　　　　　　朱象清　中国建筑工业出版社
委　　　员（以姓氏笔画为序）
　　　　　　　王　健　解放日报报业集团
　　　　　　　刘　超　广东外语外贸大学
　　　　　　　严三九　华东师范大学
　　　　　　　李东禧　中国建筑工业出版社
　　　　　　　吴国欣　同济大学
　　　　　　　姜智彬　上海外国语大学
　　　　　　　黄美琴　同济大学

总　序

"理论是灰色的，生活之树常青"，理论来源于实践并随着实践的发展而发展。

伴随着经济的持续高速增长，中国的广告业发展迅猛。2006年，全国广告经营额达1573亿元，增长率达11.1%。据不完全统计，2006年底，全国共有广告经营单位14万多户，增长14.1%；广告从业人员突破100万人，增长10.6%。同期，广告业发展已经非常成熟的欧洲和北美，其广告业增长率也达到4%左右，高于这些国家的平均经济增长水平。

不仅如此，随着数字技术的渗透，广告业还出现了许多新的发展态势。数字技术已经全面融入媒体产业，新媒体大量出现，传媒版图加速扩展，传播价值链、传播渠道、接受终端、传媒接触方式等均已出现重大变化，互联网广告、手机广告市场增长势头强劲。由此导致广告赢利模式与业务形态发生变化。由于服务经济、体验经济时代的到来，人们从关心大众，转变为关心分众和小众，企业与消费者的沟通模式被不断创新。广告服务已从以广告活动为主到以为企业提供整合营销传播服务为主。

这一切已经并将继续对现行广告学理论提出新的挑战，进而推动广告学理论的丰富和发展。

广告学理论也并非被动地适应广告业实践，而是在指导和检验广告业实践的同时，又不断地从广告业实践中汲取营养，这是理论对实践的反作用和能动性的体现。

中国建筑工业出版社早在1998年就出版了全套14本的《高等学校广告学专业教学丛书暨高级培训教材》，在中国广告专业教育中发挥了重要作用。为总结近年来广告业发展的新特点、新趋势，以及广告学理论的新成果，并为科学指导广告实践而进行前瞻性的理论探索，在原来这套丛书的基础上，我们又进行了精心选题和筛选，并组织了同济大学、华东师范大学、上海外国语大学、广东外语外贸大学和解放日报报业集团的广告学理论研究、广告学教育和广告实践的资深专家进行撰写，形成了新一套《高等学校广告学专业教学丛书》。

新版丛书共8本。《广告学概论》阐述广告学的研究对象、理论体系和研究方法等基本原理，及其在广告活动各个环节的运用原则。《广告策划与创意》通过总结和分析国内外经典和最新的广告策划与创意案例，揭示广告策划与创意的一般规律。《广告设计》不仅论述了广告设计的一般程序、设计原则和设计方法，还分别阐述了不同种类媒体广告的设计与制作过程。《广告文案》在分析、鉴赏经典的和最新的广告文案的基础上，论述广告文案的特征、功能、风格及其文化背景等，并分析其写作技巧。《广告心理学》阐述了广告心理学的基本原理及其在广告策划、广告设计和媒体策略中的具体应用。《广告媒体策略》全面、系统地论述了包括新媒体在内的各类媒体的特点、广告计划及媒体组合策略。《广告经营与管理》从企业和政府层面，对广告经营与管理的内容、方法、广告法规、广告审查制度和责任等问题展开论述。《企业形象策划与管理》从全新的视角，阐述企业形象的内涵、功能和体系，并结合中外经典案例，分析企业形象策划、设计与管理的原则、方法和流程。

总体而言，新版丛书具有三大显著特点。第一，数字化思维。数字技术的发展给企业和消费者的生存方式带来了革命性的影响，广告业和广告学的方方面面不可避免地被打上数字化的烙印。因此，本丛书注重将广告学置于数字技术的背景下进行讨论，体现数字技术引发的广告业发展新特点、新趋势和广告学理论的新成果。第二，国际化视野。在中国广告市场已全面开放的大背景下，广告业的国际化和全球一体化渐成趋势，中国广告市场已成全球广告市场的一部分。有鉴于此，无论是理论阐述还是案例分析，涉及到学界还是业界，本丛书均力求展示国际化视野。第三，集成化体系。本丛书希望将基础性、操作性和前瞻性统一起来，既涵盖广告学基础理论和通用性的内容，又强调源于大师杰作和作者经验与智慧的实践性和操作性，同时还力求反映丛书所涉及的各个领域的最新发展。

随着以信息技术为代表的新技术的发展、全球市场格局和竞争态势的变化，以及消费者行为方式的变迁，广告业将会出现新的发展趋势。广告学也必将随之不断加以丰富和深化。因此，新版丛书仍然会存在一定的时代局限性。同时，也受限于作者的水平，新版丛书的不足在所难免。恳请广告学界、业界的同行专家以及广大读者提出建设性意见，以帮助作者在再版时予以改进和修订。

高等学校广告学专业教学丛书

编委会主任　尤建新

目　录

第1章　企业形象的价值与功能　001
1.1　企业在经营管理活动中面临的挑战　001
1.2　企业形象成为企业制胜的战略要素　003
1.3　企业形象的内涵和特征　005

第2章　CI策划概论　007
2.1　CI策划的内涵　007
2.2　CI策划的发展历程　009
2.3　CI策划的系统结构　014
2.4　CI策划的特性　020
2.5　CI策划的功能　025
2.6　CI策划的原则　031

第3章　CI策划程序　045
3.1　CI组织机构设置　045
3.2　CI策划基本程序　047
3.3　CI企划案制作　049
3.4　CI策划的内外发布　051

第4章　CI策划前的调查研究　055
4.1　调查对象与内容　055
4.2　调查步骤与方法　059
4.3　调查结果处理与分析　065

第5章　理念识别(MI)策划　069
5.1　经营宗旨的确立　069
5.2　经营方针的制定　071
5.3　企业价值观的整合　072
5.4　企业精神口号的提炼　077

第6章　战略识别(SI)策划　080
6.1　企业战略态势的分析　080
6.2　企业总体发展战略的确立　085
6.3　企业操作层战略的确立　090

第7章　品牌识别(TI)策划　094
7.1　品牌定位策略的选择　094
7.2　品牌名称策略的选择　097
7.3　品牌延伸策略的制定　100

第8章　行为识别(BI)策划　104
8.1　企业行为识别界定　104
8.2　企业整体行为识别策划　106
8.3　企业内部组织行为识别策划　111
8.4　企业员工个体行为识别策划　114

第9章　视觉识别(VI)策划　118
9.1　视觉识别界定　118
9.2　企业标志的设计　120
9.3　标准字的设计　129
9.4　标准色的设计　132

第10章　企业形象管理概论　139
10.1　企业形象管理的涵义　139
10.2　企业形象管理的三个阶段　140
10.3　企业形象日常管理和维护的机制　146

第11章　形象营销三部曲　149
11.1　战略定位与形象定位　149
11.2　光环产品与竞争力　150
11.3　"三位一体"战略　152

第12章　企业形象管理新发展　154
12.1　企业形象管理中的误区　154
12.2　企业形象管理发展趋势　158

附录：　161
企业导入CI的案例　161
初创期企业CI案例：索爱　162
成长期企业CI案例：联想国际化CI标识切换　166
成熟期企业CI案例一：百事蓝——差异化竞争的典范　169

成熟期企业CI案例二：中国联通新标识亮相——品牌定位是"创新、活力、时尚" ■ 171

转型期企业CI案例：Intel换标 ■ 175

180 主要参考文献

第 1 章　企业形象的价值与功能

随着市场竞争的不断升级，现代企业的竞争已由传统的硬件竞争向软件竞争转化。企业形象作为企业经营的重要资源，已成为企业越来越重要的无形资产。本章主要论述企业在经营管理活动中面临的挑战和企业形象成为企业致胜的战略要素，以及企业形象的内涵和特征。

1.1　企业在经营管理活动中面临的挑战

1.1.1　消费理念变化带来的挑战

1. 理性消费向感性消费的转化

从经济学的角度看，消费者是理性人，即追求在一定费用下的产品效用的最大化或一定产品效用目标前提下的成本最小化，消费者更多关注产品本身能否满足需求，这种强调价廉物美的理性消费观念在社会经济不够发达、消费能力普遍不强的情况下是当然之选。随着经济的发展、消费水平的提高和消费习惯的转变，消费者越来越关注产品功能之外的其他因素，如产品的包装、品牌知名度、产品和企业声誉等，他们追求名牌、崇尚潮流、强调身份和地位，并愿意为获取这些无形的要素进行额外的支出。产品本身的功能和质量蜕变成消费者购买该产品的必要条件，而非充分条件，企业仅仅凭强大的功能和良好的质量包打天下的时代已经过去了，感性消费正逐步取代理性消费成为现代消费的主基调。

2. 共性需求向个性需求的转化

在商品相对短缺和购买力不强的年代，消费者没有太多的选择余地。不同企业生产的同类产品大同小异，这体现在人们日常消费的商品中，如在服装的消费上，无论款式、面料、颜色还是规格均无太大的差别；福特公司生产的黑色 T 型车曾经风光无限，无论男女老少，所购买的福特 T 型车都是完全相同的。随着经济的发展，购买力的增强和消费观念的变化使人们追求消费个性化的愿望提高到空前的高度，在强调个性的时代，消费者希望凸显自己的与众不同，希望所购买的产品是为其量身定制的,而不是与大多数消费者购买的商品一样雷同、缺乏个性,如果两个人穿着相同,双方甚至会觉得尴尬。企业依靠标准化生产的规模营销,已无法满足日益细分的市场需求,满足个性需求的定制营销越来越受到消费者的青睐。

1.1.2 日趋激烈的市场竞争所带来的挑战

1. 产品日益同质化

产品本身是吸引消费者、赢得市场的关键,在市场竞争不充分的情况下,只要产品质量过硬、功能适用性强,有相应购买力,产品就应该有销路。因此很多企业将注意力放在产品的技术研发和革新上,通过功能的更新和质量的提升留住消费者,这是靠"商品力"赢得竞争的时代。但随着卖方主导市场的短缺经济时代的结束,社会进入买方市场时代。纵观各行业,产品普遍过剩,企业之间的竞争激烈,体现在技术研发和产品的推陈出新上,往往是你争我夺、各不相让,从家用电器到计算机,从手机到汽车,产品在质量、功能等方面日趋同质化。许多企业如计算机和汽车企业,日益成为零配件组装厂,更有不少产品是从同一生产线下来、只是贴上的品牌不同而已,这与消费者追求消费个性化形成鲜明的反差。因此仅仅靠"商品力"单极赢得市场、赢得消费者的时代已一去不复返了,产品的品质精良、功能完备已成为企业立足于市场的必备条件。

2. 产品营销方式易被模仿,难以差异化

市场经济时代,好的产品还需好的销售,这已是广大企业一致的共识。"酒香不怕巷子深"已不适应现代市场环境,"酒香就怕巷子深"取而代之。企业必须想方设法通过各种营销策略向市场推销自己的产品,如采取广告宣传、人员推广、销售促进、公共关系等策略组合进行促销。在渠道为王的市场环境中通过自建、代理、特许经营等方式发展营销网络覆盖目标市场,方便消费者就近选购,扩大产品市场占有率,市场进入"商品力"和"销售力"两极时代。但随着竞争的加剧,市场中充满了优质低价的商品,即便各公司都使出浑身解数致力于商品的推销活动,许多商品仍摆脱不了滞销的命运,究其原因是产品的市场营销策略和活动并未解决以下问题:

(1) 消费者对产品及企业的忠诚度

形式多样的营销组合有助于增加产品在一定时期内的销量,如广告的宣传将产品信息传达给更多的目标客户,销售促进刺激短期内消费者的购买欲望。但这些措施并不能建立客户对产品及企业的忠诚度,形成企业与客户之间的持续关系,竞争对手很有可能通过类似的方式争夺客户。而在当前的市场环境中,维系老客户比开发新客户更有价值,因为后者的成本远高于前者。关系是需要培养的,要留住老客户必须潜心精耕细作,时刻关注并设法满足消费者的需求,没有在培育客户忠诚度上下足功夫的企业是难以保留住客户的。

(2) 与其他产品及企业的差异化更易于消费者辨识

在各种产品充斥市场和产品日益同质化的今天,不同企业之间的产品无论从功能、质量、款式还是包装上都比较相似,消费者不容易从产品本身区分不同企业的产品并对某企业产品留下深刻印象,而形式多样的销售组合在这方面也难有作为,

广告宣传也许能强化消费者对产品的记忆度，但其效果是强制性和暂时性的，并且这种手段并未反映产品乃至企业的全部，给消费者的印象带有一定片面性，因而难以体现本企业产品与其他产品之间的本质差别。

1.1.3 企业内部管理面临的挑战

一个经营有序的企业离不开高效的内部管理，为了实现这一目标，一些企业往往投入大量资金配置先进的生产线、完善的信息系统、舒适的工作环境，但这些因素并不足以保证企业的高效运作，不少具备这些条件的企业仍然出现人心浮动、管理混乱、运作效率低下的问题。究其原因，企业好比一台计算机，计算机要运行良好，除了配备较好的硬件，还必须有软件的支持，否则只是一堆废铁。而在企业管理中良好的生产经营条件只是企业管理过程中的"硬件因素"，仅有硬件而软件配备不足，难以保证管理的质量和效果。企业管理不可或缺的"软件因素"，包括高度统一的价值观和企业文化，它渗透到"硬件管理"过程中，为其提供动力和支撑，为全体员工指明前进的方向，提高企业的凝聚力，调动企业员工的积极性，提高企业的运作效率，而这些"软件因素"恰恰是许多企业所欠缺的。

1.2 企业形象成为企业制胜的战略要素

在现代市场环境中，商品力和销售力已成为市场竞争的基础和前提，但企业仅靠产品将寸步难行，好的产品加好的销售也许在短期内奏效，但无法保证企业持续地立足于市场。而一些深入人心的企业及其产品却能纵横天下，这些企业的共同特征是拥有良好的企业形象和产品形象。现代企业市场竞争只靠商品力、销售力已经不能决胜市场，还需加上形象力，它是通过塑造和传播优秀企业形象而形成的一种对企业内外公众的凝聚力、吸引力、感召力和竞争力，是隐含在企业生产经营活动背后的一种巨大的潜在力，是企业新的生产力资源，代表一个企业的综合实力。美国可口可乐公司形象就是世界第一大"可乐"公司的形象，而"七喜"公司的最终目标，就是第一大"柠檬水"公司的形象，任何企业的最终目标，就是要寻求一个统一的企业形象，提高企业产品的销售，扩大自己的市场，从而达到获取利润的目的。形象力与商品力、销售力共同构成竞争力的铁三角，并且其重要性已超越商品力和销售力，成为决定企业成败的战略要素。

1.2.1 构建企业的差异化竞争优势

差异化竞争是企业重要的竞争战略，一方面它通过采取与行业中多数企业不同的运作模式和管理手段，向消费者提供与众不同的独特价值，从而在市场竞争中赢得一席之地。不夸张地说，现代企业如果缺乏个性、不能构造独特的差异性，就没有生命力，无法在市场中立足。而另一方面，构造差异性对企业来说并非易事，尤其在产品日益同质化和销售策略容易被模仿的今天。企业形象为实现差异化提供了新的契机，它帮助企业从众多的同类企业中脱颖而出，在消费者心目中留下良好的印象，进而提升其对企业及其产品的忠诚度。同时企业形象的塑造是一个长期的过程，企业必须经过坚持不懈的努力，才能在消费者心目中树立起杰出的而又有别于其他竞争者的形象。良好的企业形象一旦建立起来，将形成对消费者的强大吸引力，竞争对手也不可能在短期内通过简单地策划几次活动或通过媒体宣传进行模仿，这将帮助企业构建独一无二的竞争优势，形成持久的竞争力。

1.2.2　放大顾客让渡价值，塑造良好的产品和企业形象

为什么所用原材料、功能、质量类似甚至同一条生产线下来的产品中，名牌产品价格可以是普通品牌产品的若干倍？为什么像耐克这样的著名企业自己从来不生产一双鞋，却能使贴上"耐克"商标的产品畅销世界？顾客让渡价值理论告诉我们，消费者总是选择使自身让渡价值最大化的产品。影响让渡价值的因素除了产品价值外，形象价值是影响让渡价值的另一个重要因素，消费者能从企业或产品形象方面得到一个与众不同的印象。也就是说，即使产品和营销方式看上去差别不大，消费者对企业及品牌形象也仍然存在着认知上的差别，尤其是因为定位的差异化并不是企业自身，而是在潜在目标客户心目中。并且基于产品的功能、质量、款式等，产品价值是有限的。而相对而言，形象价值无法准确度量，它取决于消费者对产品及企业的认可程度，拥有广泛知名度和良好美誉度的产品，在消费者心目中的价值要远远超过产品本身的价值。纵使比同类产品价格高出许多，消费者也不计成本，心甘情愿为其偏好支付额外的费用。

1.2.3　提升消费者对企业及其产品的信任和忠诚度，降低企业开拓市场的成本

客户资源是企业赖以生存和发展的基础，良好的企业形象能使消费者产生对企业的依赖感和认同感，提升消费者对企业及其产品的信任度，降低企业开发客户的难度和成本，使用户乐意购买和宣传本企业的产品。海尔的产品之所以价格高于同类产品的平均价格却依然畅销，并不只是因为优良的产品品质，更重要的是其高品质的服务在消费者心目中形成的良好形象，使消费者能够放心购买。良好的形象帮助企业在外界公众中培养起企业产品和服务的崇拜者和宣传者，形成企业对消费者的凝聚力，使该企业产品在市场上拥有良好的知名度和美誉度，从而培养出一支稳定的消费大军，构成一个稳定的市场，使企业和消费者结成相互依赖、相互推动、互利互惠、双向合作的亲密友好关系。由此可见，良好的企业形象就是财富，就是效益，就是市场。没有良好的企业形象，企业就会失去顾客和市场，就无法生存和发展。

1.2.4　在企业内部构建强大的内聚力

良好的企业形象犹如一块巨大的磁铁，产生强大无比的内聚力，将企业员工紧紧凝聚在一起，有效地调动员工的积极性，为企业的更大发展尽心尽力，多作贡献。

这是因为，企业具有了良好形象，企业员工就有自豪感和自信心，主动改变原来只从个人角度出发建立的价值观念，树立起以企业为中心的共同的价值观念，就会对企业产生一种强烈的向心力，增强集体意识。具有强烈集体意识的员工，会对企业所承担的社会责任和企业的发展目标产生更为深刻的理解，产生对企业的强烈依附和归属感，从而自觉地约束自己的个人行为，使自己的思想、感情和行为与企业整体紧密联系，愿意自觉地、积极地参加与本企业有关的各项事务，利用各种机会释放自身潜在的能量，自觉地为企业的发展贡献自己的聪明才智。此外，良好企业形象所构建的企业管理"软件因素"也使企业"硬件"的功效得到充分地发挥，两者相互促进，在企业内部形成一个管理有序、运作高效的有机体。

1.2.5　产生乘数倍增效应，形成企业强大的外扩力

企业形象是企业一笔宝贵的无形资产，其潜在价值不可限量。对多数企业而言，新产品的市场推广是一个耗资、耗时的难题，但像海尔这样的知名企业，却能借助自身良好的企业形象进行品牌延伸，使新产品顺利打开市场。这就是企业形象的乘数效应，它就像一颗石子丢进水中，虽然入水点只有一个，但波及整个水面，良好的企业形象惠及企业的新业务和新产品，为产品增添富有魅力的光环，使其更容易被市场接受。从总体上看，良好的企业形象能够帮助企业形成强大的外扩力，其所产生的效益远远超过塑造产品形象的投入。

1.3　企业形象的内涵和特征

1.3.1　企业形象的内涵

企业形象与社会公众关系密切，因此就与公众的关系而言，企业形象是公众对企业在运作过程中表现出来的行为特征和精神风貌的总体性评价和综合性反映，是企业的外观现象和内在本质、物质文明和精神文明的有机统一。

企业形象这一定义，包含了以下几点具体内容：

第一，企业形象好不好，取决于企业自身的表现，是企业自己的事。事物发展的根本原因在于内因，塑造良好的企业形象应立足于企业自身。企业只有依靠自己坚持不懈、持之以恒的努力，才能树立起良好的形象。企业如果疏于练内功，而一味指望政府的支持、媒体的宣传、社区的帮助、竞争对手的让步、顾客的怜悯等等，对企业形象的塑造是无济于事的。在当今世界上享有盛誉的国际大企业如"可口可乐"、"麦当劳"、"IBM"、"迪斯尼"、"Intel"、"索尼"、"耐克"、"微软"等，以及在国内具有良好经营业绩，知名度、信任度与美誉度都很高的海尔、联想、上海大众、蒙牛、美特斯邦威等，都是将力量放在苦练内功、精心经营上，只有通过自身努力树立良好形象，最后才能为企业带来丰厚的回报。

第二，企业形象好不好，取决于公众的看法和意见，不能由企业自己说了算。公众是企业形象好不好的裁判和评价者。公众不等于群众，指的是那些与企业存在

一定利益关系的社会群体。企业的主要公众有两类：一类是内部公众，即企业的内部员工，他们对企业的看法和认识是衡量企业形象的依据之一；另一类是外部公众，即企业所面对的消费者、社会公众、新闻界、竞争对手、政府等。外部公众，特别是消费者对企业的看法如何，是企业形象好不好的最重要依据。

第三，企业形象好不好，是一个综合性的指标，是公众对企业的各方面状况，如企业的内与外、形与神、精与气等的总体评价和综合性反映。有些企业认为，企业形象好不好，关键在于包装，只要企业外表装潢奢华，企业形象就光彩夺目。殊不知，不注意企业内在综合素质的提高，产品质量不过硬，服务水平低，无论外表如何亮丽，同样不能使企业在外界树立起良好形象。另外也有些人的认识走向另一个极端，认为树立企业形象主要应抓企业内在的东西，如企业文化、企业精神文明建设等，至于企业的外在形式，如环境、厂容、建筑设施、标识系统等，对企业形象来说无关紧要。这一认识也是十分错误的。任何事物都是内容与形式的统一体。人们对企业的认识，往往始于感性直觉，在此基础上才深入到事物的内部。红花还需绿叶扶，企业外在形式的美会直接反作用于企业的内在精神。因此，评价企业形象美不美，不能片面地看问题或听信于对企业的单一评价，而应着眼于企业整体，从表象到本质，从局部到整体，进行综合性的评价。

1.3.2 企业形象的特征

1. 无形性

企业传统生产力的资源，主要是指各种物质要素，如工艺与设备等。企业形象则是一种无形资源，但又可以通过集体或社会公众的共识性感受和认可，使企业的实体性资源得以充分发挥，激发出企业生存发展的新力量。可以说，企业形象是一笔难以估量的无形资产，是企业走向未来的动力。

2. 整合性

企业形象能够从新的高度对企业现有的物质资源和人力资源进行整合，把分散的生产力要素变成整体的生产力要素，形成整体优势。企业形象还是一种冲击力和传播力，能够扩大企业生产力要素的功能与影响，将企业生产力资源扩散到整个社会，传播到社会公众的心目中，从而使企业获得生存和发展的新机遇。

3. 战略性

我们知道，塑造企业形象不是一朝一夕的事，企业形象要求企业从长远发展角度来审视和制定企业的战略规划，它从企业的发展趋势和运行的前景着眼，能对企业的发展产生长远的、战略性的推动力，带有战略性思考与制度安排的特征。

思考题

1. 如何理解企业形象是企业制胜的战略要素？
2. 举例说明"商品力"、"销售力"和"形象力"之间的关系及各自的作用。

第 2 章　CI 策划概论

CI 是英文 Corporate Identity 的缩写，直译为"企业身份"或"企业识别"，国内通常称其为"企业形象"。

随着 CI 策划在中国传播的不断深化，我国学术界、设计界和企业界人士越来越关注如何结合中国国情进行 CI 策划。回答这一问题，必须先弄清楚 CI 策划究竟是什么，它的来龙去脉如何等基本问题。所以，本章着重对 CI 策划的内涵和历史沿革、CI 策划的特性和功能、CI 策划的原则、CI 的系统结构等问题进行论述。

2.1　CI 策划的内涵

CI 策划是根据企业内部条件和外部竞争环境以及企事业领域的特点，确立企业发展战略与企业经营理念，并对企业的组织体系、行为规范、品牌策略、公共关系、广告营销，乃至员工素质方面，进行全方位的测定与管理，然后运用整体信息沟通系统，传达给企业内外的关系者。从本质上看，CI 策划是现代社会所必需的、通过塑造企业形象促使企业发展的经营战略。从流程上看，CI 策划的目的是通过企业周密、系统的策划，从复杂的内外关系中，整理出秩序，进而建立一个统一而独特、规范而灵活的企业形象。CI 策划所塑造的企业形象与竞争对手有明显差别，形成有利于本企业活动的大环境，促使企业产品打入市场，直至巩固市场，永葆企业活力。

CI 策划是一种战略策划。战略，军事上指对战局的筹划和指导。具体地说，是指各种策略的有机构成和配合运作。成功的、正确的战略，是克敌制胜的重要保证。而 CI 策划则是商战决胜的战略。

首先，CI 是一种发展战略。CI 是着眼于企业未来发展的战略，具有强烈的前瞻性。"发展"的思想贯穿于 CI 策划、运作的整个过程。

其次，CI 是一种经营战略。美国的管理学权威彼得·F·得鲁克认为经营战略应回答两个问题：我们的企业是什么？它应该是什么？而这也正是 CI 策划所要解答的两个最基本问题。因此，CI 策划的过程也就是战略规划的过程，战略规划的逻辑程序与结构同样适用于 CI 策划。

再次，CI 也是一种竞争战略。随着经济、科技的进一步发展，企业所面临的竞争形势日益严峻，CI 正是着眼于提高企业整体竞争力的一种战略，因此 CI 策划具有很强的针对性和实战性。

最后，CI 还是一种文化战略。CI 策划实施过程，实质上是对企业文化进行整体营造的过程。通过对企业文化的整合、规范，增强企业整体统一性和凝聚力。通过对企业文化的调试，使个人和群体目标与企业战略目标一致起来，建立有效能的机构和制度，并使企业成员在行为上协调一致，共同实现企业总目标。

在对 CI 策划的理解上，应注意几点：

第一，CI 不只是外在的"企业形象"。"企业形象"是 CI 的出发点，也是 CI 的最终结果，但 CI 并不等于外在的企业形象。CI 是"企业身份"、"企业识别"，要回答"我是谁"的问题，即对企业主体性进行明确的认知。而企业形象是各类公众对企业综合认识后形成的最终印象。CI 是提升企业形象的一种手段，而不是企业形象本身。国内将 CI 称为"企业形象"，其实并不准确，只是约定俗成罢了。

第二，视觉识别 VI（Visual Identity）不等于 CI。视觉识别只是 CI 策划的要素之一。因此，不能将 CI 策划简单地理解为给企业设计标志、产品包装等。VI 虽然可以是相对独立的，但它不是孤立的，它是企业经营理念、战略取向、战略目标的外化，是 CI 有机整体的一部分。如果割裂有机体各要素之间的内在联系，简单地将 VI 等同于 CI，会将 CI 引入歧途，而 VI 本身也会变成无源之水、无本之木。

第三，CI 策划不等于企业经营本身。CI 策划只是企业经营的基本战略，也是一种企业管理手段。成功的 CI 策划能帮助企业塑造企业形象，提高企业整体竞争力。但企业能否实现这一目标，关键在于企业经营本身，在于能否将 CI 策划方案贯穿到企业的实际经营活动中去。尽管 CI 策划设计中，要涉及许多经营问题，如经营理念的调整、企业战略目标的确定、企业行为的规范等。但 CI 主要是从形成统一的企业识别系统的角度来考虑这些问题，而不是从生产、管理、营销的具体运作上考虑。因此，不能将 CI 策划等同于企业经营本身。

第四，对 CI 策划的价值定位要客观。既不能无视 CI 对企业内部和外部的功能，认为 CI 只是花拳绣腿，中看不中用，没有必要在这方面投资；也不能过分夸大 CI 的功用，认为 CI 策划是解决企业一切问题的灵丹妙药，对 CI 存有不切实际的奢望。事实上，CI 作为企业的一种经营战略和管理手段，具有软性投资的长期性，不可能立竿见影，并且 CI 与其他经营战略和管理手段一样，有着自己特定的作用范围。因此，必须客观地认识 CI 的价值。

第五，CI 策划虽重点讨论策划问题，但这并不意味着 CI 只要策划一完成，便万事大吉。事实上，CI 固然是策划出来的，但 CI 更是管理和推广出来的。没有策划便无从管理和推广，但没有管理和推广也就等于没有策划。如果 CI 策划被当作一种时尚，CI 策划方案被当作一件时髦的艺术品，束之高阁，那么 CI 策划对企业的经营和发展也就不具有任何的意义。因此，应该将 CI 管理和推广放在同等重要的位置。

2.2 CI 策划的发展历程

CI 策划发轫于美国，并在美国得到迅速发展，出现了大量具有时代性的代表作品，同时诞生了不少著名的从事 CI 策划的机构。

20 世纪 50 年代初期，美国计算器巨人——IBM 公司总裁小汤姆斯·华生（Watson）深感老式风格已无法表现现代高新科技产品的精神，希望能开发出一种崭新的企业形象，这个形象既能有利于开拓新的市场，给用户以深刻的印象，又能体现出企业的经营观念和创业精神。于是他聘请当时的工业设计权威诺伊斯为顾问，负责策划设计工作。诺伊斯将公司的全称浓缩成"IBM"三个英文字母，并设计成粗黑体字的标志。这一标志具有强烈的视觉冲击力，可达易读易认的效果。后来 IBM 公司又进一步完善了其视觉设计系统，其标准字有实体、空心、反白和条文等规格的用法说明，可任由各分公司根据需要，弹性运用。标准字以柔软、富弹性的规定，充分表现了 IBM 的经营哲学、质量感和时代性，成为"前卫、科技、智慧"的代名词。现在以蓝色条纹构成的 IBM 型标志，已成功地建立起"蓝色巨人"的形象（图 2-1）。

图 2-1 IBM 公司标志

到 1960 年代，以 Lippincott & Margulies 设计的 RCA 为代表作。当时 RCA 已是一个多元化发展的公司，由原来的无线电专业，发展为宇宙开发、教育、通信、情报、娱乐、服务、无线电等多种事业领域。因此，在设计概念上，将公司名称 Radio Corporation of America 缩写为 RCA。从过去的圆形改为字型商标，体现了新兴的电子产品内容的内在联系，又与公司经营多元业务相适应。这一单纯化的缩写文字，不仅继承了旧有标志既有的社会评价，有着简明易读的效果，比旧的标志感觉更形象、壮观。在基本设计要素方面，除了极标准的实体之外，还有条纹、线和色彩三种变化形式（图 2-2）。在应用设计方面也非常系统。如有关空间的设计，RCA 委托专业公司进行办公室配置标准化，以 ABCD 等级区分，遵循《环境标准手册》按图配置。可以说 RCA 的 CI 策划，是当时美国大企业中执行 CI 策划最为彻底

图 2-2 美国 RCA 圆形旧商标和新商标的三种表现形式

的个案。

由于 IBM 和 RCA 的 CI 策划的成功影响，美国其他企业纷纷仿效，如西屋电器公司、3M 公司等。而可口可乐公司的 CI 策划，革新了世界各地的可口可乐标志，成为美国 1970 年代的代表作。

可口可乐公司为跨越历史传统，塑造企业新的形象，于 1970 年聘请美国 Lippincott & Margulies 为其进行 CI 策划。L&M 公司经过市场调查，确定了可口可乐公司的四大设计要素，即：可口可乐的书写字体、可口可乐的品牌名、红色标准色和独特的瓶形轮廓。设计出的可口可乐标志，具有强化红色和白色视觉对比的冲击力，富有韵律感与流动性（图 2-3）。可口可乐公司在全美经销商、零售商代表大会上，正式推出可口可乐的新形象，获得巨大成功。

图 2-3 可口可乐公司标志

进入 1980 年代后，AT&T 公司委托 SaulBass 公司成功地进行了 CI 策划，修改和统一了 23 个地方公司，并强化企业形象的现代感，把原来的圆形中间安置钟形的标志，改为具有现代感、象征电话传播意味的新标志。

1982 年纽约的科布康服务公司（企业信息传达顾问机构）在《幸福》杂志中以 1300 家公司为对象，进行 CI 问题调查，结果表明已实施 CI 的占 66%，其中约 70% 企业是在 1970~1980 年间导入的。

在美国 CI 策划的专业机构中，保罗·兰德公司、Lippincott & Margulies 公司、Sall Bass 公司、浪涛（Landor Associates）公司，皆是声名卓著的 CI 策划公司。

保罗·兰德公司除设计了 IBM 公司的识别系统之外，还设计了美国西屋电器、美国国家广播公司（ABC）的著名 CI。L&M 公司除了设计 RCA、可口可乐公司的识别系统之外，还设计了克莱斯勒汽车、美国通用汽车的著名 CI。Sall Bass 公司除创造了脍炙人口的美国食品业泰斗 Lawry's、美国大陆航空公司的 CI 外，还接受日本味之素调味品以及美能达相机等企业的委托，策划出驰名于世的 CI。

浪涛公司专事企业形象、品牌包装与环境设计等，协助公司、团体定位，设计并实行其识别系统。公司总部始创于美国旧金山，分布于世界各地区的分公司，曾为世界各地各行业数以千计公司服务，其著名的设计案例不胜枚举，如日航、英航、泰航、印尼航空、台湾长荣航空等世界多个航空公司的 CI 均由其精心策划，日本富士、华歌尔、美津浓、丰田汽车、台湾统一企业等众多 CI，也出自其手（图 2-4）。

图 2-4 丰田汽车公司标志

浪涛公司以有效率的系统工作方式，结合策略企划、分析与创作技巧，运用团队的才能、技术与经验，有效地表达了客户的形象识别。公司将目标放在聆听、研究与发展上，以求解决方案富有创意、引发回响和切合实际。

CI 策划从 1960 年代末期开始传入日本。到 1971 年东洋工业改名为"MAZDA"（马自达）才正式展开一场 CI 革命。

日本马自达公司过去名称为"东洋工业株式会社",是以生产旋转式引擎为主的企业。随着公司事业的拓展,它已成为日本著名的生产汽车的大型企业。为了突破留在人们印象中的旧形象,树立世界先进汽车制造厂的新形象,公司决定引入 CI 策划。公司首先确立了"进取性、高质量、丰富的人性"的企业精神,然后决定将企业名称与商标合一,将产品商标 MAZDA 作为公司名称,并借助各种沟通机会与咨询媒介,设计出完整的视觉识别系统(图 2-5)。

图 2-5 马自达汽车公司标志

MAZDA 为日本企业识别系统树立了典范。此后日本的企业、金融业、零售业、制造业相继推行 CI 计划。1971 年,日本第一银行和劝业银行合并成为日本第一劝业银行,并透过良好的 CI 策划,成功地将其新形象展现在国内公众面前。其心形标志,传达出"和蔼可亲"的形象。其后伊势丹百货、大荣(Dalei)超市、百合造酒公司、菱备公司、健伍、松屋百货、美能达、华歌尔、富士、日立等著名公司相继导入 CI(图 2-6~图 2-8)。1977 年日经广告研究所调查的 546 家上市股票公司中,直接或间接引入 CI 的占 44.3%。

图 2-6 伊势丹百货公司旧标志(上)与新标志(下)

图2-7 大荣百货公司标志

图2-8 松屋百货公司标志

CI策划在日本的发展过程大体上可分为四个时期。

第一个时期，1960年代中期至1970年代中期。这一时期CI策划侧重视觉识别系统的统一和标准化。力求设计要素与传达媒体的统一性，使得标志、标准字及标准色能充分运用在整个企业体中。当时代表企业有MAZDA汽车、松田、大荣百货等。

第二个时期，1970年代后半期。CI特点表现为企业观念和经营方针的创新，企业意识到空壳视觉识别系统的局限性，因此非常注重企业理念的提炼、塑造和创新，以活跃士气、带动生产、创造利润。本期CI有所谓"医疗式CI"之称。这一时期健伍、松屋百货、小岩井乳液等公司的CI策划为其代表。

第三个时期，1980年代前半期。以谋求员工意识改革和企业体制改善为主。与第二个时期比较，此期较注重防患未然，以健全企业体制。因此，此期CI有所谓"防御式CI"之称。代表企业如麒麟啤酒、石桥轮胎、NTT（当时名为电点公社）、INAX（当时名为伊奈制陶）等。

第四个时期，1980年代后半期。这时的CI注重深入了解企业本身的经营资源与经营方针，再将其充分利用，以扩大其与竞争同业之间的差异性。同时开始走向对事业领域的策划和领导新型事业开发的方向。此期基本上确立了独树一帜的"日本型CI"。

日本CI策划专业公司中，以中西元男于1968年创设的PAOS株式会社最为著名。PAOS公司设计新概念和方法论是：站在世界性的立场上，以它的组织、运营、经销和与之对应的各种体现作为思考出发点，建立企业的经营战略体系。PAOS公司为日本60多家大企业进行了成功的CI策划。

我国台湾引进CI观念的先驱是台塑关联企业。1967年，由日本学成返台的郭叔雄，为台塑设计出波浪形外框的标志（图2-9），将所有关联企业标志结合起来，除了表现台塑企业塑胶材料的可塑性之外，还象征整个企业体系将绵延不断地蓬勃发展。这个"多角经营的设计政策"的表现形式，可配合企业体系的发展、扩大，自由地组合、增加。

图2-9 台塑企业标志

随后，味全公司因为业务快速发展，新产品不断开发，并开始朝国际市场大量外销，原有双凤标志的视觉形象，已无法显示味全企业的经营内容与发展实态。于是聘请日本设计名家大智浩为顾问，进行周详的市场调查与产品分析，开发味全企业识别计划。最后提出象征五味俱全、口字造型的五圆标志（图2-10），发展系列性传达样式，统一原有部门、产品的视觉形象，树立台湾CI开发的典范。

图2-10　味全企业标志

但由于当时市场竞争不激烈、刺激不动，CI并不发达。

1970年代，我国台湾CI处于初期发展阶段，普遍偏重视觉设计而非整体性的CI。如1978年，大同公司利用创业60周年纪念导入CI，将原有长方形商标更改为圆形标志，并逐步统一大同公司海内外各关联企业与分支机构的标志，企业把公司的形象作大幅度的调整，突破多年来的以"民族工业、国货产品"自居的保守形象，进一步塑造"产品营销全球的国际性公司"的企业形象。

1980年代是我国台湾CI大发展的时期。台湾企业集团通过大规模的重组整合，配合不断横向扩张的多角化经营战略，形成一些组织庞大的企业集团。为树立大型企业良好的形象，企业纷纷导入CI。1980年底，和成窑业公司庆祝创立50周年纪念的同时，展示了由HCG三个蓝色的英文字体巧妙又顺畅组合而成的新标志。其代表意义寓含"和成"两字的蜕变造型与迈向国际化经营的走向（图2-11）。声宝公司于创业30周年纪念时导入CI，在国内外媒体上呈现六角形S的新标志，同时提出"商标就是责任"的宣传口号，将企业经营的理念表露无遗。震旦行在1985年实施CI，以计算器制造业为主，以"同仁乐意、顾客满意、经营得意"为其经营理念。大公证券公司，英文名Tycon，意为大亨，其经营理念为"生财有道，大公无私"。

图2-11　和成卫浴标志

我国台湾最有特色的CI典范是宏基计算机。宏基于1982年开始导入CI，经过多次重塑与整合，于1987年正式推广其名称"Acer"（图2-12）。"Acer"源自拉丁字根，意思为主动、敏锐、能干、犀利、强筋、灵巧，表示宏基以制造世界一流产品为目标。宏基企业标志是一个被切开的砖石图形：弓型箭头，代表Acer精力充沛、具爆发力、无坚不摧、勇往直前的企业胆略；菱形钻石，是自然界中最坚固耐久、最有价值感且为人类所珍视的宝物。这个标志生动体现了宏基创新且具高科技价值感的新形象。

图2-12　宏基电脑标志

我国台湾的CI策划专业公司中，以魏正创立的"艾肯（ICON）形象策划公司"最为著名。艾肯以本土性和国际观为我国台湾企业导入CI，重视企业对内、对外的形象塑造，强调人、事、物的基本条件，以"沟通、价值、创造"三大开发概念为策划的重点。艾肯公司策划了许多成功的、著名的CI案例，如大通国际集团、海望角海洋俱乐部、吉的堡美语、取新实业、宏巨建设、上绮企业等等。

伴随着改革开放，CI 也于 1980 年代中后期进入了中国内地。最初是以理论的形式作为美术院校的学术教材引进的。1988 年，在改革开放大潮中经济迅速发展的广东省，出现了专业的经营理念设计机构，策划实施了"太阳神"的 CI 系统，立即引起企业界、新闻界、设计界的重视，翻开了 CI 在中国具有历史和现实意义的第一页。

太阳神集团公司的前身是广东东莞黄江保健饮料厂，一家很小的乡镇企业。原先的商标是"万事达"生物健口服液，虽于 1980 年代初投入市场，但多年来却鲜为人知。1987 年，该厂委托专业设计师创意设计了"太阳神"商标（图 2-13）。接着，从 1988 年至 1989 年由刚成立的广州新境界设计群负责总体策划，并导入 CI。以太阳神形象延伸为企业、商标、产品三位一体的 CI 体系，在上海进行全面推广。从企业、市场、文化竞争和发展来看，太阳神实在是生物健在层次和理念上的跳跃和升华。因此在很短的时间内，上海市民把太阳神作为高级送礼佳品而竞相购买、相互赠送，取得了意想不到的成功。

图 2-13　太阳神标志

接着，太阳神 CI 体系在全国市场联成一体，并出现了连锁反应，从而形成了 CI 与产品、企业的良性循环系统。太阳神以其红色圆形和黑色三角形为基本型的具有强烈冲击力和现代感的视觉识别系统，迅速遍及中国大陆，并影响远至港澳和东南亚等地区。

无论从历史或现实的角度而言，太阳神的 CI 战略都是中国企业导入 CI 的前奏，并经市场实践证明，是最具积极性和深远影响的中国 CI 战略的典范。在短短的几年中，以太阳神为开端，"万宝"、"半球"、"健力宝"、"乐百氏"、"李宁"、"卓夫"、"海王"、"森碧氏"、"浪奇"、"999"、"美菱"、"中国银行"、"四爱"、"联想"等相继导入 CI，鲜明的企业形象如雨后春笋般屹立于中国市场。

2.3　CI 策划的系统结构

2.3.1　国外 CI 策划体系及成因分析

CI 于 20 世纪 50 年代起源于美国，以后欧美各国企业纷纷仿效。但此时的 CI 是一种以标志和标准字为沟通企业理念与企业文化的工具，即局限于企业外部的视觉识别系统。60 年代中期 CI 传入日本以后，在日本的文化土壤中逐渐扎下了根。在这一过程中，CI 的内涵和外延都发生了深刻的变化，发展为包括视觉识别（Visual Identity，即 VI）、行为识别（Behavior Identity，即 BI）和理念识别（Mind Identity，即 MI）的企业识别系统（Corporate Identity System，即 CIS），从而形成了完整的 CI 策划理论体系。

CI 首先在美国兴起，并且呈现强调视觉识别的形态，是有其深刻的经济、文化和科学技术背景的。

1950 年代美国经济高速发展，新企业纷纷成立，大企业则向经营多元化、国际化迈进，迫切需要一套系统的企业形象塑造计划，体现企业的经营思想，给消费者制造视觉冲击和识别差异，从而提高企业的市场竞争力。

1950年代美国已是车辆充斥的国家，交通标志十分发达。处在车辆文化的社会背景下，美国企业非常重视企业标志和标准色，设计若不完备，不利于与同行竞争。同时，车辆文化也使连锁店的经营应运而生。连锁店在连锁分号的招牌、建筑、广告、标志的视觉设计上，要求规格划一，易于消费者认同和识别。

美国企业在1950年代就十分重视新兴的工业设计学，宣称"以Design（工业设计）促销售"，工业设计成为调节市场、扩大销售和提高产品竞争力的重要手段。

此外，美国是多民族国家，语言不单一，因此非常需要企业标志、标准色等共通性符号信息传递系统。

值得注意的是，美国CI强调视觉识别的深层原因是，美国的市场经济较为成熟，企业在理念、行为方面，经过长期的追求与规范，已经比较明晰。例如，企业已形成具有民族特色的企业文化。正如文化研究专家迪尔和肯尼迪指出的，"一个强大的文化几乎是美国企业持续成功的幕后驱动力"。美国的企业文化决定了企业在确定经营理念时，特别强调供销、创造力和责任心。美国的企业文化体现实用主义，以效益为价值标准，企业特别强调生产、利润指标，非常看重个人能力的发挥，把个人创造力看作是个人自由发展的动力，并强调个人荣誉感，强调个人价值通过责任来实现。美国的企业文化正是理念、行为的精神源泉。由于这一切都比较成熟，因此CI很自然便成为"沟通企业理念和企业文化的工具"。CI策划与设计的主要任务就是将企业理念和文化外化为视觉符号系统。

可见美式的"视觉型CI"并非孤立的、简单的视觉符号，它是成熟的市场经济和成熟的企业文化的产物，是具有丰富的民族文化内涵的。如果简单地加以模仿，只能是"东施效颦"，难得CI真谛。

日本CI在初期受美国影响，主要侧重视觉识别系统的统一和标准化。但在实践中，企业逐渐意识到空壳视觉识别系统的局限性，于是从1970年代后期开始对CI体系进行重新认识，将CI作为"一种明确地认知企业理念与企业文化的活动"，十分注重企业理念的提炼、塑造和创新，并注意谋求员工意识改革和企业体制改善。由于日本CI融合了日本的民族文化和管理特色，遂于1980年代形成具有日本民族特征的涵盖MI、BI、VI三大要素的CI战略体系。

日本式CI体系的形成原因大致有三条。其一，日本在20世纪80年代，进入不注重量的发展，而注重质的发展和追求的所谓"成熟社会"。由于经济发展、物质丰富，人们的消费观念发生变化，价值观念也日益多元化。这一切使得传统的市场营销活动缺乏应有的效力。因此，企业宣传必须配合组织性的、整体性的、独创性的信息传达活动，才能产生效果。其二，企业的市场安全性问题十分突出。随着科技的发展、文明的进步和文化的变迁，企业及其市场面临一系列新的挑战。除了消费者方面的问题，还有不同种类的商品的冲击，本身行业的社会功能丧失，新技术所衍生的新需要等问题。因此，企业发展必须与时代发展同步，企业行为应该经常性地受到消费者和社会公众的注意。要做到这一点，企业必须实施持续的信息传递活动。其三，企业定位意识增强。在企业竞争日趋激烈的市场环境下，每家企业必须确立各自的定位取向。那些企业范围广泛，以四面八方都替顾客服务的全方位型定位的企业，由于其过于全面、概括，导致诉求力、自我介绍力的大大减弱。只有通过CI确立并传递出企业的独特位置，才能使企业富于个性，在市场竞争中占有一席之地。

由上述分析可见，美国式CI和日本式CI虽然体系有别，但都具有一个共同点，即都是侧重"企业信息传达"的，亦即均将CI作为"主体外在表现的企业识别系统"。

2.3.2 中国CI的运行环境

1. WTO过渡期结束，企业面临全新的挑战与机遇

（1）直面跨国公司的竞争

到2006年底，中国加入WTO的过渡期结束，过渡期间中国企业享受的保护措施被取消，这意味着中国企业将与国外企业站在同一条起跑线上。国外企业尤其是跨国公司在资金实力、技术力量、管理经验、人力资源等诸多方面领先于我国企业，国内企业仅存的优势是本土化的市场经验和资源。对他们而言，当务之急是在跨国公司在中国市场完全实现本土化经营之前，制定未来发展的战略目标和竞争策略，舍弃曾经给企业带来成功但并不适应未来竞争的经营模式和方法，不断发展和完善自身，从而具备与跨国公司相抗衡的能力。

（2）实施"走出去"战略

WTO制定了对各成员国对等的游戏规则，即中国在降低门槛、开放本国市场的同时，进入国际市场的壁垒也相应减少，国内企业比以往任何时候都更有机会在国际市场的大舞台上争取自己的话语权。但"走出去"战略注定不会一帆风顺，中国企业将面临比在国内市场更复杂的国际环境。面对更加多变的市场因素，中国企业必须强化和规范自身的管理，努力适应国际市场竞争的规则，才可能在国际市场中立足和发展。

2. 中国企业的根本出路在于由"中国制造"转为"中国创造"

中国目前已初步树立"世界工厂"的地位，"中国制造"的产品已遍布全球。在许多行业，中国制造的产品在总量上居于领先位置，这是世界分工和中国国际竞争力提高的必然结果。必须清醒地认识到，中国虽然可以称得上"制造大国"，但绝不是"制造强国"，大部分中国制造的产品只是停留在为国外品牌贴牌加工的层次上，在产业链上仅能获取微薄的利润，而产业链增值能力最强的两端研发和品牌、营销都牢牢控制在国外企业手中。

改变这种状况的根本出路在于提高企业自身的创新能力，开展自主研发，经营自主品牌。与OEM代加工相比，创建自主品牌难度要大得多，它是一个系统工程，要求企业彻底改变现有经营模式，在内外部管理各个环节进行大幅度的调整。它又

是一项长期任务，需要大量的、持续的资金和人力投入，在短期内难以见效。但是从发展态势看，这种转型是不可避免的，因为随着中国劳动力成本和经营成本的不断上升，这种建立在低成本基础上的OEM代加工模式是不可持续的。因此，企业必须要有长远的眼光，不满足于通过OEM代加工获取的短期收益，努力向品牌经营转型，这样才能在未来的世界产业分工中抢占一席之地，并提升自身在产业链中的地位。

3. 企业寻求提高竞争层次

在科技发展加速、信息交流便捷的时代，产品呈现同质化的趋势，同一行业中的不同企业在产品质量、功能等方面大同小异，价格战一度成为占领市场、提高销售业绩的利器，但单纯的价格竞争在杀伤竞争对手的同时也消耗了自身的能量，曾经高举降价大旗的长虹、号称"价格屠夫"的格兰仕都已风光不再。企业纷纷在探索能使自身区别于其他竞争对手而长久立足的途径。而此时消费者的消费偏好、消费需求也发生着变化，日益个性化的消费需求促使企业在产品和服务的个性化上加大力度，从品牌、包装、文化等各方面提升自身的竞争层次和竞争能力。

4. 企业将由"拓荒者"转型为"精耕细作者"

多数企业完成原始积累，由高速发展步入稳步发展阶段，企业必须通过强化内部管理补齐管理短板，由"拓荒者"转型为"精耕细作者"。

中国的改革开放孕育着巨大的商机，众多企业正是抓住了这些机会从无到有、从小到大迅速发展壮大，由高速发展步入稳步发展阶段。此时企业应适时把注意力由企业外部市场转到企业的内部管理中，因为这些企业的通病是市场的高速成长使其无暇顾及企业的内部管理，而内部管理的薄弱反过来限制了其进一步发展。从另一个角度看，完成原始积累的企业必须实现角色转型，即由"拓荒者"转型为"精耕细作者"。这是因为企业"拓荒"的原动力是获取企业发展的"第一桶金"，"拓荒"帮助企业完成原始积累，但"拓荒"是有风险的，企业对于这样的"荒地"必须谨慎小心，许多企业盲目扩张实行多元化最终失败的例子即是最好的佐证。因此企业在经历了高速成长之后，应当对于开垦出来的"荒地"进行"精耕细作"，完善和规范内部管理、夯实管理基础成为企业必补的一课。

5. 企业需要建立良好的公众形象

追求利润最大化是企业经营的首要目标，但并不是唯一目标，企业是社会公民，必须履行应尽的义务。随着我国转换经济增长方式，可持续发展、循环经济、绿色GDP等理念提上议事日程，企业在生产经营过程中必须注重环境的保护、注重与社会公众的和谐共处，必须注重回馈社会，唯其如此，企业才能得到政府、媒体、消费者、社会公众的认可和支持。与此同时，新的劳动法颁布实施标志着社会对企业内部员工也日益关注，企业必须善待员工，在员工心目中树立良好形象，才能在由企业内外部各种因素共同构成的企业生态圈中共赢发展。

6. 企业所处的文化环境发生变化

变化表现在三个方面：其一，企业价值观发生变化。由于经济体制的转换，企业在计划经济体制下的一套价值体系受到巨大冲击。对于国有大中型企业来说，他们以前是按照上级下达的计划指标安排生产，因此他们只需对上级负责，而无需对消费者负责。而在市场经济体制下，他们必须按照市场需求组织生产，产品也必须符合消费者的要求。在经营机制的转换过程中，旧的价值体系发生动摇，企业需要建立一套适应市场经济体制的价值体系。其二，大众消费观正在发生变化。随着经济、社会的发展，社会生活水平和人的文化素质不断提高，人们对文化生活、精神生活方面的追求越来越多，品位也越来越高，对消费品的追求不仅重视其物质属性方面，而且愈来愈重视其精神与文化属性方面。人们对消费品越来越看重，特别是年轻的消费群体，他们的利益追求已不仅仅是满足实用需要的"实物产品"，而是既能满足其实用需求、又能满足其精神需求的"品牌商品"。不仅如此，人们还通过品牌认知企业形象。这种情形刺激了对品牌形象的需求。这种侧重精神与文化属性的"感性消费"观念，向企业提出了这样的要求，即在树立品牌和企业形象时，加大"感性"诉求的力度。其三，社会价值观的变化。随着市场经济的迅猛发展，物质丰富，消费层次提高，虽然经济性价值观仍处于主导地位，但社会已开始关注环保、小区发展、公共安全、消费者权益等问题。社会也因此对企业提出了更高层次的形象要求，如人们已超越品牌形象的限制，从企业能否满足人性的需要、社会的需要这一更高文化层面来认知企业形象，这就必然对企业形象的塑造提出更高的要求。

从以上的分析可以看出，无论是在体制层面、形象层面，还是在价值层面，中国社会经济与文化的发展状况将决定中国式 CI 的系统结构。

2.3.3 中国式 CI 系统结构及其主要特征

1. 中国式 CI 系统结构

由于中国 CI 的运行环境明显有别于美国 CI 和日本 CI，因此，中国式的 CI 系统结构应与这一运行环境相适应。

我们认为，中国式 CI 系统由五大要素构成（图 2-14）。

理念识别（Mind Identity）。这是企业在长期的发展中逐渐形成的基本精神和具有独特个性的价值体系，是企业成熟和完善的象征，是企业不断发展壮大的精神原动力。

战略识别（Strategy Identity）。这是对企业战略取向、企业战略目标及其实施步骤的明确认知。

品牌识别（Trademark Identity）。这是对产品品牌从定位、开发到推广、延伸以及维护等一系列活动的策略的明确认知。

行为识别（Behavior Identity）。包括三部分：企业整体行为识别（Corporate Behavior Identity）、组织行为识别（Organization Behavior Identity）、员工行为识别（Personnel Behavior Identity）。

视觉识别（Visual Identity）。包括企业识别系统（Corporate Visual Identity）和品牌视觉识别（Trademark Visual Identity）两个层面。

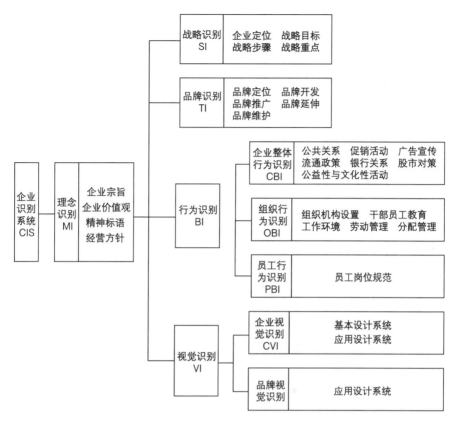

图 2-14 中国式 CI 的系统结构

2. 中国式 CI 系统结构的主要特征

(1) 中国式的 CI 是内在塑造和外在表现高度结合的统一体。综上所述，不难发现，中国 CI 如果像美国和日本 CI 一样仅仅作为"主题外在表现的企业识别"是远远不够的。中国 CI 应将现状表现与前瞻追求结合起来，把外向传播与内向约束结合起来，把提供识别与自我规范结合起来，在让外界了解 CI 主体过程中，不断提升 CI 主体，使企业通过 CI 活动，提高内在素质，从而增强企业的市场竞争力。

因此，中国式的 CI 应是"主体内在塑造与外在表现高度结合的统一体"。这是中国式 CI 最基本也是最重要的特征。

(2) 中国式 CI 是五大要素的有机统一体。理念识别贯穿于企业经营一切活动过程之中，并在这一过程中得以体现。企业理念既要通过非可视化的活动来识别，也要在视觉识别中表现出来。

企业理念作为一种价值体系，对企业整体行为、组织行为和员工个体行为均起着约束和规范作用。

企业理念的完善与坚定，是企业识别系统基本精神所在，也是整个企业识别系统运作的原动力。由此决定企业战略目标和经营方向的设定，确定产品品牌的市场定位和品牌的开发计划，以及相关的一系列促销活动的策划，确立企业内部组织行为规范和企业对外整体行为规范及员工岗位规范，并最终表现为系统的、独特的、清晰的识别符号系统。

品牌形象与企业形象存在着"唇齿相依"的关系，因此品牌定位与开发必须服从于企业定位与战略目标，品牌形象也要折射企业宗旨、企业经营方针等企业理念的内涵。

视觉识别也要将具体可见的外观形象与其内在的抽象理念融汇成一体，以传达出企业识别的基本精神。

五大要素之间相互交融、相互影响，形成有机的统一体，共同塑造独特的企业形象。

(3) 中国式 CI 的民族性特征。中国的企业文化具有鲜明的民族特色，由此决定了中国式 CI 具有强烈的民族性。

中国传统文化博大精深，优秀的文化遗产十分丰富，如中华民族强调以人为本，注重"和"、"信"、"诚"。中国传统哲学认为，大地德性博大宽厚，它能负载万物，生养万物；人也应该效法大地，具有宽厚的德性。这便是中华民族传统的"厚德载物"精神。这种精神表现为强调人与自然界的和谐共存，强调人际关系的和谐，以及个人、群体、社会的协调，还表现为华夏民族无论对域内各种思想文化，还是对其他民族的物质文明和精神文明，都采取兼容并蓄的态度。中华民族具有自强不息、开拓进取的优良传统。这一切都是中国企业文化取之不尽的精神源泉，也是培育、提炼企业理念的精神源泉。中国式 CI，是扎根在中国文化的土壤之上的。

不仅企业理念要汲取民族文化的精华，企业和企业员工的行为，也因支配、规范它的企业理念的民族特色而打上民族烙印。中国式 CI 必须弘扬中华民族的传统美德，培养员工正确的道德观、价值观。如强调人的道德修养，崇尚重义、重情；倡导个人对国家、对社会的责任感、使命感，提倡献身精神和敬业精神等。品牌和企业视觉形象也要富有民族情趣，符合民族审美心理。

当然，强调中国式 CI 的民族性特征，并非排斥中国式 CI 也需一定的国际性。但国际性也是以民族性为前提的。国际性就是不同民族的共性，因此不了解民族性，就谈不上国际性。

(4) 中国式 CI 的时代性特征。中国的社会经济正经历着迅速而深刻的变化，企业所面临的内外部环境不断地发展演变，企业的经营战略必须进行适时的调整，而 CI 作为实现企业经营战略的重要手段，也必须与时俱进。企业的核心理念必须与当今社会所强调的和谐社会建设、企业的社会责任、可持续发展等观念紧密结合。企业的管理制度、行为准则、员工的精神面貌也要打上时代的烙印。企业和产品的外观设计、形象传播方式，随着新技术尤其是信息技术的发展和思想观念的进步，不断推陈出新，形式日益多样化。因此，中国式 CI 应与时代紧密结合，反映时代的特征，并随时间的推移不断发展完善。

2.4　CI 策划的特性

在明确了 CI 策划的内涵、历史发展沿革以及如何在我国推行 CI 策划的基础上，本节着重对 CI 策划的特性和功能加以全面的阐述，以示 CI 策划对企业发展的指导作用和重要意义。

CI 策划作为一种企业经营战略具有许多独特性，主要表现在 CI 策划的主体性、整体性、系统性、主动性和持续性等五个方面。

2.4.1 CI 策划的主体性

所谓 CI 策划的主体性，就是指在 CI 策划中，根据企业的内在条件、经营内容、经营方式以及它在外部环境中所处的地位和作用，来揭示企业的主体性，也就是通常所说的给予企业定位，其中包括企业的市场定位、产品定位、服务定位、品牌定位、管理定位等等。

作为企业的经营决策者及其全体员工来说，明确企业定位是十分重要的。因为企业定位是否正确，关系到企业所有成员能否正确认识"自我"问题，关系到企业能否制定出符合客观经济规律的企业经营发展战略，关系到企业能否提炼出激励全体员工奋发进取的企业理念，也关系到企业能否建立起一套适应市场经济发展需要的管理体制和运行机制。可见，明确企业定位，是决定一个企业能否兴旺发达的前提。

一个企业明确了它的定位，就可以把握住企业经营的主动权。它可以在纷繁复杂、充满竞争的市场经济中找到自己的位置，觅到发展和壮大自己的契机，预测到未来的发展趋势，从而，高屋建瓴地制定并不断调整自己企业的发展方向、目标和步骤，努力改善企业的经营管理，调动全体员工的积极性和创造性，使企业立于不败之地。所以，从一定意义上说，明确企业定位，是反映企业主体性的集中表现，也是有别于其他企业的具有个性特征的充分体现。

CI 策划的首要任务，就是通过对企业内部条件和外部环境的全面、系统、细致的调查研究，经过企业决策层、经营管理层、生产服务层的各方人士和有关专家、学者的反复研讨，来揭示企业定位，提炼企业理念，正确回答我是什么企业？为什么办这个企业？我这个企业在社会经济和同行业中的地位和作用是什么？如何办好这个企业？对遇到的问题采取什么对策？等一系列问题。这样，在揭示企业主体性的同时，就体现了 CI 策划本身的主体性功能。

当然，企业定位、企业理念是从理性的角度反映企业的主体性，但企业的主体性要为社会公众所认知，还必须通过提醒企业定位、企业理念的企业行为和企业视觉形象的传播，才能让社会公众识别和认同。由此，CI 策划不仅是通过策定企业定位、提炼企业理念来揭示企业的主体性，而且还要在对外信息传递系统方面，通过规范企业行为，设计统一的企业视觉形象，来充分体现企业的主体性。

2.4.2 CI 策划的整体性

CI 策划的整体性，就是在 CI 策划过程中，要把企业理念识别、发展战略识别、品牌识别、行为识别和视觉形象识别等五个要素作为一个有机整体进行策划。

在上述五个要素中，企业理念是整个 CI 策划的灵魂。回答为什么要办企业？怎样办企业？办企业的指导思想是什么等一系列问题，这是 CI 策划中必须解决的首要问题。只有在此基础上，才能在通过对企业内外环境的调查，来确定企业的定位，为企业作出符合客观经济规律的发展战略和品牌战略的策划。然而，企业的理念、发展战略、品牌战略，要被企业内外公众所识别和认同，一方面要靠企业的行为活动来显示，例如要通过企业对社会的行为、企业内部的组织行为、企业员工的个体行为等体现出来；另一方面要靠企业的视觉形象来识别。例如通过企业名称、企业与产品的标志、标准字体和标准色以及企业造型、员工制服、包装用品、交通工具等等表现出来。可见，上述五个要素存在着内在的有机联系，不能任意地把它们割裂开来，CI 策划必须把它们作为一个整体进行策划和设计，否则，CI 策划难以取得应有的效果。

2.4.3　CI 策划的系统性

企业形象，是消费者、社会公众以及企业内部职工和企业相关的部门与单位，对企业、企业行为、企业的多种活动成果所给予的整合评价与一般认定。因此，CI 策划必然是对企业形象的系统性反映。这种系统性主要表现在，CI 策划既有企业内部管理形象，又有企业外部经营形象；既有企业哲学的深层内涵，又有企业的外显特征；既有反映企业成果实际水平的形象，又有企业内外公众对企业的印象与评价的某些夸张性形象。这三组形象自成系统，同时又在其内部与外部之间，在主要方向上应该统一和一致。CI 策划是这种企业形象系统的统一性、同一性和一致性的高度体现。

从 CI 策划的基本内容来看，理念识别、战略识别、行为识别、品牌识别和视觉识别分别自成系统，构成 CI 策划大系统下的五大子系统。

CI 策划的系统性还表现为 CI 的有序性，即企业实施 CI 的过程，是一个从无序到有序的逐步适应的过程。系统从无序向有序的进化，标志着系统组织性的增长。企业实施 CI 应该在有序化原则的指导下，有计划、有目标、有组织、有程序地逐步展开，渐入佳境。

CI 策划的系统性也可从它的综合性中得以体现。CI 策划涉及企业生存的"生态环境"——社会的政治、经济、文化等关系。因此它需要有经济、社会、心理、市场、管理、统计、运筹、传播、广告、实用美学、计算器科学乃至信息论、控制论、系统论及哲学等多学科的知识，需要以上各学科的专家学者、企业领导及员工、实际设计人员的共同参与，通力合作。可见 CI 策划是一项综合性工程。

2.4.4　CI 策划的主动性

CI 策划并不仅仅是对企业本身所具有的形象的简单传达，它还具有"形象塑造"功能。正是这种积极主动的"塑造"，提供了使企业与社会变迁之间保持动态调适关系的手段，这是 CI 策划的核心所在。日本富士软片公司创立于 1934 年，是日本第一家摄影用软片公司。随着企业的发展，公司营业项目不断扩大，已不是单纯的感光材料商，而是"透过记录传递映像信息"的综合公司。因此旧有的企业形象需要改造。为达到向21世纪发展，努力促使集团内各公司团结，以成为"世界性的富士软片"、"技术的富士软片"的企业目标，公司进行了新的CI策划。这一过程并非简单地传达公司形象，而是重在对新的形象的塑造。首先是提高和激励员工士气，并以经营眼光检讨公司的各种活动，设法统一全体员工的革新意识，同时以提高企业效率、改善强化企业体质为重点。可见CI策划是一种主动塑造的过程。

　　CI策划的主动性还表现在对企业信息的传达也不是被动的，而是积极主动的。CI策划必须对企业识别系统的构成要素进行统一化、系统化的处理，使整个识别系统具有很高的美学价值和艺术价值，能在人们心目中唤起美好的情感和丰富的联想。这样才能创造出良好的企业形象。如可口可乐这一方形红色背景中一条白色波浪的标志便是一例。红色象征青春与活力，是令人激动的颜色；而白色波浪直接与水这一饮料的基本成分相关，且线条流畅，极具动感与美感。整个标志强烈地显示出这样一种氛围：可口可乐使你心情舒畅、青春焕发。这种美感和愉悦感本身正是对企业形象的创造。

2.4.5　CI策划的持续性

　　企业形象识别个性与内容是在发展中形成的，企业不能脱离社会发展而存在，它的形象的建立和认识是随着历史、经济和文化的发展而变化的。所以，企业形象的内容是在运动中发展的，并在运动中求个性。企业形象的这一特性决定了CI策划不可能是一劳永逸的简单操作，而是伴随着企业的生存、发展需要不断维护、更新的持续运作。

　　2003年4月28日，联想集团在北京正式对外宣布启用集团新标识，以"lenovo"代替原有的英文标识"Legend"，并已在全球范围内注册。"联想"这一品牌最初来自于联想式汉字系统，这也是1984年联想创业以来公司的第一个自有产品。1988年6月23日香港联想开业，并正式采用英文名称"Legend"作为公司名称。1989年11月联想集团公司成立，第一次在国内把"联想"作为企业及集团名称。这个时期，"Legend联想"正式出现在历史舞台上。新标识"Lenovo"中"le"取自原先的"Legend"，承继"传奇"之意；"novo"则代表创新意味。这个新的单词的寓意为"创新的联想"。新标识采用蓝色的基调，现代简约的设计，表达了专业、科技、深邃和智慧的意境，更有效地传递着联想"科技创造自由"的理念，并注入了更多新的活力（图2-15）。通过充分挖掘和提炼，在以前品牌内涵继承和创新的基础上，联想整理出"诚信，创新有活力，优质专业服务和容易"四大顶尖品牌特性。

图2-15　联想新标志

2006年1月4日，英特尔正式发布全新品牌标识，其中还包括一句新的宣传标语："Intel. Leap ahead（超越未来）。"这一新品牌标识是对在1991年创建并被广泛认可的Intel Inside标识和原有的英特尔"dropped-e"（下沉的e）标识进行修改。"dropped-e"标识由罗伯特·诺伊斯（Robert Noyce）与戈登·摩尔（Gordon Moore）在37年前创立他们新的"集成电子"（integrated electronics）公司时创造（图2-16）。而新标语也代表了英特尔独有的品牌承诺，旨在传达英特尔公司发展的源动力以及英特尔公司所追求的永无止境、超越未来的目标（图2-17）。

图2-16 英特尔公司旧标志

我国自主品牌汽车企业吉利公司自造车那天开始，原车标一直保持着固有的设计风格和理念，消费者们在认识吉利的同时也深深记住了这个车标（图2-18）。现在吉利汽车的用户已经突破了60多万。但随着竞争的加剧，吉利在消费者心中的形象似乎就定位在了低端、廉价，似乎这枚车标已成为低端、低价经济型车的代表。于是，换标势在必行。

图2-17 英特尔新品牌标志

图2-18 吉利汽车原车标

2007年11月，吉利汽车正式发布新车标（图2-19）。这枚新车标的主体由东方神鸟朱雀幻化而成，寓意"雀起东方、雄视寰宇"。吉利汽车换标的目的，是打破原来吉利固守低端市场的品牌形象，加快开拓国内外中高端市场。可见，CI策划必须根据企业外部经营环境的变化以及企业自身的实际需求不断地进行调整和修正。国外的CI策划典范无一不是在持续运作的过程中形成的，而且只要企业存在，这一运作过程将一直持续下去。

CI策划对企业的内部功能和外部功能的发挥，也有赖于CI策划的持续运作。无论是企业理念的重整、企业对员工的凝聚力和对

图2-19 吉利汽车新车标

关系企业的向心力的形成，还是企业公共关系的改善，都不能一蹴而就。要使企业员工对企业理念产生认同，并渗透到日常行为之中，需要长期的塑造过程。那种认为 CI 策划犹如引进一种高雅艺术品的想法和做法，只能导致 CI 策划成为一种摆设，对企业的发展并无实际意义。

CI 策划的对外、对内传播、沟通，同样也必须具有持续性。只有持续地向企业内部员工和企业的关系者输送强烈的企业形象信息，才能提高企业的广告接触度、认知度和企业评价度，从整体上提升企业形象。美国的大企业中有 81% 的企业为树立良好形象而每年花 1 亿美元左右来做企业广告，传递企业信息。美国杜邦化学公司做企业性广告有 50 年的历史，通用电器公司也做了近 70 年的企业广告，而可口可乐公司则已做了近百年的企业广告。不仅通过广告，还应调动一切传递手段，进行持续的企业信息传达，才能实现并巩固、提高 CI 策划的效果。

CI 策划的持续性，要求我们在实践 CI 时应确立时间和变化的观念。因此我们要认识到，一个成功的 CI 策划应具有那个时代的面貌和风格。还要看到，塑造自我独特的企业形象需要一个较长的时期，即使良好的企业形象已经在社会上形成，保持和维持它更加不易，这需要持久的战略。我们必须不断搜集社会大众对企业形象的反馈信息，以便即时采取相应的策略，使企业形象的定位始终有一个明确的坐标。

当然，我们并不是主张 CI 策划要随着企业的不断发展而亦步亦趋地变化。因为企业形象多变，企业就难以为人们识别。因此，CI 策划应使企业的发展内在地为相对稳定的企业形象所反映。可见 CI 策划的持续性与 CI 策划既要有现实性又要有未来性实质上是一致的。

2.5　CI 策划的功能

2.5.1　CI 策划的内部功能

CI 策划的内部功能是指 CI 策划对企业内部经营管理的作用，主要表现在企业形象与知名度的提高、企业理念的重整、企业凝聚力和产品竞争力的增强，以及多元化、集团化、国际化经营优势的取得等方面。

1. CI 策划可以提高企业形象与知名度，增强企业竞争力

CI 策划确立或重整企业理念，并将其转化为企业行为和员工行为，再通过信息沟通系统传达给社会大众。社会对于有计划的企业识别系统，较容易产生组织健全、制度完善的认同感与信任感。因此透过组织化、系统化、统一化的 CI 策划，将有助于企业形象与知名度的提高。

良好的企业形象和较高的企业知名度，是当今企业立于不败之地的关键。国外市场经济学家曾将近 30 年来国际工商企业界的竞争概括为：20 世纪 70 年代的市场竞争，是商品质量的竞争，目的是有效地获取市场的平均利润；80 年代的市场竞争，进入营销与服务的竞争，目标是获取平均利润上的附加值；90 年代的市场

竞争则迈上一个新的台阶,即从局部的产品竞争、价格竞争、资金竞争、人才竞争、技术竞争、信息竞争等,发展到全方位地进入更高阶段的竞争,这就是企业形象竞争。因此,通过一整套的企业识别系统,传递企业信息,赢得大众的好感和信赖,建立良好的形象,便可以增强市场竞争力。同行业的两个企业,其商品和销售的竞争力都相近,在市场上竞争必然非常激烈。假如其中一个企业的知名度较高,大众的好感和信赖感都高于另一家企业,那么这两家企业在市场竞争中处于更有利地位的,必然是形象良好的企业。一方面由于大众对该企业有好感,自然乐于购买其产品;另一方面当受到竞争对手攻击时,"形象"也可以成为一道防护墙而博得大众的信赖。

旁氏公司是一家有100多年历史的化妆品公司,在竞争激烈的化妆品世界,旁氏公司的面霜等产品一直声誉很好,而该公司其他美容品的用户信赖度则差一些。对此,汤普逊广告公司决定将该公司的"牌子悠久"作为诉求点,其很有影响的广告语是:"你可以在所有的时候愚弄所有的人,你可以在某些时候愚弄某些人,你可以在某些时候愚弄所有的人,但是你不可能愚弄每个人达123年之久。"从而显示出旁氏形象竞争力的优势。

德国的戴姆勒·奔驰汽车公司也是一家有百年历史的汽车制造厂,世界上最早的一辆汽车就诞生在这里。一个世纪以来,汽车行业发生了巨大的变化,在激烈的竞争中,奔驰始终处于优势地位。奔驰著名广告语"如果你发现奔驰汽车发生故障,被修理车拖走,我们将赠送你1万美元",广告语朴实无华,却把奔驰的良好形象展现在消费者面前——"奔驰等于优质"。

中国的乳业巨头蒙牛公司在2003年"非典"肆虐,人们笼罩在"非典"的阴霾之时,挺身而出,通过积极地抗击"非典",极大地提升了自身的知名度和公众形象。人们开始意识到身体健康的重要性,而牛奶作为增强体质、具有免疫力的营养食品一下子成了紧俏货,这对看重销售量和利润增长的乳品企业无疑是绝好的机会。但蒙牛不是提升价格,而是从长远利益考虑,利用"非典"事件让消费者对蒙牛品牌产生认同感。蒙牛的做法是禁止经销商涨价,并且严厉规定违者开除或者终止其经销权。在"非典"时期,很多企业纷纷停下广告,因为再作投入也是徒劳无功的;而蒙牛不但没有撤下广告,反而加大投放量,增大了公益广告的力度,提醒大众关注健康。2003年4月21日,蒙牛率先向国家卫生部捐款100万元,成为卫生部红榜上中国首家捐款抗击"非典"的企业。事后证明,蒙牛的品牌形象历经"非典"之后确实得到了大幅度提升。

2. CI策划可以重整企业理念

在企业的经营理念发生问题,企业丧失价值感和方向时,对企业进行再定位,重整企业理念,着重解决企业"是什么"的价值观问题,以及企业的经营方向、目标等问题,是CI策划的重要功能之一。

由于社会价值观的变迁,企业的定位或经营理念应主要从文化的层面上来确定,并尽可能避免从物质的层面上确定。例如,在传统工业社会中,一个企业将其经营理念定为"以质量获取最大利润"、"以规模求效益"等物质性的表达，一般来说并不会招致反感，因为那时的社会价值观就重视对物质利益的追求。即使在当今，这些理念表面上看来也没有过错，因为企业必须获得利润才能生存下去。但是在社会价值观日益由物质层面向社会、文化、美学、艺术等精神层面转化的情况下，上述企业经营理念就失去了卓越性、先进性、前卫性形象，企业因此极有可能被排斥于社会的主流发展方向之外。其实，企业只要抱定服务于社会的宗旨，并加以切实贯彻，社会自然就会予企业以丰厚的回报。

长期以来，IBM一直以"硬件制造商"的形象来给自己定位。但进入20世纪90年代，随着硬件等IBM传统的支柱产品进入衰退期，IBM陷入了前所未有的困境。IBM开始了一场从制造商到服务商转变的战略转型。第一，IBM确立了"服务用户、方便用户、以用户为导向"的服务宗旨，建立了360度客户服务的理念。第二，树立了合作共赢的观念，强调与竞争对手和上下游厂商的合作。通用电器公司则根据社会进步速度加快的现实，提出了"进步乃是我们最重要的产品"的理念，以此向世人宣告，通用电器的产品将服务于人类的进步事业，与人类的进步共命运。

2006年5月，通用电气将其"绿色创想"计划正式带入中国，GE的"绿色创想"基于人类社会正在面临的能源消耗增加、环境污染加剧等严峻挑战。"我们的客户需要一个更加繁荣、更加洁净的未来，通过应用我们所拥有的最丰富的可再生资源——GE人无限的想象力，我们将与客户共创美好的明天。我们正使用全新的方法帮助客户解决环境问题，这就是我们的绿色创想。"这种经营理念具有一种高尚、美好的价值内涵，容易取得社会的认同。

3. CI策划能够激励员工士气，增强企业凝聚力

一个企业如果缺乏具有鲜明时代气息、与社会价值观一致的企业理念，那么它必然是一盘散沙，最终将被时代、被经济社会所淘汰。因为CI策划的核心——确定企业理念最大的作用便是强调企业目标和企业成员工作目标的一致性，强调群体成员的信念，价值观念的共同性，强调企业对成员的吸引力和成员对企业的向心力。通过CI策划确立具有卓越性、先进性的价值观，就会对企业成员有着巨大的内聚作用，使企业成员团结在组织内，形成一致对外的强大力量。因为如果一个企业具有卓越、先进的价值观，员工就能体会到工作的价值。在企业通过CI策划形成良好的企业形象的情况下，员工更会因属于企业的一分子而备感自豪，从而更加主动地认知企业的价值观，并将其内化为个体价值观的一部分。这样，企业的生活方式就成了员工生活方式的一个重要组成部分。一个拥有强大的精神文化和共享价值观的企业，对其员工的影响是极其深远的。日本松下电器公司十分重视企业形象的塑造。公司认为，良好的企业形象具有无比巨大的内聚力，会极大地激发员工的积极进取精神。公司注重培养员工对企业的强烈的形象意识，要求员工像爱护自己的眼睛那样爱护自己的企业形象，有效地激发了员工对企业的自豪感和归属感，产生了对企业巨大的凝聚力。松下电器公司是日本第一家有公司歌曲和价值规范的公司。每天早上八点，在初升的太阳沐浴下，全体员工身

穿整齐划一的工作服，齐声背诵公司的价值规范，高唱公司的歌曲。激昂嘹亮的《松下进行曲》犹如出征的号角，将全体员工的心紧紧地聚在一起，鼓舞着人们向更高目标挺进。

4. CI策划可以增强产品竞争力

CI策划通过给人印象强烈的视觉识别设计，有利于创造名牌，建立消费者的品牌偏好。如万宝路（Marlboro）烟，本来是专对妇女市场开发的，取名称就是"Man always remember lovely because of romantic only"（男人总是忘不了女人的爱）一组单词中的头一个字母而合成，但销路并不好。于是由著名的李奥·贝纳广告公司重新设计形象：用象征力量的红色作为外盒的主要色彩，并在广告中用硬铮铮的美国西部牛仔形象。结果吸引了无数爱好、欣赏和追求这种气概的顾客，使万宝路成为当今世界最为畅销的香烟。

CI策划通过产品的包装、广告的统一设计，能赋予产品各种形象，如高级的、罗曼蒂克的、跳跃活泼的、硬朗的……能紧紧抓住消费者的心，使产品增强市场上的竞争力。如欧洲坎贝尔饼干公司在1991年把5种牌子，3种商标和100种产品的包装设计，统一为久负盛誉的DELACRE这个比利时牌子，通过CI设计出一种足以表现这家法式糕点公司的技艺和传统的包装图案，希望DELACRE这一品牌成为欧洲最高级饼干的标志。结果到1992年，坎贝尔饼干的销量在德国上升了20%，在法国上升了10%，负责销售的副总经理奥伯曼说："产品形象有着强大的市场促进作用。"

5. CI策划可以增强关联企业的向心力

我国许多企业目前正在向多元化、集团化和国际化经营迈进。在这种经营中，最关键的是要取得集团各关联企业的协同，在新、旧经营项目之间寻找多处资源共享的环节，使得一种资源产生多种效用，从而把各经营项目连接起来，相互促进。通过组织化、统一化、系统化的CI策划，可以团结各关联企业，加强归属感和向心力，有效地使集团各关系企业相互沟通与认同，相互支持与协作。英国投资商业组织3I公司的CI策划便是一例。

3I最初称为产业金融，它由四家分支机构组成，即小公司经营机构，小技术规模商行发展机构，航运金融机构和大公司金融机构。对于如此组织的公司，公众很难理解不同的公司之间是怎样联系的，也不知道具体某个公司和整个产业金融公司之间的联系方式，企业形象十分模糊。

尽管这四家公司都有自己非常特别的业务内容，但对于这四家公司来说，却有一个共同的战略重点，即创造性地使用金钱。为了这四家公司能紧密联合，相互协同，他们选择了"产业投资者（Investor in Industry）"这样一个名称，将其英文词的三个开头字母I合并称为3I公司，并设计出共同的商标图案，以此表达其创造性的经营理念。

为了使3I的企业理念得到传播，公司花大力气对员工进行培训，尤其是"能够创造性地使用金钱"的特别培训，使3I的理念在公司内部得到员工的认同。培训还使员工认识到："我不仅是为3I公司服务，我本身就是3I公司，如果我是你所见到的唯一一个在3I公司的人，那么你从我这儿得到的印象应该是对整个3I的印象。"

3I公司通过这样的CI策划，使各关系企业获得协调与沟通，增强了企业的向心力。

由于通过CI策划树立了良好的企业形象，社会上有创意、有前途的企业，也会自动寻求合作，不但投资会增多，失败的风险也会减少。

CI策划对企业内部功能除主要表现在上述五个方面外，还有一点值得一提：CI策划因统一设计形式，可节约制作成本。各关系企业或公司各部门可遵循统一的设计形式，应用在所需的设计项目上，不仅可以获得视觉识别的统一效益，而且可以节省制作成本、减少设计时间的无谓浪费。尤其在编订CI手册之后，可使设计规格化、作业程序化，并将维持一定的设计水准。

2.5.2 CI策划的外部功能

CI策划的企业外部功能，是指CI策划可以为企业创造一个良好的外部经营环境，使企业获得消费者的认同和人才市场的信赖，吸引更多的供应商和推销商，增强金融机构、股东的好感和信心，改善与政府、社区、大众传媒的关系，从而提高企业的整体竞争能力。

1. CI策划有利于企业或品牌获得消费者的认同

CI策划可以向消费者强烈显示企业或品牌的个性风格，树立起企业形象或品牌形象。这种形象具有无形的文化附加值，能促使消费者产生认同感，激发消费者的购买意愿。在消费者眼中，文化附加值高的品牌便是名牌，名牌是信任的标志，是荣耀的象征。名牌的品质及其所带来心理满足感，使消费者愿意出比同类商品更高价格来购买。"iPod"MP3和手机、"夏普"液晶电视、"索尼"数码相机、英国"劳斯莱斯"汽车、美国"吉列"刀片、"派克"钢笔、"BOSS"和"Giorgio Armani"服饰、联想Think Pad电脑、"茅台"酒等国际公认的品牌，其本身已成为国际上优质品牌的代名词，消费者只要一提起这些品牌，就会产生认同感和信赖感。

CI策划通过对企业标识、包装及广告等视觉识别上的精心构筑，创建产品的文化品位，使消费者感受到产品的舒适、温情、美感等感情享受。如美国一家调查机构发现，爱抽万宝路的烟民常常将万宝路烟盒拿出口袋，细细赏玩包装，享受万宝路包装设计中所透露的强烈的男子汉气息。

CI策划树立的品牌形象，可以建立消费者的品牌偏好，促使消费者对产品重复购买。一般来说，就某一公司而言，顾客可分为三类：对某一品牌偏爱的顾客、对品牌无所谓的顾客和偏爱别的品牌的顾客。据美国一家公司调查核算，发现每失去一位忠实的顾客，就必须争取到三四位对品牌无所谓的顾客，这样才能弥补获损失。可见，这种忠实顾客的培养对企业具有十分重要的意义。

由于"爱屋及乌"是人们的普遍心理，因此消费者往往因其对某一品牌产生信赖和认同，而对同一品牌或企业的其他产品也产生信任。一般新产品要占领市场，使消费者对新产品的认识、理解、接受乃至形成一种习惯性的消费行为，需要经过很长的时间。CI 策划建立的良好企业形象，可以为新产品的市场开拓铺好一条通向消费者的道路，由于消费者的品牌偏好影响，他们对企业的新产品也会保持信赖和认同。

2. CI 策划有利于企业赢得人才市场的信赖，吸引优秀人才

现代企业的竞争，不但是新技术、新产品的竞争，更是人才的竞争。CI 策划通过塑造系统、统一、富有个性的企业形象，向社会大众传达出组织健全、制度完善的信息，这种信息对优秀人才具有很大的吸引力。松下幸之助就曾告诫其员工，"松下"不仅是创造更好、更新的电器产品的企业，更是创造更新、更好的新人才的企业，只有具备优良形象的企业，才能赢得人才市场的依赖，才能保证随着企业的不断进展、规模的不断扩大，不但能稳住原有的职工队伍，而且能不断吸收引进更优秀的人才，使企业有着旺盛的新陈代谢，不断保持青春和活力。GE 的品牌与企业形象，已经被世界各地的人们所认可，GE 深知自身品牌的影响力有多大和给全世界的人才带来美好的职业生涯憧憬，因此 GE 充分利用良好的企业形象吸引全世界最优秀的人才加入。GE 的"注重业绩"的核心价值观决定了 GE 必须坚决贯彻基于员工的工作表现来决定员工在公司的发展前景。同时，"诚信"、"变革"的价值观也博得了优秀人才的心。

3. CI 策划有利于增强金融机构、股东的好感与信心

一个企业如果没有良好的资金渠道和资金来源，很难扩大生产，获取更大的规模效益。CI 策划塑造的良好企业形象，有利于增强金融机构和股东的安全感和信任感。有人作过假设，如果可口可乐公司的所有工厂在一夜间被烧毁，那么银行纷纷前来援建就会成为第二天的头号新闻。因为即使大火烧掉了厂房设备，却烧不掉可口可乐多年来形成的优良的企业形象。

据美国一些研究机构调查，企业名称若作如下各种变动，会使股市产生积极的效应：(1) 采用原公司名称各单词第一个字母组成新的公司名称；(2) 采用大写字母作为公司名称；(3) 采用个人名字作为名称；(4) 将两个公司的名称合并在一起；(5) 取消有局限的部分；(6) 用原来公司名称的大写字母代替；(7) 简单地将公司原有名称缩短；(8) 字面升级。

日本股票投资的专门杂志和书刊也认为，"公司名称的变更，正代表着企业的革新，所以会影响该企业的股票价格"。

4. CI 策划有利于改善企业与政府、社区、大众传媒的关系

企业和政府的关系包括企业与行政主管部门的关系，与政府职能部门的关系，与法律机构的关系，与政府咨询服务部门的关系等。CI 策划有利于企业和政府进行有效的信息沟通，加深政府对企业的印象和建立牢固的关系，提高企业在政府部门中的信誉并扩大影响，使企业获得政府的支持与扶植。

近年来微软公司由于分别受到了美国政府和欧盟的反垄断法起诉，微软力图转变自己在公众中的垄断企业形象，即从垄断独占企业形象转变为善良企业公民。微软在公司内组织了面向政府和公营部门的专门机构，并将公共部门作为主要的业务之一。公司还加大了对教育、研修和社区组织等面向公共项目的投资，意在影响政府机关和公营机构的 IT 采购业务。

企业首先是所在社区的企业，企业成功的第一步首先要在其所在社区确立良好的形象，获得其所在社区的支持。很难想像，一个企业在其所在社区形象不佳而能在其他社区获得成功。CI 策划通过统一的信息传递，可以增强企业与社区的沟通；通过参与地方开发、参加防止公害、保护当地自然景观等能反映企业与社区共存共荣的企业行为，可以获得社区的认同感；通过企业职工在共有的行为规范下讲究礼仪，可与社区居民和睦相处；通过企业焕然一新的外观，可为社区的建筑群增添美感等等。从而改善企业与社区的关系。

CI 策划的传达媒体，是与公司有关的所有传播载体，其中以大众传媒（报纸、杂志、广播、电视及其工作人员如记者、编辑等）最为重要。大众传媒在进行 CI 策划的传播与沟通的同时，了解和熟悉了能够传达企业形象的信息，从而对企业产生认同感。同时 CI 策划使沟通的信息统一易于识别，便于传媒进行新闻挖掘，也易使传媒乐于报道。

2.6　CI 策划的原则

对企业进行 CI 策划，就中国式的 CI 系统结构来说，其内容包括理念识别策划、战略识别策划、品牌识别策划、行为识别策划和视觉形象识别策划。但这些策划都必须在一定的原则指导下进行，这些原则主要指个性化原则、民族化原则、社会化原则和标准化原则。

2.6.1　CI 策划的个性化原则

CI 策划从根本上说是要塑造企业的个性。CI 策划的个性化原则，是指 CI 策划应对企业理念、发展战略、行为规范、品牌形象和视觉形象进行策定、整合，并力求显示出独特识别性，形成差异性，即所谓使企业"远离竞争者"。

在进行 CI 策划设计时，应根据不同行业、不同企业和不同竞争者的特点采取相应的个性化策略。

1. 不同行业的个性化策略

不同行业由于其自身行业特点和市场环境的差异，呈现出不同的行业特色。如建筑、房地产、广告、影视、出版、体育运动、IT、新媒体等行业，具有高风险、快反馈的特点，要求企业保持坚强、乐观和强烈的进取心。计算机公司、汽车批发商、大众消费公司等风险不大、反馈极快的行业，要求企业善于沟通，具有良好的人际关系。石油开采、航空航天行业风险大、反应慢，要求企业具有市场洞察力和富有远见的决策力。银行、保险公司、金融服务组织、公共事业公司以及受到严格控制的药剂品公司等，风险小，反应慢，强调企业遵纪守法，谨慎周到等等。

日本经济新闻社曾对不同行业的重要形象要素进行调查，其结果如下：

（1）食品→安定性、信赖感、规模、技术。
（2）电气机器→安定性、可信度、技术。
（3）纤维→安定性、技术、可信度、销售网的实力、规模。
（4）输送用机器→可信度、安定性、规模。
（5）化学药品→安定性、规模、可信度、技术、发展性。
（6）商业（经销商）→可信度、安定性、社会风气、规模。
（7）商业（销售业）→规模、安定性、发展性、可信度、海外市场的竞争力。
（8）金融业（银行）→规模、可信度、传统、安定性。
（9）金融业（保险）→规模、可信度、安定性、发展性、强势的宣传广告力。
（10）金融业（证券）→规模、传统、销售网的实力、可信度、安定性。
（11）玻璃、水泥→安定性、规模、可信度、传统、发展性。
（12）机械→技术、安定性、规模、可信度、传统。
（13）铁、非金属→规模、安定性、可信度、海外竞争力。
（14）建筑业、房地产业→安定性、传统、规模、强势的宣传广告力、新产品的开发、时代潮流。
（15）运输业→传统、规模、可信度、海外竞争能力、现代化技术、经营者的积极性和亲和力。
（16）精密仪器→传统、安定性、清洁度、可信度；其次是新产品的开发、时代潮流、积极性、研究开发能力、强势的宣传广告力；发展性、经营人才、对社会的贡献。
（17）服务业→良好的风气、安定性、清洁度；时代潮流、现代化。

由于不同行业的上述差异（随着市场变化，各形象要素的重要程度也会发生变化），在进行企业理念确定、企业行为识别和视觉识别策划设计时，就必须遵循个性化原则，根据行业特点，确定其优先的形象要素，即公众认为该行业最重要的形象特征，并将这些形象要素列入策划设计的基本概念之中。

生产运动器具的日本美津浓公司，一向标榜"振兴、发展运动"，以"将更好的运动用品贡献予社会"为公司理念。为迎接21世纪全民运动时代的来临，决定开发CI。在对企业各方面现状分析研究的基础上，结合企业的行业特点和自身传统，确定CI策划的基本概念：由75年历史和传统中所产生的强力理念，必须反映于新的CI；明确美津浓于国内、国外竞争市场的地位；在不破坏传统性和高品质形象下，将现代性的感觉带进美津浓。据此决定统一性字体标志的设计概念：形象——可表现运动的开朗性和健全性；恒久性——可应付从20世纪80年代到21世纪的时代变化；社会性——合乎传统一流厂商的运动用品格调；国际性——适用于世界著名运动厂商的国际设计；时髦性——符合时代潮流所需；多样性——能应付各种媒体的柔软性机能。同时，在公司标准色设计中，采用蓝色两色调（钴蓝色和天蓝色），表现运动的速度感和新鲜感，也表达企业的严正格调及稳定性。这一切都体现出鲜明的行业个性（图2-20）。

图2-20 美津浓标志

以铸造技术著称的日本菱备公司，在确立CI策划概念时，充分反映了企业所在行业的形象特征。菱备公司，在明确CI策划设计概念为：继续维持菱备公司传统的高品质、依赖性、稳定性，并且补充活泼性、开朗性、跃动感、精密技术等。公司以"用行动表达信赖感"为企业标语。企业标志采用"Reliable Ryobi"（使大家有信心）两个单词的第一个字母"R"的暗示，其立体性阴影能表达铸造物的构造和工程，其锐利边缘部分则令人感动精密性，整体上则有跃动感。

曾经负责百事可乐CI计划的T·丹尼埃·成松认为，"标志能表现出企业的性格"，并指出，银行所用的标志，必须具有安定感，才能给予人"安定、有保障"的印象。Security Pacific银行、Manhattan银行、华盛顿银行等，都采用具有安定感的标志，也表现出"流通"、"成长"的意涵，使一般人能从标志中，领会金融业的基本性格。

各国航空公司的标志符号，多采用飞翔物或流畅带有方向性的线条作为企业标志的基本要素。日本航空公司的鹤形图案、捷克国内航空公司的鸟状图形、我国东方航空公司的燕子图形（图2-21）、中国国际航空公司的凤凰标志等（图2-22），都直接表现了企业所属行业的特点。

图2-21 东方航空公司标志

图2-22 中国国际航空公司标志

2. 不同企业的个性化策略

差别化，是市场竞争的主要形式。不同的企业组织有着不同的企业理念，并随着企业的成长壮大，这种理念得到进一步的发展扩张，成为一个企业独特的企业文化的核心，也成为企业风格的象征。CI策划，就是要从企业商品或服务的背景及根植处，寻求企业的文化理念与其他企业的差别点，并根据企业自身的事业特点和文化理念，来决定其独特的生存方式，并清楚地揭示其存在的意义，进而确立并有效地传达出企业的个性。

以德国汽车工业为例，各企业的形象战略是不同的。大众汽车，以"不求外形的改变而注重内部改良"为其价值观和经营策略，不像别的公司那样不断地从事车型的改良,使得刚买不久的汽车很快就丧失魅力。那些对这种价值观有同感的消费者,也跟着大众而共同经历其汽车生活,完完全全地和企业结为一体。

而德国的宝马公司和奔驰公司,虽然都同属于高级、高速车,但也各自具有不同的价值定义。宝马公司把汽车的价值定位于"赋予驾驶的喜悦",所以宝马并非单纯地予人以一种快速车的感觉,而是要为爱好速度感的驾驶人制造一辆心爱的车子。与此相对,奔驰公司则以"输送的快适"为其价值定位。换言之,奔驰汽车使人由A点快适地移到B点,搭乘者不论是对驾驶座或后座都会觉得安全、快适。奔驰公司显然在这一点上与宝马公司不同,宝马公司是以驾驶者为优先考虑的。由此看来,奔驰是诉诸实用性选择的汽车,而宝马则诉诸感性选择。以上的德国汽车公司,对于汽车制造的价值以及汽车使用的观点,是如此的不同。由此可见,即使是同一行业,每个公司也可以而且应该有各种不同的存在意义,其间的差异主要来自各自的文化理念及其战略定位。

CI策划不仅要确定独特的存在方式,明确企业的存在意义,而且要将其形成统一的形象概念,借由视觉符号表现出来,全面传播于社会公众。

以日本的百货业为例。松屋百货公司是一家有着100多年历史的老店,颇得顾客信赖。为了打破老式传统向现代化迈进,使松屋成为有个性与特征的百货公司,松屋在进行CI策划时,确定了"创造松屋新文化"的概念,即:高品位,时常对新事物挑战;富有国际性著名的商品和环境,对新都市生活有专业性的反应。从而将松屋定位于"都市型"的百货公司。根据上述概念,确立标志设计的关键语(Keyword):"能满足都市进步中成人感的需求"。设计出的公司标志被认为最能表现"既华丽又纤细的进步感,并满足成人需求的百货店(图2-23)。"

图2-23 日本松屋百货公司外观

日本的尼奇公司经营流通零售业,公司将CI计划的重点放在"Personality(个性)之塑造",认为商品群的处理、商场的规划、员工对顾客服务的制度,以及商标及公司标准字等外观要素,都是尼奇公司"Personality"的构成要素。尼奇公司不仅标榜"供应日常生活的基础商品,并且种类丰富",而且确立其新形象计划:为希望时常年轻、开朗、过着快乐人生的顾客,提供"年轻气息"、"休闲化"和"令人舒适的生活"。因此将其专卖店分为新生活形态感性区、日常生活形态感性区、分期付款感性区等3个区域,进而各自开发合乎自己目标的专属品牌,从而让消费者产生"到了店里,就可快乐地度过舒适的一天"、"真想再到那家商店"的印象。这一切都充分展示出尼奇公司的个性。

国内一些企业，在形象塑造方面往往"脸谱化"，缺乏鲜明的个性。如在企业精神标语的确立上，易套用"标准件"，诸如"团结"、"奋进"、"开拓"、"进取"之类，哪个企业都适用，显得一般化，缺少个性特征。此外，不少企业标识意识淡薄，一些已颇有经营业绩的企业却没有象征企业特性的企业标识，使企业个性无从传达。因此，对国内一些企业进行CI策划以塑造具有个性特征的企业形象显得十分重要。在这方面已有一些企业作了有益的尝试，收到良好的效果。如在视觉识别的图形标识上，中国联通的标志是由中国古代吉祥图形"盘长"纹样演变而来。回环贯通的线条，象征着中国联通作为现代电信企业的井然有序、迅达畅通以及联通事业的无以穷尽、日久天长。标志造型有两个明显的上下相连的"心"，它形象地展示了中国联通的通信、通心的服务宗旨，将永远为用户着想，与用户心连着心（图2-24）。又如中国工商银行的整体标志；是以一个隐性的方孔圆币，体现金融业的行业特征，标志的中心是经过变形的"工"字，中间断开，使工字更加突出，表达了深层含义。两边对称，体现出银行与客户之间平等互信的依存关系。以"断"强化"续"，以"分"形成"合"，是银行与客户的共存基础。这些都能反映企业特征，且简洁别致，视觉感很强（图2-25）。

图2-24 联通公司标志

图2-25 工商银行标志

3. 针对竞争者的差别化策略

CI策划的目的，是要建立企业形象对于竞争者的"差异性"。"差异性"的产生有赖于差别化策略的实施。差别化有利于企业在市场上确立自己独特的位置，避开或击败竞争对手。

美国战略研究专家迈克尔·波特认为，差别化就是企业在"全产业范围内树立起一些具有独特性的东西，如设计名牌形象、技术特点、性能特点、顾客服务、商业网络及其他方面的独特性"。企业形象通过差别化设计后，不仅仅有利于社会大众的识别，也有利于表现企业在产品或服务上的差异性，从而使企业避开竞争者的锋芒，在市场上占有一席之地。

华帝成立于1992年4月，是我国第301家燃气具生产厂家。后来者的颓势、市场疲软、强手分割的局面，向华帝的CI计划提出挑战。1992年，华帝在全国同行业率先导入CI，透过文化、艺术，把企业精神及经营理论融于产品和市场活动中，成功塑造了一个新颖、独特的产品及企业形象；针对国内和亚洲燃气具厂商的产品，华帝独一无二地选择春意盎然的绿色作为标准色，具有独特识别性。同时华帝对外传递着"高品位"的经营思想和"高档次"的产品格调，将其市场目标确定为20世纪60年代以后出生、具有现代消费意识的年轻用户。2000年，华帝与全球著名广告公司麦肯·光明合作，力图塑造一个极具潜力的国际品牌。这些都与竞争者形成差异，使华帝很快确立了自己的市场定位。

美国长岛信托公司，开始在华友、花旗刚入长岛之时，在"全盘服务"、"服务品质"、"资本雄厚"、"分行众多"几方面均排在6家银行之末，但该公司运用差别化策略，准确地找到消费者给自己的定位，即"长岛信托是为长岛服务的银行"，并以此为主题展开宣传攻势。经过一年多的努力，经同样调查证明，前面四项内容排名均往前移，达到两个第一、两个第四。而华友银行却在当地的分行超过长岛信托两倍多。可见针对竞争者实施差别化策略的奇效。

美国百事可乐公司在市场调查中发现，其最具竞争力的对手可口可乐公司虽然给人的印象仍是"美国的化身"、"真正的名牌"，但同时，又给人一种只顾保持传统，却忽视了新时代要有新的需求的印象。而百事可乐公司被认为是一个年轻的企业，它具有新的思想，有创造的朝气。于是百事可乐公司针对可口可乐公司的老成迟缓的老派形象，实施差别化策略，根据"人们相信新的希望"这一常规心理，确立百事可乐发展的主题：新。在"新"的大方向指导下，百事公司通过各种传播手段，传达企业崭新的形象，符合新一代年轻人独立自主、富于挑战的心态，充分体现了自己的风采。百事可乐公司策划了许多反映"新"的主题的广告，以强化百事可乐公司与可口可乐公司的差异。如"觉醒吧，你就属于百事的一代"，"现在，对于那些自认年轻的消费者来说，百事可乐正是你们的最佳选择"，"奋起吧，你是百事可乐新一代生龙活虎的一员"等等。从而使"百事可乐，新一代的选择"深入人心，百事可乐公司终于与可口可乐公司在美国软饮料市场上平分秋色。

为了与"白红系列"的可口可乐在产品包装的视觉形象上形成差别，1996年百事可乐集团投资5亿美元全面对其产品进行改头换面，以崭新的"蓝色系列"展现在世人面前。仅在当年，百事可乐要完成200亿饮料瓶和易拉罐、50万自动售货机、3万送货卡车的"蓝色系列"工程，并计划从英国开始，至1997年底在190个国家和地区完成"蓝色系列"工程。为了配合其"蓝色系列"工程，百事可乐集团抓住1996年亚特兰大奥运会的机会大加宣传。此外，还利用一切现代传媒，展开强大的广告攻势。为此，动用了世界名模辛迪·克劳馥（Cindy Crawford）和克劳迪亚·席夫（Claudia Schiffer）等为其壮威。一个百事可乐的"蓝色"信息正在全球范围内迅速扩展，世界饮料业的核心人物评价，百事可乐的"蓝色系列"将使其更多地占领新的市场。因为，这个不易与可口可乐混淆的设计，将首先在对两种可乐饮料还不全认识的地区赢得市场。百事可乐的老板韦恩·卡老威（Wayne Callaway）认为，"依据我们全新的设计形式，我们将在世界范围内赢得一个非常之大的市场范围"。

在百事可乐109年的历史中，其包装只换过10次。但从2007年起，百事可乐在全球就将更换包装35次，以此来贴近年轻人的消费市场。百事公司表示，每隔几周，公司将重新设计百事可乐的包装图案，突出年轻活跃的主题（图2–26）。

美国七喜汽水也是针对竞争者运用差别化策略而取得成功的。由于同属汽水饮料的可口可乐和百事可乐早已在美国市场取得巨大成功,市场占有率极高,使"可乐"早已在人们心中形成"第一"汽水饮料的文化观念,如果作为汽水家族的晚辈七喜汽水要正面去与可口可乐、百事可乐竞争,是既不明智也不经济的。于是,策划人员完全不在产品的特质、味道、功能等方面定位,而纯从文化观念上给人们一个错觉印象——"七喜非可乐",并在广告宣传中设计出七喜"从来不含咖啡因,也永远不含咖啡因",与"两乐"泾渭分明。这样,七喜创造出一个非可乐饮料市场,从而与两大竞争者可口可乐、百事可乐鼎足于市场。

图2-26　百事可乐2007年新包装

2.6.2　CI策划的民族化原则

CI策划要遵循民族化原则,因为各国的企业文化具有鲜明的民族特色,由此决定企业经营宗旨、企业精神、企业价值观等企业理念的内涵具有强烈的民族性。同时,品牌识别、企业标志、标准字等图形识别以及企业标准色都会因民族心理、审美情趣的差异而打上民族的烙印。

1. 企业理念识别的民族化策略

企业理念识别植根于企业文化,而企业文化具有鲜明的民族色彩。不同民族的企业文化呈现不同的特点。

美国的企业文化具有下列特点:

(1) 相信那些愿意工作,并且有能力工作的人们,利用各种机会吸收来自世界各国的人才。

(2) 信赖组织,并且尊重组织的所有制和领导人。

(3) 相信竞争可以推动社会发展,把竞争引入生活的各个方面,特别是重视组织的竞争。

(4) 尊重人而不论其宗教或信念的差异,特别是在组织管理中倡导以人为中心。

(5) 尊重财产所有权和专业知识,承认选举的或任命的职务等的权威。

(6) 重视教育,尊重知识和人才。

(7) 信赖逻辑力量、科学技术,并为此发展而不懈努力。

(8) 以开拓和变革试验去寻求更好的行为方式和开辟新的领域。

因此,美国企业在策定经营理念时特别强调功效、创造力和责任心。美国的思想、文化处处体现实用主义,以效益为价值标准,企业特别强调生产、利润指标,非常看重个人能力的发挥,把个人创造力看作是个人自由发展的动力,并强调个人荣誉感,强调个人价值通过责任来实现。

而日本的企业文化特点是:

(1) 民族精神是日本企业文化的基石,企业文化以人为中心,推崇"仁义礼智信"和"忍"的思想观念。

（2）把开拓精神和民族精神结合在一起，融合到企业文化中，形成继往开来、先忧后乐、永不停止、开拓前进的思想。

（3）忠于组织，信赖领导者，把个人的奋斗同集团的目标结合起来。每个职工都服从于组织领导，坚决执行组织的命令。

（4）职工道德教育是日本企业文化的一个重要组成部分，每个企业都将热爱职业、方便顾客的精神贯彻到职工的日常工作中去。

（5）积极进取，忘我工作。

日本企业在确立经营理念时，注意吸取民族文化中善于学习、集体主义、以人为中心、坚韧不拔的精神。如日本企业强调"和"的理念，像三菱企业的标志，就由三个菱形组成，表达企业"和"的理念，并表达出企业内部所孕育的朝气。

美、日企业文化的差异，形成各具民族特色的企业理念，尤其是企业精神和价值观。正如美国理查德·帕斯卡和安东尼·阿索斯在《日本企业管理艺术》中所指出的，日本松下电器公司和美国国际电话电报公司的区别"最主要的不是在他们的整体战略上。因为他们的战略非常相似。区别也不是在矩阵式的组织结构上，两家的组织结构几乎是完全相同的。真正的区别也不在制度上，至少不在于正式的制度，两个公司均有非常详细的计划和财务报表。以上三个要素并不足以说明两个公司的区别，真正的区别是在其他要素上，即管理作风、人事政策以及最重要的精神或价值观上。"

我国企业汲取传统文化的精华，形成了独特的企业文化。联想集团以"世界的联想"为企业口号，经历了分家、更改名称和标识、并购IBM台式机部……今天的联想，真正兑现了它的诺言——做"世界的联想"。看到联想和可口可乐并列站在一起时，国人心中都难免有激情涌动。未来的日子里，联想将会带给中国、带给世界更多的美妙联想。海尔强调"日事日毕，日清日高"。海尔向来以品质和服务著称。"日事日毕，日清日高"不只奉行在中国，更被海尔人带到了遍布世界各地的 30 多个海外生产基地。

企业理念的确立，必须植根于民族文化的土壤，体现民族精神，才会有生命力。

2. 企业行为识别的民族化策略

企业行为识别也与民族文化息息相关。不同的民族有不同的文化，其风俗、习惯、道德规范、价值标准也不一样。因此，企业和企业员工的行为，也因支配、规范它的企业理念的民族差异而打上民族的烙印。

日本盛田昭夫先生在美国组建了索尼美国公司，并招募了许多美国员工。盛田发现美国一个地区的销售经理很有发展前途，于是加以重点培养并委以重任。按日本的行为规范、道德观念，这个美国人应当感谢盛田的知遇之恩，为索尼尽忠尽力。然而，有一天他却突然找到盛田说，他不打算在索尼美国公司干下去，因为索尼的竞争对手答应给他两倍，甚至三倍的工资，他无法拒绝。盛田对此十分恼怒，认为他是个"叛徒"。但这位美国人却无内疚之感，也不觉得背信弃义，反而认为自己行为光明正大。因为在美国人看来，如果他有才能，那么受到器重是很自然的事情。如果别的公司给的待遇与报酬更高，更符合他自身价值的实现，他理所当然可以跳槽，不存在背信弃义的问题。

盛田先生在盛怒之后，开始反思，他逐渐认识到这是两国文化差异造成的。不同文化有不同的道德标准、行为规范，在美国雇用美国员工为索尼工作，就应入乡随俗，而不应该完全照搬日本企业的经营管理原则、用人方式和行为规范。在充分考虑这些因素之后，盛田重新调整了索尼美国公司的经营与行为规范，使得索尼美国公司的事业蒸蒸日上。

企业行为也会因民族文化的差异而不同。日本CI专家中西元男先生曾指出，在美国的公司凡是优秀人才，该公司常会产生"此人能力很强，说不定什么时候将会被挖走"，他们是在这样一种前提下考虑工作安排的。而日本则相反，把优秀人才看作是"因为此人优秀，所以不能脱离该部门"作为前提来考虑对他的合理使用。这样的结果，日本企业制定的CI手册及其中的行为规范，不仅容易记忆，且能很快发现人才，这与美国截然不同。

中国传统文化博大精深，优秀的文化遗产十分丰富。然而，我国一些企业却过于迷信西方的经营指导思想，在引进国外管理经验时，不加选择地全盘照搬，放弃了许多适合我国企业的优秀的经营方法、经营原则、经营策略。在制定行为规范时，脱离国情，存在一窝蜂、赶时髦的现象，看到社会上流行什么，就跟着模仿，结果，这些规范只是一纸空文，对企业的发展并无实际意义。

因此，我们在进行CI策划时，必须结合国情、民情、厂情，汲取中华民族文化中的精华，弘扬中华民族的传统美德，培养员工正确的道德观，如正义感，善于区分真、善、美与假、恶、丑，敢于主持正义；原则性，遇事要分清主次轻重，坚持原则，深明事理，识大体，顾大局，为了维护原则，可以牺牲自己的物质利益，敢冒得罪人的风险；助人为乐和尊重他人等等。员工的行为只有在正确的道德观、价值观规范下，才能展示良好的形象。

3. 企业视觉识别的民族化策略

在CI的视觉设计方面，主要是图形标志和标准色的设计，也要富有民族情趣，符合民族心理，否则就不会得到社会大众的认同。如许多日本企业重金礼聘国外著名的设计家，为日本企业设计标准字或标志，却常常发生设计作品不适合日本人的情形。显然这是民族差异造成的。日本人不太了解外国人的观感，而外国人也不清楚日本人的习惯，对某些设计作品的"感觉"当然会不一样。

一国公众认同的企业标志，别的国家公众不一定会认同。如美国Security Pacific银行的"双S"标志，是一件美国人公认的优秀作品，但它在日本得到的评估却出乎意料的低。大多数日本人以为那是某电力公司的标志，少数人则认为是食品公司或小型金融机构的标志。事实上，Security Pacific银行是总行设在洛杉矶，与美国各洲均有交易的大银行，其标志由两个S字所组成，分别代表Security以及银行对顾客亲切的态度Service（服务）。美国TCBY连锁店，以经营各种酸奶为特色，所有连锁的分号一律以绿和灰黄相间搭配装饰。TCBY 选择这两种颜色的原因是"它们象征着天然和健康",十分有利于吸引顾客前来饮用。同样,日本第一劝业银行的心形标志很有亲切感。但一些到日本观光的外国人,看到这家银行的标志时,多半皱皱眉头,觉得很怪异,甚至会对日本朋友说:"为什么日本的银行会采用心形图案作为标志呢?心形和银行的基本业务有什么关系?"可见民族差异是很大的。

因此,企业图形识别的策划设计,必须充分考虑民族情趣、民族心理。日本企业的图形识别设计,大多流露出浓厚的日本民族气息,如大荣公司、伊藤公司、富士银行的图形识别系统。

国内不少企业的企业图形识别具有民族特征,如中国银行的标志,方圆组合为中国古代"钱币"的象征,方口上下两竖意为"中国"的"中"字,民族气息很浓。

CI 策划的内容之一是用象征企业特性的色彩来强化识别功能,这一特定的色彩或一组色彩系统称企业标准色。

色彩能在视觉上发挥冲击作用,因此,它能在瞬间使企业形象增加感染力。色彩还能引起人们的情感反应,因为某种色彩与自然界某些事物的特征有一定的相似性,于是就会产生某种接近联想。如看到红色,便联想到热情、温暖、警觉、危险、生命、活力等;看到黑色便联想到绝望、死亡等抽象概念;而黄色给人留下光明、辉煌、灿烂等印象;橙色因与成熟果实的颜色类似而使人感觉充足、饱满和成熟等。

但由于不同民族文化思维模式和审美情趣有别,对色彩的象征意义的认识上有明显的差异,如我国和韩国、美国等许多国家都认为红色是积极、干净的。很多企业以它为标准色(如可口可乐),追求的是其对人的视觉和心理刺激的强烈效果。但也有些国家将红色作为妒嫉、暴虐、恶魔及死亡的象征。对于黄色,我国和英国、印度、希腊等国十分喜爱;但在伊斯兰教中,黄色却象征着死亡;在欧美一些国家,有人认为黄色"低贱",是下等颜色,甚至认为是"恶徒"的象征。

因此,在策划设计企业标准色时,应遵循民族化原则,使其与民族心理相吻合。

日本伊势丹百货公司在决定标准色之前,先调查都市颜色,结果发现其所在的新宿地区,偏爱橙色。同时,橙色是高明度色彩,易引人注目,使人联想到温暖、丰收等。于是,伊势丹选用橙色为标准色。

我们强调 CI 策划应遵循民族化原则,并非排斥 CI 策划需要有一定的国际性,但国际性也是以民族性为前提的。国际性就是不同民族的共性,因此不了解民族性,就谈不上国际性。

2.6.3 CI 策划的社会化原则

CI 策划塑造、传播企业形象,目的在于得到社会大众(包括企业内部职工)认同,从而使企业形象得以提升。因此,CI 策划只有获得社会认可,才能发挥它的效用。

CI策划的社会化原则，要求我们在进行CI策划时既要考虑社会心理问题，又要考虑顺应时代潮流问题。

1. CI策划应适应并引导社会心理

CI策划能否取得成功，与其能否取得社会心理的认同与支持密切相关。无论视觉识别、品牌识别、战略识别，还是理念识别都是如此。国外企业对此认识更为深刻。

对于日本民众而言，"亲切感"是企业形象的重要要素。因此日本许多企业在实施CI计划时将"具有亲切感"作为策划的重要概念，如花王公司以新月形作为企业标志，得到民众78%的肯定，因为"月亮"是人们常见而且喜爱的事物。第一劝业银行采用心形标志，社会人士大多觉得这种标志能传达"亲切"和"精诚合作"的企业理念。三菱银行以鸽子为企业造型，使银行增添了"活泼"、"和平"的气氛。伊势丹公司曾经委托国外的CI策划公司，设计出双叶形的企业标志，但日本民众对这个标志的反应却不佳。因此，伊势丹只好再展开作业，设计符合社会心理的标志。

美国宝洁公司以生产家庭用品驰名，原有标志为星星和月亮的图案。但民众中的反对魔教人士认为这是魔鬼撒旦的标志，因为标志上有一部分看起来像三个"6"字，而在圣经"启示录"中，666就和魔鬼有关。事实上图案中看起来像倒写的三个"6"字，是月中人的胡须。由于遭到民众反对，公司不得不修改图案标志，将月中人的胡须卷曲式改为平直式，消除了三个"6"字的误解。

在企业标准色的设计中，社会心理的反应尤为明显。日本色彩研究所所长，色彩心理学家小材重顺认为："CI的意义在于公司职员对企业政策的同化和熟悉，以及顾客和职员对企业方针的接受与实现。因此CI的实质不仅是商品制作，更是心理问题。"美国、日本和我国台湾省各大企业的标准色，以红、蓝色所占比例较多，这种现象不是偶然的，而是社会审美心理的反映。

在进行行为识别的策划时，也要遵循"公众认可"的原则，如利用公众对名人、伟人的崇拜，让企业和企业的产品与名人联系在一起，使人们提到某名人就想到某企业或某产品，从而赢得大众的信任和好感，获得社会公众的认可。

企业理念的策划同样应该取得社会大众的认同，而企业内部员工的认同首当其冲。只有获得本企业员工的一致认同，企业理念才能内化为员工的自觉行为，企业理念才能落到实处，对企业发展才具有实际价值。

当然，CI策划要获得社会心理的认同和支持，并非要求CI策划只是简单地迎合、被动地适应社会心理，而是主张CI策划主动适应并引导社会心理。因为社会心理虽然具有相对稳定性，但它毕竟会随着社会发展、文化变迁而发展、变化，如果简单迎合、被动地适应社会心理，就不可能产生具有先进性、前卫性的CI策划。

2. CI策划要顺应时代潮流

企业的经营哲学、价值观，会随着时代的变化而更新发展。人们的消费观念、审美情趣也随着时代的发展而变化。因此，企业的理念、品牌形象、行为规范、视觉形象，要与时代合拍，顺应时代潮流。

日本消费市场自20世纪90年代以来，正快速转向高度成熟化的趋势发展。商品的价值判断已从"重、厚、宽、大"转向"轻、薄、短、小"，这种针对日本地域与风土民情所衍生出来的商品观念改革，不仅促使企业界强调"产品力"的开发研究，同时对于"形象力"的塑造与诉求也有所改变。企业标志从过去的那种繁琐复杂的图案，转向单纯简洁的几何抽象造型发展，体现了企业朝向理智、科技、现代精神奋进。如"精工电子"大小呼应的圆形标志，"日本钢管"强烈醒目对角线发展的N字标志，"山崎建设"象征"水的心、火的力"两要素对应的圆形与椭圆形标志等企业标志，传达出企业形象策划对时代潮流的回应。即使在企业标准色方面，日本企业也注重体现理智和高科技精密度的时代特征，正在由红色系渐渐转向蓝色系。

在消费观念方面，1980年代后期发生了很大变化。随着信息社会来临、生活节奏加快，人们在高科技的环境和快节奏的生活中，对"情感"的需求日趋旺盛。于是出现了"感性消费"，即消费者购物时注意的不仅是产品的质量，也包括自己的感觉。为了顺应这种趋势，CI策划应该抓住消费者的感情神经末梢，加大"感性"诉求的力度。如以生产空调器为主的春兰集团许诺"让春天永远伴随你"。红豆集团公司以"红豆"作为企业和产品的名称，正是巧用人们早已熟悉和热爱的红豆诗来作感性诉求："红豆生南国，春来发几枝？愿君多采撷，此物最相思。"这种感觉使消费者怎能无动于衷？

日本西武百货集团，企业理念是"感谢和服务"，这是日本商人传统的观念，不仅唤起人们对古老美德的亲切感，而且和一般消费者有密切的关系。为了适应新一代年轻人，西武从以"人"为核心的企业理念进行扩展，使用"自我的新发现"、"不可思议，非常喜爱"、"美味生活"等适应潮流的口号，赋予"感谢与服务"新的时代意义。对比之下，同样是零售业的大荣公司却力不从心。这家走低价位的超级市场在"感性消费"来临之际，不思变化，仍固守"廉价"的企业理念，结果低价位的企业形象，深植于消费者心中，即使中秋节送亲朋好友的礼物，大家也都不愿向大荣公司购买。因为大多数人认为廉价品当礼物是不礼貌的行为。结果大荣公司的销售节节下降，这是企业形象与时代潮流脱节而导致经营失误的一个教训。

上海太平洋百货，将自己定位为"流行的领导者"。公司以年轻的工薪阶层为主要的目标市场，以经营中、高档流行商品为主，其核心顾客群是16~35岁的人群，其中七成是女性，七成是未婚，七成是大专以上毕业的上海人。经过多年的发展，太平洋百货已成为上海女性心目中最时尚的商场之一。这里的时尚，不仅是指商品，还包括贴着康乃馨花纸的柜台和那种"感觉很舒服的光线"。太平洋百货的形象强度，使其成为全上海各区年轻消费者的首选商场，其市场辐射已覆盖全上海。

2.6.4 CI策划的标准化原则

从某种意义上说，CI策划就是为了创造企业独特的形象，将企业理念与经营行为，透过各种表现形式加以标准化的活动及过程。因此，CI策划贯彻标准化原则，将有助于CI效用的发挥。

CI 策划的标准化原则要求我们在进行 CI 策划设计时，将企业理念、战略识别、品牌形象、行为规范及视觉形象统一化。只有使企业的内外、上下、前后实现统一化，才能给社会大众以信心，才能增加可信度，才能显示出企业的整体形象。不统一的形象会给消费者造成困扰，不能使消费者对企业产生信任和好感。

北京全聚德烤鸭集团，在进行 CI 策划时，通过一系列标准化作业，使原来下属各个烤鸭店由形象各异变成形象统一。首先，统一经营理念。全聚德以继承传统烤鸭技法、推崇饮食文化、弘扬饮食文化为经营宗旨，以"宾客至上，广交挚友，精美菜肴，周到服务"为经营口号，并将这些灌输到全体员工头脑之中，体现在每个员工行动中，逐步为公司内外所认同。其次，统一行为规范。全聚德通过制定统一技术操作规程、统一原料进货标准、统一产品质量标准、统一服务规范、统一员工守则，并通过不断培训、严格考核，使之成为每一位员工的行为准则，确保全聚德烤鸭质量、品味的统一性。无论在哪个店，无论何时品尝都是统一的、优质的、美味可口的。只有达到这一标准，全聚德的形象才能在消费者心目中确立起来。最后，统一视觉形象。作为视觉形象，除了"全聚德"三个字已经深入人心外，还设计出与之相匹配的标志，并把这些视觉基本要素充分表现在办公用品、广告宣传等一切可以传递信息的媒体上。此外，全聚德的建筑风格和装饰效果、各种设备和用品等逐步做到了统一化、标准化。通过这些标准化作业，不断强化了消费者对全聚德的认同，使全聚德在社会公众中树立起一个统一、完整而良好的企业形象。

有些企业没有经过标准化的 CI 作业，使企业形象无法统一，大大削弱了企业的可识别性。兰州牛肉面馆便是一例。兰州牛肉面馆可以说遍及我国各大城市，在北京更是遍及大街小巷。这种面由于物美价廉，深受消费者的欢迎。但是至今兰州牛肉面的制作没有一致的质量和操作标准，大多数牛肉面的味道无法与正宗的味道保持一致，而且多数面馆是独家经营的，没有统一的建筑外观、一致的陈设，因而无法提高兰州牛肉面馆的可识别性，也无法提高兰州牛肉面的档次。面对美国加州牛肉面馆的激烈竞争，似乎给人以"低人三分"之感。

标准化原则，不仅是 CI 策划的创意思路，而且也是 CI 策划设计时的一个技术性原则。它主要是指在标志、标准字、标准色等视觉形象基本设计要素与传达上，要保持一致性，达到标准化。

台湾省登泰设计公司 1989 年为台糖公司进行 CI 策划时，十分重视标准化作业。台糖公司经过 43 年的发展与成长，在视觉传达的表现上十分薄弱，缺乏整体的规划。例如该公司各种产品的包装未有统一规划，标志的规格大小在使用上也缺乏标准化，因此，产品形象显得零乱不一，无法透过产品形象来建立企业形象。于是，登泰设计公司在设计台糖象征图案时，一方面，对台糖公司的标志作了重新设计，以砂糖晶体结构为造型，并表示出如倾滑落、晶莹剔透的图案，显现了强烈动感与视觉张力。另一方面，将这一图案制定出统一的实施标准，以保证传达上的一致性。这样，使台糖公司的形象得到升华，企业经营保持了经久不衰的势头。

为实现 CI 策划的标准，许多公司对标志的使用都有严格的规定。如四通集团的

《CI手册》在总则中便明确规定:"四通集团的下属企业(即四通新技术股份有限公司及其各事业部、各分公司及全资子公司),均须以四通集团的企业标识为首要要素,且必须按照专门分册的规定,正确使用标识,不得另用其他标识,因特殊原因必须使用其他标识或进行规定以外的组合使用的,须经四通集团总裁委员会批准。在使用四通集团企业标识过程中需变更或中止使用的,应事先向四通集团办公室申报,获准后方可变更或中止。"

CI策划中视觉识别的标准化形式多种多样,主要有简化、统一化、系列化和组合化等。

简化,是指在一定范围内对设计内容进行缩减,使之满足一般需要,其实质是对客观系统的结构加以调整使之优化,如标志的设计,要避免过于繁琐,否则不仅影响其可观性和识别性,而且也不利于标准的实施。因为标志图形是个有限的空间,它不可能传达无限多的信息,要使对象总体功能最佳。

统一化,是要求把同类事物两种以上的表现形式归并为一种或限定在一个范围内,如员工制服,就可以统一为冬夏两种样式的设计。公司各事业部门、各子公司的标志应统一为公司标志,但可以用标志整体或局部的色彩差异来加以区分。台湾省东帝士公司企业标志为宝蓝色,各事业部门统一使用企业标志,色彩有所不同,如零售业事业部为红色,建设部为绿色,汽车部为蓝色等。意大利曼特迪生(Montedison)集团以四个灰色箭头组成公司标志,它的四大事业部门则以不同色彩加以区分。如纤维部门为褐色,食品流通部门为红色,药品部门为绿色,石油化学部门为浅蓝色。

系列化,是指设计可以在各种场合使用,彼此互换。如标志设计时,便要考虑放大或缩小可能会引起的人们视觉上的偏差。据国际检测标准检验,日本三菱公司的标志缩小到了毫米仍可辨认,远视效果极好。标志设计时,也要考虑不同色彩背景下给人的不同感觉,使标志等尽量能够通用。如不能通用,则需要规定各种特殊场合的使用限制。如四通集团《CI手册》中规定:"完整着色的标徽在各种色彩背景中使用时,应根据不同情况,采用不同的方法处理。在较深色的背景下,标徽外围加一白框,文字为白色。在较为浅色的背景下,标徽按原设计使用。"

组合化,是指设计出若干组通用性较强的单元,可根据需要搭配成不同用途的视觉识别系统,如具体规定标志、标准字、标准色如何搭配,同时,又规定哪些组合搭配是错误的。

思考题:

1. 比较美国式CI和日本式CI的异同,并分析中国式CI系统结构特点及其原因。
2. 用实例说明CI策划为什么应该是持续性的。
3. 在坚持CI策划的民族化原则的时候,如何处理CI国际化问题?

第3章 CI策划程序

前面两章阐述了企业形象的价值与功能和CI策划的概念、内涵、特性、功能及原则，但是究竟如何进行CI策划，从本章开始将进行具体阐述。在本章中，着重阐述CI的组织机构，以及CI策划基本程序、企划案制作和内外发布等问题，从整体上把握CI策划。

3.1 CI组织机构设置

CI策划是一项涉及企业的经营理念、制度规范和信息传达的系统工程。因此在进行CI策划时，必须制定总体规划，并设置CI计划的推进主体和组织机构，才能确定并有效地执行原定计划。

CI的组织机构一般分为两层。

3.1.1 CI委员会

CI委员会是企业策划、实施和推进CI计划的权威的协调机构，是实现企业成功策划和实施CI计划的组织保证。

1. CI委员会的职责

CI委员会的主要职责是协调企业CI策划和实施过程中的各项具体问题。其中包括普及CI基础知识，根据导入方针和系统内容策划事前调查，并管理调查作业的进行状况；参考调查结果而设定CI概念，并将活动计划呈送给公司的最高负责人；按照被上司批准的概念和计划，制作配合理念表现和识别系统的具体企划案；按照被批准的识别系统计划，制作新系统的策划设计要领，有些计划则发包给专业机构，由委员会负责管理策划设计过程；审议策划方案，将结果呈送公司最高负责人，得到批准后，这种新方案才算正式通过；对公司内外发表策划设计的结果等。此外还包括在CI推进过程中对企业内外部的协调沟通，以促进相互间的协力合作。

2. CI委员会的设置原则

企业CI委员会的设置，一般应遵循三个原则：

（1）自律原则。导入CI计划，就是重塑企业形象。因此，CI委员会必须首先具备CI的正确观念和认识，要以战略的眼光和同国际接轨的高度来审视CI，同时要具备超前意识和与众不同的创意思路。CI委员会应对自身的发言负责，并且集合有实力的关系者，才能讨论出实质的结果。

（2）组织联络原则。导入CI是公司全体员工的大事，关系到内部各个部门。因此，要有效地推进CI计划，就必须充分反映各部门的意见和实际情况。在策划和实施CI的过程中，必须强化部门间的联络功能，务必使公司内部各部门派代表参与讨论，从而使讨论具有实质意义。

（3）外界协调原则。策划和实施CI计划必须考虑外界对本企业形象的认知、反映和评价问题。因此，在整个运作过程中，必须保持与外界的联络，不仅要与政府部门、主管部门、社区管理部门、大众传媒保持联络，而且还要与CI专门机构保持密切联系，唯有如此，才能共同完成这一过程。此外，CI委员会也应与公司内部其他员工沟通，激发员工的参与意识，反映员工的意志和心态。

3. CI委员会的设置方式

CI委员会并非企业的专职部门，而是企业内部起协调作用的"社团"型机构，它往往带有准职能部门的性质，但在其实际运作中的力度和授权的范围则远比其他职能部门更大。按照国际通行的做法，CI委员会设置方式一般有两种：（1）部门联席型。其形式是，由企业各部门派代表组成委员会的联席会议，一般为10~15人，大部分委员属兼任性质，大型企业往往需要常设机构，且有专职人员负责日常工作。（2）部门负责型。一般由企业管理办公室、计划、宣传、公关、市场、广告等部门派员组成联合办公室，具体负责CI推行业务。大型企业为了有效地推行CI，也可以设置独立的专门处理部门。

CI委员会的上述两种设置方式无论选择哪种，都应由企业主要负责人兼任委员会主任，并直接归属于企业最高决策层的直接领导。

CI委员会除了要有企业决策人员和职能人员参加外，还必须吸纳策划人员，主要是专门的策划专家，他们负责CI的全部策划设计工作。

4. CI委员会有效运转的条件

（1）CI委员会的委员应从企业整体利益的大局出发，进行具体事项的讨论、评断。值得注意的是，代表各部门的委员不可因为偏顾所属部门，而忽视公司整体利益。

（2）各委员应扮演好公司内部建议者的角色，同时为了让公司的员工了解CI计划的意义，有义务进行宣传。作为委员会成员的CI策划专家，要担任这方面的领导者，发挥专家的作用。

（3）导入CI的计划必须循序推进，由每一位委员担任其中一部分工作，对工作内容和完成期限负责，共同展开各种相关活动。

（4）委员会的组织直接属于公司最高负责人，各委员会的组成均须得到最高负责人的了解和指示。

（5）委员会成员应有较好的心理素质。如凡事均坚持"CAN"的意念，不受"CAN'T"意念的控制来处理事情，即在开始工作时就充满希望，并且保持一贯而积极的思考态度。再如具有较强的自主性，事事靠自己，不依赖他人，将委员会的工作当成自己的事情来做，作主体性的处理。此外还必须具备合理的、创造性的思维能力，不可因为慑于组织的权势，而任意改变合理意见。

3.1.2　CI 执行委员会

CI 执行委员会是隶属于 CI 委员会的一个具体从事 CI 策划设计与导入推广工作的专门机构。

CI 执行委员会的主席职责是：预测 CI 导入的时机和具体时段，预测 CI 导入的经费，提交 CI 设计的论证报告，对企业内外部环境进行调查分析，对企业的理念、行为、视觉识别和传达系统进行策划、设计，形成 CI 导入计划方案，负责 CI 设计的内外推广，对 CI 设计效果进行跟踪反馈和评估等。

CI 执行委员会一般由四方面人员构成：

（1）策划专家。他们主要负责 CI 设计过程中的整体创意与策划。

（2）市场调研人员。他们根据策划专家的创意要求，组织实施具体的市场调查、资料搜集及分析预测，为 CI 策划提供决策依据。

（3）平面设计专家。他们主要根据 CI 策划与创意，将企业的理念、战略、品牌和行为系统进行视觉化设计。

（4）文书档案人员。他们主要负责 CI 设计过程中的全部文案工作，以及 CI 导入过程中的内外传播与新闻报道。

3.2　CI 策划基本程序

CI 策划是一套规范的操作系统，必须制定理想的程序，并循序进行作业，才能获得良好的 CI 成效。

CI 策划的基本程序一般包括五个阶段。

第一阶段：现状调查与分析

是否全面、确实地了解企业内外部生存环境的现状和所存在的实际问题，是决定企业 CI 策划成功与否的关键，是 CI 策划的第一步。

企业现状调查与分析，总体上包括企业内部环境和企业外部环境两个方面。

企业内部环境的调查与分析，首先在于 CI 意识的调查。企业最高决策层必须与各职能部门主管乃至广大员工进行实际交流与沟通，从而进一步对企业经营理念、营运方针、组织结构、制度规范、员工状况和视觉形象等进行全方位的调查分析，找出企业面临的问题，从而设定企业新的经营目标、战略与形象的表现。

企业外部环境的调查与分析，是通过对企业所处的外部环境以及国内、国际的市场环境等的相关性分析，掌握本公司在市场中的地位，并摸索、研讨公司今后的存在位置。重点是消费者对企业现有的产品与服务有何种程度的企业形象，以及竞争企业的情报资料的搜集与整理，为 CI 策划设计提供广泛的情报信息。

第二阶段：CI 概念设定

CI 概念设定是 CI 策划全过程中十分重要的阶段。

设定 CI 概念，就是在现状调查与分析的基础上，重点从建立形象角度考虑，确立 CI 的总体目标。

CI 概念的特征是情报价值较高，即意图选取信息传达效果较好的部分，并集中传达此部分的特色。设定 CI 概念，与其面面俱到，不如将重点集中于关键之点的效果来得好。

CI 概念并非心血来潮即可得到。要设定 CI 概念，企业必须经过对企业内部环境和外部环境的调查和分析阶段。可以说，企业现状分析必须与 CI 概念设定紧密联系起来。

CI 概念应当具有鲜明的个性。若 CI 概念与其他企业雷同，缺乏个性，企业形象必然模糊，据此而塑造企业形象的行为也就会徒劳无益。

CI 概念应能概括企业的实态，并反映企业的进取目标和精神。若 CI 概念和企业实态相背离，那么据此而塑造的企业形象就是虚假的。而不切实际的 CI 概念，势必将 CI 引入歧途。

因此，CI 概念的设定比设计后的结果更重要。对于概念的设定，决不可等闲视之。

第三阶段：企业理念、发展战略和品牌策略的确定

根据企业现状和 CI 概念，便可进行企业理念、发展战略和品牌策略的确定。

企业理念是 CI 策划的灵魂，它决定着 CI 策划的成败，所以必须非常慎重。企业理念不仅反映企业的行业特点、个性特点，还要能被企业全体员工认同与内化，也要为社会公众所认同。

同时，以企业的经营理念和社会、市场背景为基础，预测未来的发展趋势，以确定公司的发展战略和活动方向，并在此前提下，进一步确定品牌策略。

第四阶段：企业结构的改组与调整

企业理念的革新和新的发展战略的确认，必然给企业的组织结构及其运行带来新的要求。因此，根据企业理念和发展战略来检讨企业内部的结构，改组或调整企业结构，改善或提升企业素质，就成为 CI 策划的必要环节。

通常情况下，改组或调整企业的组织、体制以及信息传达系统，塑造新的企业运行机制，提高企业素质，需要专业 CI 公司或外部智囊人员的协助。

第五阶段：行为识别与视觉识别的统合

行为识别的统合，是指视觉媒体所传递的企业信息的整合与统一。研究表明，在人的生理性情报的摄取机能中（即五个感官通道中），视觉获得的情报信息约占

80%以上。因此，应特别重视视觉识别的统一，并通过统一的视觉识别系统，将企业理念有效地传达给社会公众。

在此阶段，CI策划设计工作主要包括企业和品牌视觉识别的基本设计系统和应用设计系统。

企业视觉识别的基本设计系统包括企业标志、标准字、标准色等视觉要素。过去，企业标志是CI策划设计的最基本项目，最近则出现了一种新趋势，即利用公司名称标准字的标准化，达到最佳象征效果。

开发应用设计系统时，必须考虑企业主要采用哪一种信息传递媒体表现理念及行为。如果是连锁企业，则以各店铺为主要媒体；如果是制造厂商，则产品和产品包装是主要媒体；如果是运输业，其主要媒体就是车辆。一般的应用项目包括名片、信封、信纸、制服、徽章，以及广告、宣传的各种媒体。

品牌视觉识别系统主要包括品牌标志、商标及产品包装系列。

3.3 CI企划案制作

CI企划案就是企业导入CI的计划和方案，是CI蓝图。它一般由三大部分所构成：

一是企业内外环境的调查与分析；

二是根据调查结果，制定CI策划的规划；

三是制定实施管理计划。

一个切实可行的CI企划案，必须真正体现CI导入的主要目的，以及能解决企业所面临或将要面临的主要问题。也就是说，企划案的内容应该清楚地表明企业实际存在的问题及其解决的办法。这是企划案的两大重点。同时，还应当对具体的实施步骤、方法和预期效果加以说明。

在通常情况下，一个完整的CI企划案，应包括如下内容：

（1）标题；

（2）提案的目的；

（3）导入CI的理由和背景；

（4）导入计划；

（5）CI的计划方针；

（6）具体的实施细则和说明；

（7）CI计划的推动组织、协作者；

（8）实施CI计划所需的费用和时间。

在以上内容中，提案的目的和导入的理由与背景是企划的重点。尤其是CI导入的理由，决定了企业对CI系统的运作方向，因而更加重要。企业目前及未来可能面临的问题，可以成为企划案中的提案理由。例如，公司的标志、商标、公司名称等不尽理想，因而降低了信息传递上的竞争力；企业形象与标志不统一，不利于营业活动；公司的知名度低，外界对公司实态缺乏正确的了解；由于公司营运内容、经营方向的改变，原来的企业形象已不适用；商品的包装未经统合性设计，缺乏竞争力；市场占有率的争夺战日趋激烈，必须比以前更强调企业间的差异性；公司内员工合作意识薄弱，缺乏活力等。总之，企划案必须正确掌握问题的重点，并根据时代发展趋势、企业界和同行业间的现状，以前瞻性的目光来提出问题及研究对策。

在制作CI企划案的过程中，应注意如下一些问题。

1. 要有明确的企划主题

企划案的主题必须明确，且富有魅力。如"企业多元化的CI——菱备公司"；"重塑经营理念的CI——华歌尔公司"；"提升公司士气的CI——伊势丹百货"；"创新视觉形象的CI——星电器制造公司"；"以商标渗透海外市场的CI——共立公司"等，都是既明确又具有吸引力的主题。

2. 应制定具体实施活动办法

这就是根据CI导入的主题、要点和背景等，在明确CI总体规划的基础上，制定出环环相扣的整体作业大纲和相应的活动方式，使CI计划真正做到切实可行。

3. 设计开发作业的时间不可太仓促

企划案在编制CI策划时间推进表时，要注意考虑周到，不能为节省时间，而把计划设计开发作业勉强放在仓促的时间内完成，使企划案难以实行。CI设计开发作业中，最重要的是基本设计开发的期间，必须由参加设计者充分地加以研讨。在设计开发作业的最初阶段中，为了让大家能提出优秀的构想、作设计造型的探索等，应安排充分的研讨时间；之后，进入实际作业时，也需有足够的时间，不可订立机械性的不合理计划，强迫工作人员仓促赶工，使得设计质量得不到保证。

4. 发现CI计划不合理时，应尽快重新制定

CI计划的流程安排，必须考虑前后作业间的关联性，因为前面的作业结果必然会影响到下一步作业。根据调查结果，有时也需安排追加调查；综合性的研讨结果，有时会产生需要变更公司名称的情况；识别系统的企划，也会影响设计开发的条件；有些设计需先做各种测试，或重新进行设计开发作业。因此，如有必要，应重新编制作业流程，如果一开始就想制定出完善的流程图，几乎是不可能的。因此，企划人员应时常考虑实际情况，出现必须追加或删改的重要作业时，应毫不犹豫地重新计划，务必制作出最适当的计划。

5. 应树立"CI是一种战略开发性投资"的观念

企划案中有对CI实施作业经费的开支情况的规划和预算，主要包括前期调研费用、企划费用、策划设计费用、各类项目实施作业费用，有时还会包括内外宣传沟通作业费用、管理费用和后期评估费用等。

对CI计划实施所需的经费不能视为一种"开支"，而应当视为一种"战略开发性投资"，因为CI不仅会给企业带来直接的经济效益，而且将会使企业的无形资产升值。

3.4 CI策划的内外发布

CI策划设计一旦完成，就必须考虑向企业内外发布了。通过向企业内外发布CI成果，使企业外部公众和企业内部员工，都来认知和感知企业的新形象和企业的新概念。

3.4.1 对外发布的方针

公司对外发布CI，除了明确传达公司的CI宗旨外，还能加强全体员工的自觉性与决心，使公司上下每个员工和社会大众一样早日熟悉并逐渐认同公司的CI。

为实现这一目标，公司应该确认对外发布的基本方针，并以此基本方针为基础，确定对外发布的诉求对象和预期目标，并据此决定诉求的方法、手段，以及信息传递的基本概念。以下是企业在发布CI前应事先确认的事项。

（1）发布的基本意义。公司对发布CI成果具有何种意义？公司在拟定发布计划之前，应再一次回到起点上来确认"对外发布"的基本概念。

（2）发布的主要内容。公司对外发布CI成果的主要内容，包括新的企业标志或新的公司名称、新的品牌标识系统、新的企业经营理念或价值取向、CI的综合成果等。

（3）发布的时机。确认发布的意义后，公司再确定发布CI的时机。一般来说，可选择以下时机：新公司正式成立；公司合并组成的企业集团正式成立；创业周年纪念；新产品开发与上市；配合国内或国际重大活动，如生产体育用品的商家，利用大型运动会召开的时机对外发布CI。如果涉及变更公司名称等必须办理法律手续的情况时，应将这方面的考虑列为优先。

（4）发布的基本形式。CI成果对外发布的基本形式主要有：新闻发布会、信息发布会，或企业大型展示活动、企业产品订货会等这类商业气息较浓的活动。

（5）诉求对象和发布活动效果。公司对外发布的诉求对象是谁？如何传达？如何造成认同效果？这些事项都必须仔细地加以考虑。考虑诉求对象和活动效果之间的关系，从而决定发布时所利用的媒体、信息传递的工具。

（6）其他主要的对外活动。对外发布CI的同时，如果举办其他活动或营业方面的宣传、传达活动等，也要事先加以规划。

3.4.2 对外发布的媒体和手段

根据上述事项而确立基本方针后，公司便可针对诉求对象的不同，制定对外发布的媒体和手段。

（1）面对一般消费者和商人，应选择新闻广告（一般报纸和经济类报纸）和杂志广告（经济类杂志）。

（2）面对中间商和批发商，可采用邮件广告（问候、寒暄式）和直接访问（名片、介绍公司产品）。

（3）面对股东，可以邮件广告（问候、寒暄式）为主。

（4）面对传播界人士，应以对记者发表、提供书面资料或新闻发布等为主要手段。

（5）对于其他关系者，可采用邮件广告和直接访问。

此外，还可借助广播、电视等新闻传媒，以及通过路牌广告、商业信函、企业报刊通讯或举办讲座，对外广泛进行宣传。

3.4.3 对外发布的宣传材料

对外发布CI的中心内容之一，便是提供并公开适当的信息给传播界的相关人士。对外发布CI应准备下列宣传材料：

（1）有关导入CI的新闻通讯。将发布新闻的基本精髓，以简明的新闻通讯形式加以记述。

（2）有关导入CI的说明传单。将导入CI的内容，明示于传单中，并将公司负责人的问候词、新设计简况的介绍以及导入CI的过程，以简洁的形式摘录出来。

（3）新设计的印刷样本。将新的设计要素制成宣传广告。公司的新设计日后还会以清晰、精确的形式出现在新闻、杂志中。

（4）新设计应用于商品和宣传品上的照片。准备新设计的照片，例如招牌、车辆、商品等。在新闻媒体上做广告，并准备许多小型的黑白宣传照片。为了加强CI的视觉效果，使他人易于理解接受，应准备具体而有效的广告资料。

（5）公司内部的说明会和业务说明等。为了使全体员工了解公司的方针政策，必须准备"公司指南"、"业务指南"等，同时附上介绍公司发展变迁的说明资料。

（6）登载公司CI计划内容介绍的厂刊厂报及其他相关宣传资料。

3.4.4 对内发布的意义

当企业导入CI计划以后，需要在对外发布CI成果的同时，系统地对企业内部员工进行完整的解析和说明，使全体员工明了公司导入CI的宗旨及战略意义，要求他们不仅真切地感知CI成果，而且人人参与推广、实施CI成果。

企业员工不仅是传达公司形象的媒体，更是真正影响公司形象的人，也是从根本上影响CI成效的人。如果在CI发布时期，内部员工发生了下述反应，公司就必须重新检查、调整计划了。

（1）根本不知道CI是什么东西；

（2）完全不知道公司CI的传播对象是谁；

（3）无法理解CI与自己的日常生活和工作有什么关联；

（4）不了解公司发布CI的目的、过程及其运作重点；

（5）不清楚公司所制定的新理念，也毫无心得；

（6）当外人询问公司的CI计划时，不知该如何说明；

(7) 对公司的 CI 进展感到疑惑时,不会去探讨;
(8) 对于公司的新标志、新识别,一点也不熟悉,也不觉得有什么好;
(9) 没有认真考虑识别结构,对新设计的推广法也心存疑虑;
(10) 当初,公司并没有认真考虑是否导入 CI,甚至想用其他方法来取代它。

如果公司内部出现了上述反应,即使公司对外发布 CI 会收到宣传效果,但在实际的运作过程中,仍会产生许多问题。因此公司应高度重视 CI 的对内发布。甚至可以将公司的发展以及发布会的背景等信息,先传达给内部员工,然后再对外发布。

3.4.5 对内发布的方针及内容

在对内发布 CI 成果之前,需确认方针,具体反映在以下几个方面:

(1) 对内发布的方向。确定是单纯进行 CI 成果发布,还是以推广 CI 为中心而展开理念教育,或者借发布 CI 的机会来展开其他活动。

(2) 对内发布的对象和效果。主要是确定 CI 成果对内发布的受众面,以及通过对内发布以期达到的目的和效果。这里应考虑不同的受众所能产生的不同效果。

(3) 对内发布的媒体及运用方法。可以充分利用企业现有的宣传媒体,如广播、厂刊厂报、黑板报、宣传专栏、班组学习材料等多种媒体,对内发布 CI 成果。同时要规划宣传媒体和宣传工具的分配,并对具体的宣传发布方法和运用媒体的方法进行策划。

(4) 效果的测定和调查。对 CI 成果发布前后的员工的心态及思想动态,要进行调查和对比分析,并根据结果作出相应的追踪处理。

(5) CI 成果发布的推广效应。企业应借助发布和推广 CI 成果的动力和惯性,以推进和带动企业其他经营管理活动和两个文明建设活动的开展。

对内发布的主要内容包括以下几个方面:

(1) 实施 CI 的进展。重点向员工说明公司对 CI 有充分的研究,而且此项计划已进展到可以发布成果的阶段,要求员工应该对 CI 具备基本的认知程度。同时确定对外发布 CI 的日期。

(2) CI 的意义及公司实施 CI 的原因。向员工阐明 CI 有助于革新公司的发展方向、改善企业形象等重要意义,并结合本公司的实际情况分析实施 CI 的动因。

(3) 公司员工与 CI 的关联和必要的心理准备。向员工说明,公司形象是由每一个员工所共同形成的,员工是决定企业形象的优劣的根本因素。因此,员工的日常工作、生活与 CI 有直接的关联。实施 CI 将使企业整体行为、组织行为和员工行为规范化、统一化,因此员工应有必要的心理准备。

(4) 实施 CI 的过程。让员工了解公司对 CI 的期望及实际作业的过程、结果,要求员工了解并接受公司推行 CI 的计划。

(5) 说明新的企业理念和发展战略。主要指公司的新理念体系、建立新企业理念的必要性、新企业理念的具体内涵,以及新的发展战略的意义。

(6) 关于新标志的说明。向员工详细说明新的企业标志、品牌标识的内涵、意义及使用原则、方法，使员工了解公司及品牌的新标志，并产生情感上的认同。

（7）设计的管理和应用。要求员工明了企业的外观形象和识别形象的重要性，了解新设计的管理和应用的问题，以及两者之间密切的关联性。公司应严格遵守识别系统的使用规范，杜绝识别系统使用的随意性。

（8）统一对外的说明方式。对于CI成果，企业内部全体员工应统一对外的阐释和传播方式。

思考题：

1. 设立CI委员会时应注意哪些问题？
2. 为你所熟悉的一家企业制定CI企划案（也可由小组合作完成）。
3. 选择一家已导入CI的企业，研究其CI方案，分组模拟该企业CI对内、对外发布活动。

第4章 CI策划前的调查研究

要搞好企业CI策划，必须事先对企业进行充分的调查研究，这是CI策划能否取得成功的关键。因而，本章就调查对象与内容、调查步骤与方法和调查结果处理与分析等问题进行系统阐述。

4.1 调查对象与内容

4.1.1 调查对象

对企业现状的调查，其对象主要是企业的"关系者"。所谓企业关系者，是指对企业的生产、管理、经营和发展有影响者。企业的关系者通常可分为内部关系和外部关系者两类。但是并非所有的企业关系者都将成为调查的对象。如何选择企业现状调查的对象，应从企业的实际情况出发，依据调查企业现状的目的、内容以及CI策划的要求，来加以选择。现将作为调查对象的企业"关系者"分别加以说明。

1. 内部关系者

主要指处在企业生产（或服务）第一线的员工、经营管理成员、高层决策成员、企业员工的家属等。

CI策划的过程，首先是企业对自身认同的过程，而企业对自身的认同归根结底是全体员工对企业的认同。因此，员工是企业导入和实施CI的主体，他们对企业昨天的历史、今天的现状、明天的发展最有发言权。通过对员工的调查，可以详尽地了解企业内部方方面面的情况，诸如生产和生活现状、企业演变的历史和文化传统、员工思想和素质、管理体制和运行机制、员工对企业现状的满意程度、员工对企业发展规划的评估和期望等。

由于员工所在的部门、所处的工作环境、所涉及的工作面不同，以及他们的年龄、学历、工龄、技能和兴趣爱好等方面的差异，致使他们对企业现状的认知，具有一定的局限性和差异性。因此，在选择员工调查对象时，必须考虑到层次结构的组合，以扩大调查的覆盖面和调查的代表性。具体地说，选择调查对象应注意三个因素：一是要考虑被调查对象的性别、年龄、兴趣、待遇、岗（职）位等方面的因素。二是要根据被调查对象不同的年龄、工龄段，注意老、中、青员工的人员比例。三是要考虑被调查对象的代表性，既有科室部门的管理人员，又有生产（或服务）一线的员工；既有部门主管，又有一般工作人员。

企业高层决策者是企业调查的重点对象。日本 CI 专家中西元男曾说："我们的业务，一定要直接与该企业的最高经营层接触，并先行了解该企业的经营方针后，才能接受设计规划的委托。"可见，对企业高层决策者进行调查，以了解企业宗旨、发展规划、经营现状、内部组织、外部环境，以及企业导入 CI 的整体思路和目标指向，这对 CI 策划来说是至关重要的。

2. 外部关系者

主要指消费者、企业供销渠道的相关者、企业的上级主管部门、同行业的和潜在的竞争者，以及金融、工商、财政、税务、技监、外贸等部门的关联者。

消费者是企业产品（或劳务）的用户、服务的对象，也是企业生存和发展的基础。他们对企业形象和个性的评价，直接关系到企业能否顺利发展的问题。所以，对企业现状的调查，必须注重对消费者的调查。

企业供销渠道的关联者，主要指供应商和经销商。他们是企业经营活动在流通领域中的合作伙伴，同企业有着利益上的一致性。对他们开展调查，有利于获取大量的信息，改善企业经营管理，这对 CI 策划来说，是制定企业经营发展战略的重要依据之一。

企业的上级主管部门，以及金融、工商、财政、税务、技监、外贸等关联单位，也是 CI 策划过程中需要作重点调查的对象。尽管经过改革开放，企业拥有独立的经营自主权，但是在企业的经营活动中，企业受上级主管部门和关联单位的影响仍是很大的。因此，要对企业作出全面的评估和规划，必须征询企业上级主管部门和关联单位对企业经营管理等各个方面的意见或建议，以使作出的 CI 策划切实可行，并求得上级主管部门和关联单位的支持。

对于同行业的和潜在的竞争者也要进行调查。一方面学习和借鉴竞争者经营管理的经验，以他人之长补自己之短；另一方面在进行 CI 策划中，可以避免雷同化的缺陷，体现出企业个性化的特征。

4.1.2 调查内容

在明确了企业调查对象的基础上，对企业调查的内容也必须明确要求。在具体运作中，虽然应视企业具体情况而定，但一般来说，调查的内容可从对企业内部状况、企业外部环境和企业在社会上的形象等三个方面展开。

1. 企业内部状况调查

对企业内部情况调查，首先要了解企业决策者对企业经营实绩、企业形象实态的评价，对企业发展前景的预测和展望，对企业面临的挑战的看法，对 CI 的认知程度、期望目标、实施 CI 的总体思路和要求。此外，企业员工的思想状况、工作态度、对企业的看法、对工作环境和条件的要求、对企业经营目标、生产计划、市场开发、技术改造等了解程度，也都是调查的重要内容。

对企业内部状况调查，不仅要对企业的生产、工作环境、企业设施与建筑等"硬件"进行调查，而且还要对诸如企业职工的素质、管理机制与效率、领导的管理水平，以及各部门之间、领导与干部之间、干部与职工之间、上下左右的信息沟通渠道是否畅通等方面的"软件"进行调查。尤其要重视对"软件"的调查。通过调查，了解企业的传统和文化，领导的经营指导思想、工作方法，员工的思想和文化素质，企业的价值观念、规章制度，以及员工对企业发展规划的认同程度。此外，还应对企业管理机构的设置和作用，运行机制，生产、管理与经营之间的关系，各部门间的协调关系、信息沟通状况等进行调查。

对于企业现有 CI 系统或视觉形象情况的调查，要分析企业现有的视觉要素是否与企业新的发展目标相一致，能否传达企业的经营理念，是否具有时代性、统一性、系统性和识别性。还要调查这些视觉要素在企业的营销活动、公关宣传活动、广告和产品包装中的应用情况。对原来的标志、标准字、标准色、公司名称、商品的包装与展示方式、交通运输工具、事务用品等各种传递媒体的设计及其表现形式，要进行重新评价，分析其利弊得失，以此作为重新设计企业和品牌识别系统的依据。

2. 企业外部环境调查

企业外部环境是指企业生存发展的外部空间，它主要包括国际国内市场走势、宏观经济形势的影响、消费需求的变化、金融行情的变动、竞争对手的动态、政策法规的导向等。因此，准确地了解和把握企业外部环境，对于制定企业发展规划和经营战略，是非常必要的。

构成企业外部环境的因素很多，但从 CI 策划的要求看，实施企业外部环境的调查，其内容主要有以下两个方面。

（1）市场调查与预测。市场既是企业经营的出发点，又是企业经营的最终归宿。因此，准确地了解和把握企业所面临的市场，并据此作出准确的预测，是对企业进行外部环境调查的重要内容。

企业的市场调查，主要包括三个层面。

一是目标市场调查。目标市场是企业经营范围的主体，是企业拓展市场和占领市场的主攻方向。因此，在调查中着重摸清企业目标市场的背景、目标市场的区划界定、产品在目标市场的占有率和覆盖面等。

二是细分市场调查。这是与确定目标市场紧密相连的一项活动。所谓细分市场，是以消费者的需求为立足点，根据消费者购买行为的差异性，把消费者总体市场划分为许多类似性购买群体的子市场，而目标市场就是企业将要对其实施营销策略的子市场。因此，企业要对所有有希望的子市场进行调查、评估与分析，然后选择对企业和企业的产品最有利的子市场作为自己的目标市场。

三是潜在市场调查。潜在市场是指有待开发和拓展的市场。潜在市场的拓展和开发，需要解决两个问题，即培育和发展、创造和引导消费。通过对总体市场的全面调查与分析，寻找、发现、培育新的市场，或通过 CI 计划的推广，促进潜在市场的培育和成熟。这便是潜在市场调查的目的。

在对市场进行广泛调查的基础上，将获得的信息资料进一步加以分析，探求市场发展变化趋势，这就是市场预测。在CI策划中，要根据市场预测资料为企业确定营销策略提供依据。

（2）竞争者情况调查。一般来说，企业面临的竞争者有四种不同层次。

一是愿意竞争者。主要指因提供不同产品以满足消费者不同需求而引起竞争关系的竞争者。由于消费者在同一时限下存在着需要满足的各种欲望，但其财力有限，因而摆在消费者面前势必产生一个先买什么、后买什么的问题，这就引起不同需求品之间的竞争。而参与满足消费者不同需求品竞争的供应者，就被称为愿意竞争者。

二是平行竞争者（或称替代竞争者）。指能够提供满足同一种需求而由于产品不同，引起竞争关系的竞争者。如自行车、摩托车、小轿车都可作为家庭交通工具，因而这三种产品的经营者之间必然出现竞争关系。

三是产品形式竞争者。指生产同种产品，但由于型号、性能、款式等不同而引起竞争关系的竞争者。

四是品牌竞争者。指产品及其规格、性能等相同，但由于品牌不同而引起竞争关系的竞争者。

对竞争者的调查，首先要根据上述四种层次，确认企业的竞争者，明确竞争的对手是谁，竞争的领域和重点在哪里。在此不仅要注意国内的竞争对手，更要重视国外的竞争对手。其次，在明确了竞争对手的前提下，必须要从静态和动态两个方面，对竞争对手的经营目标、经营战略、经营方式及其内部管理体制、运行机制进行全方位的调查，然后对照自己企业的状况进行比较分析，做到知己知彼，扬长避短。再次，从CI策划的角度说，还要掌握竞争者在塑造企业形象方面的策略、媒介及其传播方式和公众的反映，为CI策划中体现企业的差别化提供依据。

（3）企业形象调查。CI策划的目的在于通过塑造优良的企业形象，使企业得到稳定和持续的发展。因此，在对企业现状的调查中，除了对企业内部状况和企业外部环境的调查之外，还需要对企业在社会公众中现有印象进行调查，了解和掌握社会公众对现有企业形象的认知程度。这种调查主要通过下列途径进行：

1）广告接触度调查。这是调查公众对企业广告的接触情况。其内容主要包括：广告播出的次数和频率；公众对广告的知晓程度；公众对广告的认可度和拒绝度；公众购买行为受广告的影响程度等。广告接触度与企业知名度有着正相关的关系。通过调查广告接触度可从一个侧面了解企业在公众心目中的地位。

2）企业知名度调查。这是调查企业在社会和公众中的知晓程度和由此产生的知晓效应。对企业知名度的调查，可通过三种方式进行。一是了解企业在经营管理、产品质量、经营特色、新品开发、科技进步、环境保护、发明创造和回报社会等物质文明和精神文明建设方面所取得的业绩。二是考察国内外新闻传媒对企业所作的各种报导，以及这些报导所产生的社会效应。三是了解和考察由企业倡导发起或参与组织的各类有影响的社会公益活动，及其产生的社会效果。

通过调查，应得出能反映企业知名度的一些重要数据，如公众对企业的了解程度，即对企业熟知、知道、听说过、不知道的公众各自所占的比例。

3）企业美誉度调查。重点考察社会舆论和公众对企业信誉的赞扬和评价。企业美誉度高于企业知名度，它更能确切地反映企业形象。企业美誉度来自多方面，如企业为社会、为公众开发研制了技术含量高、使用功能全、款式新颖的产品，填补了某项空白，满足了消费者的某种需求；企业通过赞助社会公共事业和公益活动，充分显示企业"回报社会"的责任感和使命感；企业参与社区物质文明和精神文明建设，为社区建设尽心尽力；企业重视环境保护，承担可持续发展义务；企业自觉地尊重、保护消费者的合法权益。因此，对企业美誉度调查可从上述多方面入手，进行广泛、深入的了解和考察。

4）综合印象调查。这是调查公众对企业的整体印象。这种整体印象是企业知名度、美誉度的综合反映，它直接决定公众是否愿与企业发生往来。进行综合印象调查的内容比较复杂，可以根据企业的实际情况，作一些个案分析和抽样调查。如在同类同行业的相关企业中，确定几家参照企业，让公众加以比较，看是否对企业的形象产生与众不同的概念和印象。也可设计一些指标对公众进行定性测定。如公众心目中企业是否一流？如果公司发行股票，公众是否愿意购买？如果自己或子女就业，是否乐意选择该公司等。

4.2 调查步骤与方法

4.2.1 调查步骤

企业现状调查一般应遵循以下步骤：

1. 制定调查规划

根据CI策划的总体要求，制订调查规划，主要是确定企业现状调查的目的、内容、调查对象、调查方式及主要指标。

2. 设计调查问卷和访谈大纲

根据不同的调查对象，有针对性地设计问卷和访谈大纲。这是调查的核心环节。这一环节是由一系列工作所组成的。它需要经过准备、初步设计、试用、修改、最后形成等几个步骤。

（1）准备。在设计问卷前，应首先做好准备工作。如围绕所要调查的问题搜集有关资料，向相关的对象征询意见，了解他们对将在问卷中出现的问题和可能的答案有何反应，以避免在正式的问卷中出现含糊的问题和不符合客观实际的答案。问卷设计前的准备工作是整个问卷设计的基础，是问卷调查是否有效的重要前提，因此必须给予充分的重视。

（2）初步设计。在准备工作的基础上，便可在形式和内容两个方面进行初步设计。无论是形式还是内容的设计，都必须综合考虑调查目的、调查对象的特点以及结果分析处理的方式等因素。从问卷的结构、问题的数量、问题类别的选择，到问题的表达方式、排列方式、回答方式的设计，都要具有很强的针对性，才能收到较好的调查效果。

（3）试用和修改。问卷初步设计出来后，应经过试用，以便发现问卷存在的问题并进行修改。试用不仅能够检验出措词不当、意义不明确等问题，而且还能对一个问题是否具有区分度、敏感性等进行有效的检验。

经过试用和修改，一份正式的调查问卷就最后形成了。

访谈大纲，是为了便于面谈、采访时提问而设计的调查提纲。其设计要求与问卷设计是一致的。

3. 调查实施

调查实施阶段，主要包括样本的选取、分发问卷、回收问卷几个环节。访谈调查也是本阶段工作内容。

4. 结果处理分析

这一阶段是对调查结果进行分类整理、统计分析。

5. 编写调查报告书

将调查的处理分析结果写成整体报告，并按照 CI 策划的要求，写成分类报告。

下面以日本白鹤制酒公司的企业现状调查为例，来说明调查的实施步骤。

生产清酒的白鹤制酒公司，在 CI 策划的初始阶段，聘请美国浪涛公司，对企业现状与实态进行了非常周密的调查。这项调查工作分五步进行。

第一步：与高级职员面谈。调查专家个别访问 15~16 名高级职员，吸取个人意见，包括白鹤酒的成长、发展过程与未来展望、同行业中的地位、销售竞争上的优劣点、有关市场战略等。与高级职员面谈是分析评价确实的信息传达目标的一个重要阶段。

第二步：视觉调查。此阶段对白鹤制酒公司现有主要公司和标志的视觉信息传达活动，进行广大范围的视觉调查。调查的项目有宣传广告、促进销售关系的印刷和电子媒体、产品包装、名片、账票类、运输车辆、建筑屋、招牌等，并且依实物和幻灯片而分类编辑，再送到旧金山总公司的研究室，由浪涛公司和白鹤公司的有关人员进行分析，研讨现状统一性的肯定要素与否定要素。

第三步：现场考察。调查专家直接访问了日本国内的几家酒类零售店，与老板面谈。并对店里的陈列 POP 广告、招牌等信息传达状况作考察。他们所访问的销售商店，均位于市场较稳定的区域，以及比较冷淡或市场问题特别复杂的销售商店。

第四步：消费者形象调查。对消费者的调查确定在白鹤酒销售量最多、最重要的五座都市内进行。以都市内的 800 位成年男性和 200 位成年女性为对象，总共得到 1000 位被调查者的回答。这是直接家庭访问所作的问卷调查。调查的目的有三项，即：与其他酒类比较时，消费者潜在意识中对清酒的印象测定；各制酒公司现用的标志、公司形象以及竞争状况；测定对清酒广告的认知程度和态度。

第五步：调查结果的分析和企业目标的设定。经过两个多月的调查研究和比较分析，浪涛公司提出调查报告书。报告书中将所发现的主要问题加以归纳，即：以往消费者选择酒的品牌时,销售商具有强大影响力,可是最近消费者自己指定品牌的购买力增加;白雪、白鹿、白牡丹、泽之鹤、贺茂鹤、千代鹤等清酒名称都有"白"或"鹤"字,因此"白鹤酒"名称本身以统一性而言并无个性感;白鹤公司没有相当于公司标志的图形;虽然有40多个品种,但并无适当的设计,以表达白鹤酒的统一感,因而产品的统一性容易分散,一般消费者对白鹤酒公司不大关心。

根据上述结果,调查者结合CI策划的总体要求,提出设定企业经营目标的建议和企业视觉识别系统的方案,以求社会大众了解和认同白鹤酒优良的品质、悠久的传统性、荣誉,以及在制酒业界的领导地位,从而使白鹤制酒公司的经营规模迅速发展。

4.2.2 调查方法

企业现状调查的方法多种多样,但一般来说,可分为定量调查和定性调查两大类。

1. 定量调查

定量调查是从调查对象中抽取样本,再用问卷进行调查的一种方式。它可采用抽样法和问卷法两种方法。

(1) 抽样法。抽样的方法很多,通常的基本抽样方法有三种:

1) 随机抽样。通常是从总体中按随机的原则抽取样本,总体中的每个个体被选择的机会均等。

随机抽样有两种主要的抽样结构,与之相应便有两种抽样方法。以整体的全体成员为抽样结构的称为简单随机抽样;将全体成员按其特征加以分类,并以各类的群体成员作为抽样结构的称为分层随机抽样。

简单随机抽样虽然具有一定的优点,如调查对象的特点,通常会在随机抽样过程中反映出来,无须事先对此进行专门详细的了解;可排除因调查人员对个别样本抱有偏见而影响实际抽样的效果等。但是缺点也是十分明显的,如较难确定全面、准确的样本结构,因而难免带有片面性;若调查对象整体较大,地区过于分散,这对安排实地走访十分不便,而且调查费用也会大大增加等。

与简单随机抽样相比,分层随机抽样在一定程度上弥补了它的缺陷。分层抽样所需要抽选样本的数量一般较少,因而可节省实地调查费用,而且也可得到较为准确的数据。当然分层抽样也有不足。如必须按一定的抽样结构抽选样本,必须核算出整体中各级成员应该分配抽选样本的数额之后才能进行作业等。

2) 等距抽样。等距抽样又称系统抽样或机械抽样。等距抽样是先将总体中的各个个体按一定的顺序进行排列,然后再按相同间隔或距离进行抽样。等距抽样对全体成员均一视同仁,并无区别对待。采用这种方法抽选样本,其中各大小群体成员必须有部分代表入选。

3) 非随机抽样。非随机抽样是根据抽样者的主观分析来进行抽样。抽样者有意地选取一定代表性的对象作为样本,用以估计总体性质。非随机抽样的优点是花费少、时间快、简单易行,缺点是主观性、片面性较大。

非随机抽样主要有两种。一是配额抽样。由调查者根据预先规定的控制特性，以及事先确定和分配的调查数额抽选样本。在进行配额抽样之前，应了解调查对象整体的特征，如年龄、性别、居住地点等，再按有关特点在整体中占有的比例进行抽样。同时，要求所抽选的样本也按照同样的比例反映整体所包含的有关特点。配额抽样简单易行，可适用于小规模的抽样调查。二是判断抽样。这是根据调查人员对调查对象的分析和判断，决定选取一些具有代表性的样本作为调查对象的抽样方法。因此判断抽样是按调查人员的需要选择样本，所以它适合特殊的调查需要。不过，判断抽样要求调查人员对调查总体较为熟悉，以减少调查的片面性。

（2）问卷法。问卷法是定量调查最常用的方法。运用问卷法，最关键的是掌握问卷的设计方法。

设计问卷就是依据调查目标、调查对象，确定问卷的结构、内容、表述方式等。

1）确定问卷结构、内容。在问卷调查之前，应根据定量调查的总体目标和方案，确定问卷设计的重点项目，并据此确定问卷的结构和内容。

问卷结构可以多种多样。如将询问项目在调查对象中进行合理分配，力求做到有的放矢；也可将同行业、地域的竞争对手，都提出来作相对比较的评价等。

对于问卷内容要仔细推敲，目的要明确，主题要集中，针对性要强，问题要简练。要从被调查的角度来设计，力求简单明了，易于回答。

2）设计题型。定量调查问卷中的问题表达方式应以封闭式为主。封闭式问题不仅提问，而且还提供可选择的答案。由于这些答案采用了标准化形式，因此不仅回答简便，而且便于处理分析。

封闭式问卷题型较多，主要有：

是非型——让被调查者用非此即彼的方式回答问题，如"是"还是"否"，"有"还是"无"。

单项选择型——提供若干个答案，由被调查者选择一个答案。

多项选择型——提出多种答案，由被调查者选择一个或多个答案。

排列顺序型——将要调查的问题罗列出来，让被调查者按照要求进行排序。也可以不罗列调查问题，而由被调查者自己罗列并排序。

程度评价型——将问卷设计成一定的梯度，让被调查者根据自己的主观感受进行回答。

下面分别举例说明这五种题型。

例1　是非型

A. 你喜欢喝咖啡吗？是（　），否（　）

B. 你喜欢喝雀巢咖啡吗？是（　），否（　）

C. 你喜欢喝加伴侣的雀巢咖啡吗？是（　），否（　）

例2　单项选择型

A. 我最喜欢喝的饮料是（　　　）

　　a. 可口可乐　　　　　　　　b. 百事可乐

c. 七喜　　　　　　　　　d. 健力宝
B. 我最喜欢抽的烟是（　　）
　　a. 红塔山　　　　　　　　b. 万宝路
　　c. 三五牌　　　　　　　　d. 中华牌

例3　多项选择型
A. 你爱喝咖啡的理由是：
　　a. 提神醒脑　　　　　　　b. 很时髦、很洋派
　　c. 一种习惯　　　　　　　d. 说不清楚
B. 你不喝啤酒的理由是：
　　a. 不习惯　　　　　　　　b. 太费钱
　　c. 怕发胖　　　　　　　　d. 什么酒都不喝

例4　排列顺序型
A. 你最熟悉的四种国产液晶电视机名称，请排出顺序：
　　a.　　　　　　　　　　　b.
　　c.　　　　　　　　　　　d.
B. 下列手机，请你按好坏程度排出顺序，并用 a、b、c、d 表示：
　　诺基亚手机（　　）　　　摩托罗拉手机（　　）
　　索爱手机（　　）　　　　中兴手机（　　）

例5　程度评价型
A. 你认为××洗涤剂的使用效果怎样？请在下列项目中任选一项，并打"√"
　　a. 很好　　　　　　　　　b. 好
　　c. 较好　　　　　　　　　d. 一般
　　e. 不太好　　　　　　　　f. 不好
B. 你购买××冰淇淋时，影响你购买行为的下列因素重要程度是：（请在你同意的程度上划"√"）

	重要	较重要	一般	不太重要	不重要
a.口感	5	4	3	2	1
b.营养	5	4	3	2	1
c.包装	5	4	3	2	1
d.价格	5	4	3	2	1

2. 定性调查
　　定性调查往往施行于大规模的总调查之前，也可以说是准备性的调查工作之一。在进行总调查之前，应该大概地把握住调查对象的特性或观念，有时还要预先设定

有效的假设，因此必须借助于定性调查。在定性调查中，可以获得日后调查工作很重要的案例，从有效的形象因素中，发现和指出行业、企业或商品方面的重要因素。对定量调查而言，定性调查可以发挥互补的功能。

定性调查的具体方法主要有三种。

（1）个别访问法或深度访问法。个别访问的方式有些类似新闻记者采访，一般是个别进行的。访问可以一次性，也可以连续多次。这种访问大多不用问卷，而是采用事先准备好的访谈大纲，大纲中列出了访谈的重点及主要问题。访问人员最好是经过训练的专业人员。在访问中，访问人员应审时度势，根据不同的访问对象，采取不同的接触方式，并根据交谈的情况，灵活掌握提问的话题和谈话的重点。同时，访问人员还应注意观察受访者发表意见时的表情、态度和语气，意见背后所潜在的状况和问题，以及回答的理由等。采用这种访问方式，可以深入了解受访者的思想、态度、意见、专业知识及其他情况，还可以搜集到许多真实细致的甚至是意外的资料。

这种调查方法常用于对企业领导、管理干部、员工代表和其他的企业关系者的深入访谈。

在对企业高层决策者进行调查时，一般采用个别访问法。访问人员应该是CI计划的企划者，或是外界的设计家或企业内部的设计家。外界人士担任访问者，应对企业的历史、产品、技术，以及高层决策者的经历等情况有相当的了解。调查的重点应放在了解有关企业现状评价、企业前景预测、未来发展设想、企业历史和文化传统、实施CI的期望目标和总体思路等对CI策划设计有重要参考价值的意见和建议。访问前应准备好访谈大纲，但访谈时不限于拟定好的内容，应该在自由的交谈中，进行更为广泛深入的了解，弄清最高决策者最关心的事情。并通过访谈建立起相互信任的关系，为今后的合作打好基础。

访问企业高层决策者访谈大纲（表例）　　　　　表4-1

决策者姓名		访谈时间	
访谈内容	1. 对企业经营现状的总体评价如何？目前面临的最突出问题是什么？打算如何解决？ 2. 公司创业宗旨是什么？有什么独特的理念、文化和价值观念支持、推进企业的发展？随着企业环境的变化，这些内容是否需要修正或改进？修正或改进的原则是什么？ 3. 企业生存和发展的环境变化对企业的经营发展战略会产生什么影响？对企业发展前景有何预测？ 4. 公司与同行相比，有何优势、特色和个性？ 5. 企业整体行为、组织行为、员工行为是否规范化？存在的主要问题是什么？有无改进措施？ 6. 企业外部公众、社会舆论对公司形象的评价如何？作为企业高层决策者如何评价自己企业的形象？对CI计划的期望目标是什么？ 7. 对现有企业和品牌的视觉识别有何评价？ 8. 对CI计划的总体思路是什么？有哪些具体实施措施？		

（2）团体访问法。访问时，将受访者分成小组，选择适当的地点，用事先准备好的问卷进行调查。主持调查的人员最好是调查机构或顾问公司、策划公司的专业人员。这样可以避免受本企业领导意志的干扰，也容易获得被调查人员的信任和支持。调查和提出报告均由受聘调查者完成。

团体访问法适用于一般消费者、交易对象、社区公众、企业管理人员和职工，以及流通、生产领域的其他关系者。

在实施对消费者的定性调查时，应按照调查目的决定调查的地区、调查对象的人数和比例。调查方法以团体访问为主，也可采用个别访问。要重视定性调查和定量调查之间的相互关系。针对调查目的、行业种类、企业等不同特点，确定不同的调查内容。在内容设计上要比定量调查中的询问更加详细。调查人员还应注意观察受访者回答问题时的态度、表情，以及表达意见时的气氛。

消费者情况比较复杂，定性调查应力求全面。如有必要，也应详细询问商品或售后服务的情况，征求意见和建议。只有全面的调查才能获得对公司综合性、准确性的评价。

（3）现场观察法。这种定性调查法要求调查人员实地考察企业的生产、流通、营业等现场，了解企业生产场所及其环境、办公场所和活动特色，包括生产场所、办公场所的条件和气氛，现场状况，现场活动的协调情况，以及企业和品牌视觉识别的适用状况等。

现场观察法往往与个别访问、团体访问等形式结合使用，如深入企业生产场所，一边听取职工的意见，一边对现场进行了解，这样可以得到较为完整、准确的调查资料。

在运用上述方法进行定性调查时，有一点特别值得注意：由于定性调查侧重于发掘受访者的真实思想，获取感性信息，因此，问卷设计应不同于定量调查的以封闭式为主的形式，主要采用开放式的问卷。即只向受访者提问，不提供预先设计的答案，由受访者根据自己的想法回答。这样受访者的回答不受限制，可以发挥主动性，访问者可因此而获得更深入、全面和真实的资料。

4.3 调查结果处理与分析

在完成定量调查和定性调查之后，应对调查所得的各种素材和资料进行归纳、整理，对其中的数据，还要借助统计方法进行分析，从而得出客观、准确的结论。整个调查过程及分析处理结果，应以调查报告书的形式反映出来。并据此提出 CI 总概念及相应的 CI 策略。

4.3.1 调查报告书

调查报告书是整个调查结果的综合反映。调查人员通过调查报告书将调查的内容、方法、数据及结论展示给委托调查的企业。当然，报告中最重要的部分是报告的结论,因为这个结论是 CI 策划设计方案的基础。

1. 撰写调查报告书的要求

衡量一份调查报告,主要看这份报告的完整性、准确性和可行性等三个方面。

阅读报告的人需要了解整个调查活动的来龙去脉,因此,报告必须提供所有有关的主要信息,尤其是那些与 CI 策划思路有关的方法和材料,一旦缺少,人们就很难系统地了解整个调查工作和判断调查的结果。报告并不以篇幅的长短为标准,相反,简单明了的报告,更有利于阅读者去理解整个报告。

报告的准确性主要是指数据、数据处理、文字以及报告的逻辑性。如果工作疏忽,报告中的数据会有出现矛盾的可能;文字上的含糊不清,会使阅读者感到费解;报告中的图解如果设计不好,意思也就表达不清。所有这些,都会影响报告的准确性。

可行性将最后决定一项调查的价值。有时候调查工作完成了,解决问题的方案也一一列在那里,但是,由于这些方案无法实施,所以调查的结果实际上是不完整的或无效的。资金上的问题、技术上的问题,有可能限制公司最后解决问题的具体手段。因此,通过企业现状调查,针对企业存在的问题,提出切实可行的解决方案,并将其纳入 CI 计划的系统之中,这才是最关键的。

2. 调查报告书的格式

比较正式的调查报告书一般有六个组成部分。

第一部分:调查报告的封面。封面内容为调查项目的题目、完成调查项目的单位或个人,以及完成报告的日期。

第二部分:调查报告的目录。目录要标明报告各个部分的页码,以便阅读报告的人能够在读报告时对有关内容进行查找。

第三部分:调查报告的摘要。调查报告的摘要部分使得阅读者在开始阅读报告时,对全部调查工作的来龙去脉有一个全面的了解,并有助于判断。

第四部分:调查对象、方法、内容与结果。这部分是调查报告的主体,调查工作的整个过程和细节全部记录在这部分中。例如调查的方法是定量调查还是定性调查,问卷调查中样本的规模、数据处理的方法与结果、定性调查的归纳与分析等,都必须加以详细阐述。

第五部分:调查的结论。一般要求阐述清楚,简洁明了,使人看后有深刻印象。至于在结论中涉及到企业面临的问题,最好要明确提出可行性的对策方案,以供企业领导决策参考。

第六部分:调查报告的附录。调查报告的正文由于篇幅有限,不能把所有调查工作所涉及的材料都一一罗列进去,因此要有一个附录。使用附录,可以将重要的图表、数据、参考资料都收录进去,以保证报告的完整性。

3. 调查报告书的重点内容

调查报告书的重点内容,视企业情况、调查目标、内容的不同而有所差异。一般来说,有以下四个方面。

(1) 现有企业形象的分析结果

1) 企业的认知度。包括企业的认知情况、与竞争对手的认知度比较、造成企业认知结果的相关因素。

2) 企业信息传播的渠道。包括传播的方法、特点和媒介情况、与竞争对手的比较结果。

3) 企业规模形象。比较认知情况与实际的差距，分析造成这一结果的原因。

4) 品牌形象。包括品牌认知情况、与竞争对手品牌的差别。

5) 企业综合印象。包括知名度、美誉度、企业形象的总体评价、与竞争对手的差异。

6) 企业现有基本视觉要素的认知和评价。

7) 企业员工对本企业的评价。分析不同阶层的评价情况及原因。

8) 企业形象的不利因素分析。

(2) 企业经营状况分析结果

1) 组织机构运行状况。组织机构关系理顺程序、协调状况、工作效率、制约机制。

2) 经营部门的表现和销售趋势。分析经营部门的利益驱动状况、销售现状及趋势。

3) 市场销售地位。分析企业、供销部门、营业部门与竞争对手相比的市场销售地位，确定必须改善的部分和迎接竞争对手挑战的对策，预测市场变化趋势和企业所处的市场地位。

4) 财务状况。分析企业的财务计划，企业的健全性、流动性和资本的有效利用度，财务特色及问题，企业的损益状况。

5) 证券地位。综合性地评判营业、商品等部分的成长性、市场分配额、收益性等对于将来战略考虑的有效性。

(3) 企业形象传播效果分析

1) 对外传播。对于广告、海报、促销、标志等对外信息传递的质和量的分析，指出其特色、问题及改善方向。

2) 对内沟通。分析企业内部沟通的方法、效果、存在的问题及对策。

3) 表现水准。判定公司在形象表现方面的质量水准，分析现存的海报、广告等的表现方式，提出理想的表现方法。

(4) 现存理念的有效性分析。这项内容主要是对企业现有的经营理念的概念及关键语的有效性进行分析，检测其对公司活动领域、职工行为准则的影响，提出在新的市场环境和企业发展战略下的修正原则。

4.3.2 CI 总概念

根据企业现状调查与分析的结果，重新评估企业理念，确立新的发展战略，形成 CI 策划设计的方针和总体概念，作为未来开发、管理、推广的方向，这便是 CI 总概念。

CI 总概念包含的项目和内容主要有以下几个方面。

（1）对于企业现状调查结果综合分析，对其中的重点加以解说，并作出判断。

（2）针对企业经营管理中的问题，提出对策方案。从定量、定性调查中发现企业经营管理中的问题，要分析产生问题的原因，并提出解决问题的可行性对策方案，以供企业领导决策参考。

（3）公司的发展方向和形象塑造方向。根据调查结果的综合性分析与判断及公司经营上的问题，确定公司应有的成长发展方向及公司应有的企业形象。并提出塑造新的企业形象的必要条件和实施举措。

（4）新形象概念及开发原则。进行总体形象定位和设计表现定位，如公司名称、品牌名称提案、识别系统和基础设计开发的基本概念，设计总概念图表和形象形成要素的系统表。

（5）实施项目和推进方式。确定实践新形象概念的具体行动项目和推进方式。

思考题：

1. 选择一家企业，为其设计 CI 策划前的调查问卷和访谈大纲，并进行小组讨论。

2. 分组实施上述调查，写出调查分析报告。

第5章 理念识别（MI）策划

理念识别是企业经营宗旨、经营方针和价值观的整合与统一，它是 CI 策划的灵魂，也是 CI 运作的原动力。对企业理念识别的确立，需要对企业的性质、历史、特征及资源等各种因素进行综合分析，并在此基础上加以提炼概括，这个过程就是理念识别的策划过程。

5.1 经营宗旨的确立

在对企业内外环境的调查与分析的基础上，把握企业的经营领域、行业特点、运行状况，以及社会地位和角色扮演状况，并确认社会对企业的基本期望，进而设定企业理念的诉求方向，这是理念识别策划的第一步。

在设定理念诉求方向时，要充分体现出企业的精神内涵即优势资源，并体现一种人文精神。这是理念策划总的原则。

明确了这些以后，便可展开对理念识别基本要素的策划设计。由于企业经营宗旨是企业经营的最高目的，因而成为理念识别策划的首要内容。

任何一个企业都有自己的经营目的，所不同的只是不同企业往往具有不同的经营目的而已。

从目前的中国企业来看，企业经营目的大体分为三个层次：

第一层次是经济目的。企业全部的活动都以盈利为目的，任何一种经济行为，其最终目的都是为了实现利润。

第二层次是经济、社会目的。企业全部的活动除了追求经济效应外，还要实现社会效益，绝不能因为经济效益的追求而忽视了企业的社会效益。

第三层次是经济、社会、文化目的。企业不仅追求利润和社会效益，而且更注重文化建设，并把建立独特的企业文化、管理文化作为企业的第一任务。因为企业深知，文化建设一旦相对完成，就可以成为社会财富，为社会所广泛采用。从这个意义上讲，文化建设的意义甚至远远大于企业向社会所奉献的产品。

企业经营目的的这三个层次，不能绝对化地理解。一方面，任何一个企业都不能仅仅表现为一种经济行为，从而只产生经济效益，它同时也必然是一种复杂的社会行为和文化行为，并产生复杂的社会效应和文化功能。因此，不管企业是否明确地意识到这一点，它的行为活动已经被社会赋予了社会使命和文化使命。从这个意义上说，追求社会、文化目的与现实经济目的一样，都应当是企业经营宗旨的基本内涵。

另一方面，良好的社会、文化环境是企业经济目的得以顺利实现的必要条件。重视社会效益和文化建设，既是时代发展的客观需要，也是企业经营的内在需求。随着时代的发展，社会文化也在变迁，对企业的价值评判标准也随之变化。那种只注重经济效益，忽视或损害整体社会利益并产生消极文化效应的企业，将最终失去公众的认同和支持，从而陷入生存困境。

因此，企业经营宗旨的确定，就是要将企业从单纯经济目的的原发层面，提升到社会目的和文化目的的战略层面，从而最大限度地增强企业理念的认同感和识别力。

企业经营宗旨的确立，一般应体现如下特点：

1. 高品位

一方面，企业经营宗旨的设定，要能体现时代感、美感、社会责任感和道德感，具有较高的思想品位。另一方面，在企业经营宗旨的表达上，语言要高雅，并富有感染力，体现较高的文化品位。总之，企业经营宗旨立意要高远，表达要高雅。如我国最大的彩电生产企业长虹的"以产业报国为己任"，即是高品位的企业经营宗旨。

2. 务实性

企业经营宗旨的高品位，并不是脱离现实的"大而空"。企业经营宗旨应该是实实在在的，具有可行性和可操作性。如果是一些不切实际、貌似高大，实则空洞的标语口号式的东西，就会失去操作意义，自然也就失去了现实的指导意义，更谈不上对企业经营的统领作用了。因此，务实性是高品位的基础，没有务实性，高品位只能是空中楼阁。

3. 统领性

企业经营宗旨是企业的最高目的和行为的最高纲领，而不是企业经营的具体目标，因此，企业经营宗旨应具有统领企业全局的战略性作用。如深圳中华自行车集团的经营宗旨就是具有这种统领性："建成世界一流企业，为中国现代化企业管理提供成功模式，以前瞻性的国际化经营推动世界自行车行业"。

4. 识别性

企业经营宗旨应具有可识别性，因为它是理念识别的重要组成部分。这种识别性来自于企业经营宗旨的个性。因此，企业经营宗旨应突出企业某方面的个性特征，以此与其他企业相区别，提高识别性。如果都是千篇一律的"质量第一、服务第一、顾客第一、信誉第一"等，势必失去企业的个性，也就失去了可识别性，无法获得公众的认同。要使企业经营宗旨具有个性，既可在立意上突出个性，也可在语言表达上突出个性，这样，即使立意类似，但其语言表达的鲜明个性也同样可以增强识别性。

在进行企业经营宗旨策划时，不可割裂上述四点的内在逻辑联系，应将其通盘考虑，才能收到较好的效果。

5.2 经营方针的制定

企业经营方针是企业经营宗旨的明细化和具体化，也是企业运行最高原则的系统化。与企业的具体运行规则侧重于企业各种具体行为的规范不同，企业的经营方针是企业一切经营活动都必须统一遵守的最高准则和战略方针。

企业经营方针的制定，一般应把握如下几点：

1. 行业特点

不同行业的企业，不仅给社会提供的最终产品各不相同，而且其价值取向及行为方式也有差别，因而其经营方针也各具特色。这主要表现在各种不同行业的公司经营方针的侧重点往往各不相同。如制造业企业侧重于"产品的质量"，一般服务业侧重于"对顾客的服务"，而广播台、电视台、报业、金融业、保险业等行业则侧重于"对社会服务"等。

2. 企业个性

不仅不同行业的企业经营方针有别，即使同一行业的企业，因其经营宗旨的不同，作为其具体化形式的经营方针，自然也就不同。例如诺基亚提出"科技，以人为本"的经营宗旨，包括三层含义：人是科技的创造者；科技的发展要充分满足人的需求，即始于人而终于人，为人服务；人是主体，科技是客体。从深层次看，作为品牌的核心价值，"科技，以人为本"既是企业文化的精炼与升华，也充分涵盖了诺基亚的整体企业规划，体现了诺基亚的企业核心价值观。那就是诺基亚不但崇尚科技领先，而且还要以"人——消费者"为出发点，将冷冰冰的科技变为暖融融的科技。那种不考虑企业自身特点，追求时尚、人云亦云的经营方针，无法反映企业的个性，不具有识别性，也就失去了实际意义。

3. 公众期待

企业经营方针的制定，并不是策划人员一厢情愿的闭门造车，而是在对社会公众及消费者对本企业共同期待的研究和把握的基础上展开的。只有这样，企业经营方针才能体现、强化并满足公众的期待，并最大限度地为社会公众所认同。麦当劳企业在美国现代社会中具有强烈的存在意义，其企业理念是 Q、S、C+V，即优质（Quality）、服务（Service）、清洁（Clean）、价值（Value）。

优质，麦当劳的品质管理十分严格，食品制作后超过一定时限，就舍弃不卖，这并非是因为食品腐烂或食品有缺陷，而是麦当劳坚持不卖味道差的食品的经营方针。这种做法重视品质管理，使顾客能安心享用，从而赢得公众的信任，建立起高度的信誉。

服务，包括店铺建筑的快适感、营业时间的设定、销售人员的服务态度等。在美国，麦当劳的连锁店和住宅区邻接时，就会设置小型的游园地，让孩子们和家长在此休息。"微笑"是麦当劳的特色，所有的店员都面带微笑，活泼开朗地与顾客交谈、做事，让顾客觉得亲切，忘记了一天的辛劳。

清洁，麦当劳要求员工要维护清洁，并以此作为考察各连锁店成绩的一项标准，树立麦当劳"清洁"的良好形象。

麦当劳的企业理念一度只采用 Q、S、C 三字，后又加了 V，即价值，它表达了麦当劳"提供更有价值的高品质物品给顾客"的理念。

目前，我国许多企业的经营方针以公司内部员工的信赖、和谐为基础，反映诚实、努力、真诚等为人处事之道或创造力等自我实现的观念。此外，诸如信用、责任、服务、贡献等，也是大多数企业经营方针的主要内容，这是因为企业往往更注重顾客和社会公众的共同期待和需要。

4. 语言风格

企业经营方针不仅定位要准确，而且表达要精当，并应力求简洁明快。语言精当，主要是指企业经营方针在语言表达上，要能准确反映其思想内涵，并与企业经营宗旨的思想一脉相承。简明扼要，指语言表达应力求简炼，便于记忆，利于传播。如松下电器公司经营方针概括为：光明正大、和睦团结、奋发向上、礼貌谦让。而麦当劳的经营方针则提炼为：品质上乘、服务周到、优雅清洁、物有所值。鞍山钢铁公司的经营方针简化为"三标三效"，即标新、标杆、标准化；效率、效能、效益。

5.3 企业价值观的整合

5.3.1 企业价值观的内涵与功能

价值观是一种明确的或隐含的观念，这种观念制约着人类在生存实践中的一切选择、一切愿望、一切行为，构成人们的生活方式和目标。可见价值观是一种具有主观性、观念性、可选择性和传承性的东西，主要以伦理或审美的情感，包括人的主观欲望、兴趣、态度、意志的满足为基础。在每种文化中，都有一套为人们所接受、所遵循的标准、规范、行为方式，这就是属于该种文化的价值观念。

企业价值观是指企业及其员工对其行为意义的认识体系，它决定着企业及其员工的行为取向和判断标准。对那些拥有共同价值观的成功企业而言，价值观决定了企业的基本特性，也就是企业与众不同的风范。价值观不但使企业员工产生一种认同感，而且成为他们心中的具体目标。

企业价值观不仅影响经营行为的方向，也影响经营行为的后果。因为企业价值观不是孤立的存在物，它隐含于企业的生产经营活动之中。产品商标、设计、质量镌刻着它的深刻印迹，企业的建筑物体现着它的风格，企业的战略取向、战略目标、经营策划，企业内部人际交往及企业对外传播活动，无不是企业价值观的外化和表现形式。

企业价值观具有多种功能：

第一，它支配着企业及其员工的行为，从而在很大程度是决定着企业命运的。例如，整个社会在发展市场经济，鼓励竞争，而某企业奉行的却是平均主义价值观，尽管其设备先进、人才储备多，它也必定会在市场中被淘汰。相反，如果一个企业具有浓厚的竞争意识、创新意识，它就很可能在市场竞争中获胜，从而不断发展壮大。

第二，企业价值观直接影响企业的经营策略。人们的消费观念、审美情趣，会随着时代的变化而更新发展，企业的经营策略必须顺应这种变化趋势，及时、准确地反映这种价值观。例如，企业是以价廉吸引消费者，还是以优质高价吸引消费者，表面看似乎仅仅是个经营策略问题，实质上它是受企业价值观支配的，体现了一种企业价值观。

第三，企业价值观作为认识准则，对企业内部各群体和个人的价值观可以起到指导和调节作用，从而增强企业的凝聚力。作为企业成员的个人，时时处处都在价值观念上受到企业价值观的影响，企业的表扬、倡导和奖励，是对于服从和认同企业价值观的诱导方式，而告诫、谴责和惩罚，则是对违背企业价值行为的阻止和处罚。企业员工作为个体的人，通过企业价值观的指导和调节，把什么是正确的、什么是错误的、什么是好的、什么是坏的这类外来的价值观点，无形中变成了自己的内心信念。这种共同的价值观，把全体员工的心凝聚在一起，形成一股合力，共同推动企业的发展。

第四，企业价值观，相对于"硬性"的规章制度而言，是一种"软性"的约束系统，这种约束作用比前者更有力、更持久、更有效。规章制度是由外向内进行约束，是让人"服从"；而企业价值观经过"内化"过程，变成员工自己的信念，并赋予强烈的个人感情色彩，它使人感到"我应当服从，我愿意服从"。这种约束力量不仅是针对个人而言，也是针对企业而言的。企业价值观既规定了企业基本特征，又约束企业沿着这些基本特征的方向发展，即约束企业按一定的经营思想去发展。

5.3.2 企业价值观整合的基本原则

企业价值观的整合，决不是孤立的策划行为，既不能凭空想象，也不能简单地贴"标签"，敷衍几句时兴的口号了事，而应该遵循如下几条基本规则。

1. 尊重企业传统

企业价值观不是企业先天就具有的，而是在企业的发展中逐步确立的。每个企业，尤其是那些历史悠久的企业，在长期的企业经营活动中，都自觉或不自觉地形成了各自的文化传统和价值观念。CI策划的重要内容之一就是重塑企业理念，而重塑企业理念的核心是重塑企业价值观。这种重塑，正是以企业既有的文化传统和价值观念为基础的。

2. 反映人的需要

企业员工作为个体的人都是有其内在需要的，这种内在需要构成员工行为的动机。因此，作为企业员工行为准则的企业价值观，理所当然地要反映员工的内在需要。

按照马斯洛的观点，人的需要可分为五个层次：生理需要、安全需要、社会交往的需要、尊重的需要和实现理想的需要。五种需要的层次依次上升，体现了人由对物质条件的渴求，必然上升为对精神生活的向往的发展过程。当某一层需要得到满足后，人们又会去追求新的、更高一层的需要及满足。因此，人的需要就是在这种永无止境的逐次上升的追求与满足的交错中发展的。从而人的行为动机，最终是人的行为在需要的不断刺激和更替中，得到诱发、实现和发展。可见，人的行为的积极性的充分调动，依赖于人的需要的不断被激发和满足。而需要是价值一般的实质和基础，自然也就是企业价值观的实质和基础。只有这样，企业价值观才能得以巩固、实现和继续丰富、发展。

3. 体现时代特征

一种文化的价值观并非一成不变的，它是随社会的进步、时代的发展而变迁的。企业价值观作为一种文化价值体系的一部分，同样也不是永恒的，而是随着社会文化的变迁、企业的发展而变化的。我国正处在改革开放时期，经济体制、政治体制的一系列改革，对传统的价值体系形成了前所未有的巨大冲击，人们的价值观念已经并将继续发生很大变化。这对企业经营行为产生直接的影响，这也不可避免地反映到对企业及员工行为取向、价值判断起决定作用的企业价值观上。

任何一个企业的生存和发展，都离不开同外界的联系。这种联系既包括同外界的物质交往，也包括同外界的精神交流；既包括对自身和他物以往情况的借鉴，也包括对外界现实状况和未来走向的对话和深思。这里面最重要的就是把握时代的脉搏，抓住时代特征，顺应时代潮流。因此，对企业及员工行为取向及价值判断起决定作用的企业价值观，必须体现时代特征，才能使企业不会落伍。

4. 兼顾多种利益

企业价值观整合，必须兼顾多种利益，即集体利益与个人利益、眼前利益与长远利益、局部利益与整体利益。

（1）企业价值观整合必须兼顾集体利益与个人利益。个人是一切活动的主体，但个人又必然生活于集体之中，国家是众多集体的集合，是最大的集体，因此集体利益与个人利益不可分割。一方面，集体利益使个人利益得以满足。在任何一种集体中，集体总是要在不同程度上满足其成员的个人利益。否则，这种集体就难以维持，甚至不能存在。另一方面，个人利益满足的程度，也影响着集体利益。个人利益得不到适当的满足，就会损害集体利益；个人利益处理得当，有利于集体利益发展。可见，集体和个人在根本利益上应是一致的。任何割裂集体和个人辩证关系的做法，只会使两者的利益均受到损害。

（2）企业价值观整合必须兼顾眼前利益和长远利益。一方面，企业应立足现状，促进企业发展,使企业及员工经常获得必要的眼前利益。这种眼前利益是维持企业生命的保障,也是企业发展、壮大及获取长远利益的前提。另一方面,企业又不能囿于眼前利益。不以获得长远利益为目的的眼前利益,是十分狭隘的利益,追逐这种狭隘的利益,会使企业成为封闭的系统,失去通往未来之门,也就无发展可言。而原地踏步的企业终究会被时代所淘汰。因此唯有长远利益才是企业的最终目标,是企业的发展方向和驱动力。企业在多大程度上获得了长远利益,就意味着它在多大程度上具有了发展潜力和持久生命力。因此,任何割裂眼前利益和长远利益的做法,都会损害甚至威胁企业的生存和发展。

(3) 企业价值观整合必须兼顾局部利益和整体利益。任何一个企业都离不开它与其内部各部门的关系,也离不开它与其所属行业乃至全国企业界的关系。这两种关系都是局部与整体的关系。

局部利益和整体利益的关系,实质上就是部分与整体的关系。整体离开了部分就不复存在,而部分离开了整体就丧失了自身的存在意义。任何一个企业的整体利益,都离不开其内部各部门的局部利益,离不开它在各方面的局部利益。各部门及各方面的局部利益的兼顾及合理安排,是企业获得整体利益的必需,局部利益都是相对于整体利益而言,是某一整体利益的具体的局部利益,一旦整体利益受损,必然会波及到局部利益。

5.3.3 企业价值观整合的主要内容

每一种社会文化都有自己相应的价值观念体系,这种观念体系通过集体认同的方式,把各种不同的个体的意识、信念、情感汇合于一个整体,这便是价值观的"整合机制"。价值观的认同,使每一个人在一种文化中获得归属感和作为社会一员的自豪感,以及与他人在一道的依托感。共同的价值观提供了人和人相互认同的意识纽带。

企业价值观的整合包括两个方面的含义。一方面是指,将企业员工个体的价值观念汇合为一个整体,使其得到企业员工的一致认同,并将其纳入社会文化价值体系内,力求获得社会公众的认同。另一方面是指,引导员工价值取向与企业经营宗旨和经营方针实现认同和统一。

企业价值观整合的主要内容包括如下几个方面。

1. 生存价值观

所谓生存价值观,就是企业对其自身存在意义的明确认知,对其经营目的整体评价和态度体系。

小天鹅提出"末日管理"的思想,在企业内部强化危机意识,即使企业经营业绩良好,也要时刻居安思危,因为市场经济的核心就是竞争。市场有竞争但无"末日",而企业有"末日",产品也有"末日":其一,与国际名牌比——找出与世界水平的差距,争创国际品牌;其二,与国内同行比——学习兄弟企业的长处,保持国内领先;其三,与市场的需求比——目光紧紧瞄准用户,把握市场命脉;其四,以己之短比人之长——努力避免一得自矜，警钟长鸣。

一般来说，对企业存在意义的解说有三种方式。一是经济性价值观，如获取利润、为员工提供收入保障等。二是精神文化性的价值观，即以企业与环境的关系来确认企业的存在价值。这种解说较重视企业的社会责任和社会义务，而把利润的获得视作企业履行其各种责任和义务后来自社会的自然回报。三是技术性价值观，即以企业对技术发展的贡献来解说企业的存在意义。

过去，企业过分强调经济性价值观或技术性价值观。或者片面追求利润最大化，忽视社会利益，导致环境污染等问题；或者以技术本位为经营理念，忽视技术的负面影响，未在发展技术的过程中实行选择性的发展战略，从而导致对环境的破坏，如对核技术的发展未加以有效的技术和社会控制，可能导致严重的放射性污染。汽车工业、化学工业也存在这类问题。

随着经济、社会的发展，环境的变迁，企业越来越提倡在处理好社会与企业的相互关系中求得企业的生存与发展。企业的利润既然来自社会，企业就必须用为社会服务、承担社会责任和义务的态度、行为，来赢得社会的好感。因此，企业比较重视社会责任和社会义务。

当然，企业确认某种生存价值观，并不意味着企业要绝对排斥其他价值观，只是企业从战略角度出发，更加强调这一价值观罢了。

2. 创造观

所谓创造观，是对企业经营和企业发展的内在驱动力的看法。

在现代社会，企业经营如果因循守旧，不思进取，缺乏创造观念，其结果必将是遭到淘汰。而追求卓越、求新求变、不断创造，已成为当代人的一项持续性要求，是一个现代文化规范。"求新求变"是因为不满足而产生。一个企业如果感到满足，就会因循保守，停滞不前，不再发挥自身的潜力。满足是指对现状的接受，"不满足"则是激励之源。只有总觉得"不满足"，人才会求变。这种"不满足"正是创造观的典型表现。澳柯玛公司提出的"没有最好，只有更好"就是企业不断超越自我、不断创新观念的体现。

具有创造观的企业，才有发展的动力。在当前这种一切都在转变更新的时代，这种价值观在企业价值观中具有特殊重要的意义。

3. 质量观

质量观是企业对其提供的产品或服务的质量进行评价的标准体系和态度体系，是一个企业对质量的重视程度及根本看法。在企业的生产、经营和管理过程中，是否将质量放在首要地位，主要取决于企业具有什么样的质量观。

市场竞争的日趋激烈，使得质量日益成为企业取胜的法宝。在世界范围内，大凡成功的企业，都将产品质量视为企业的生命。六西格玛是一项以数据为基础，追求几乎完美的质量管理方法。20世纪80年代中期开始，六西格玛由摩托罗拉最先倡导，90年代中期被GE成功地发展成为一种实践。前GE总裁杰克·韦而奇（Jack Welch）把六西格玛作为该公司一种管理战略列为公司四大战略举措之首，形成企业文化并取得骄人的业绩。我国许多企业都已经意识到质量对于企业意味着什么，在这些企业，质量观已深入人心。近几年，我国企业纷纷实施的名牌战略首先就是质量第一的战略。

4. 服务观

对服务的不同看法和评价，必然导致企业不同的经营行为以及由此产生的不同效果。企业能否为用户提供最佳的服务，有赖于企业是否确立了良好的服务观。"IBM就意味着服务"，是IBM每位员工的价值观，它为IBM赢得了广泛的社会赞誉和广阔的世界市场。近年来，我国许多企业，无论是制造业还是服务业，都将为用户或消费者提供满意的服务提到战略的高度，并在企业经营活动中贯彻实施。中国平安保险公司力求以电话中心和互联网中心为核心，依托门店服务中心和专业直销业务员，建立具有统一的品牌管理系统和服务界面的平安3A服务体系，使客户无论何时（Anytime）、何地（Anywhere）、以何种方式（Anyway），都可以享受到平安保险公司的满意服务。

企业价值观整合的内容，应视企业的文化传统、经营特点、经营宗旨和方针不同而有所区别。除了上述价值观以外，还包括企业的人才观、政策观、法律观和财税观等多方面，应视企业具体情况，有选择地将其纳入企业的价值观体系进行统一与整合。

5.4 企业精神口号的提炼

企业精神是建立在企业共同价值观基础之上的，为企业成员广泛认同和接受一种群体意识。企业精神是企业素质的综合反映，是企业成员意向的集中，是企业的灵魂。

具有高度积极意义的企业精神，一般至少具备两个条件。一是突出时代特点。企业精神作为体现企业价值追求的群体意识，只有具备鲜明的时代特点，才能正确反映富有时代感的企业价值观，才能追赶和领导时代的潮流。如果时代特点不鲜明，或者根本没有时代特点，这种企业精神便是苍白无力的，企业也就会被时代所淘汰。二是体现企业经营宗旨和经营方针。一种积极的企业精神，应该是与企业经营宗旨和经营方针，在思想内涵上是一脉相承的。如果企业精神游离于经营宗旨和经营方针，势必造成企业思想的混乱和企业形象的分裂。

企业精神通常是将企业经营宗旨、经营方针、企业价值取向、品牌内涵、服务特色等，汇集一体，融会贯通，运用最精炼的语言，以口号形式表达出来。如"松下七精神"：产业报国精神、光明正大精神、友好一致精神、奋发向上精神、礼节谦让精神、适应同化精神、感激报国精神，成为引导松下发展成为世界电器巨头的强大精神动力。

企业精神口号的提炼包含两个环节，即定位和表达。无论是在定位还是在表达上，都应注意避免出现下列现象：

1. 不准、不确

这是指定位不准，表达不确。企业精神口号不同于一般的标语口号，它是用来规范、指导企业及员工行为的。如果定位不准确，表达过于抽象或含糊不清，势必导致员工的行为无所适从，在实际工作中起不到指导、规范作用。如，有的企业提出的精神口号是"严字当头、从严治厂、从严管理、从严要求"，这种"严"过于宽泛，什么算严、怎样严、严到什么程度，都是含糊不清的，给人似是而非的感觉，精神口号也就无法转换成员工心态，以致无法在言行中表现出来。

2. 千篇一律

企业经营虽有许多共性，但企业精神口号是要强调个性的。因为理念识别的关键是要具有识别性，而识别性来自于个性。纵观我国目前不少企业的精神口号，其共性多而个性少，往往千篇一律，"千厂一面"。如，到处都可以见到类似于"团结、求实、奉献、创新"、"服务第一"、"质量第一"、"一流产品、一流管理、一流技术、一流人才"等所谓的企业精神口号。这样的口号缺乏个性，也就失去了识别性，更谈不上震撼力和感召力了。

3. 空洞无物

一些企业的精神口号没有实质性的内容，只能流于形式。如"争创一流"这样的口号很难说传达出了什么实质性内容。这些空洞无物的口号当然也就没有实际指导意义了。

4. 不切实际

一些企业似乎是在赶时髦，或是在与别人攀比，口号越叫越响，口气越来越大。如有些规模很小、技术水平一般的企业，不顾企业实际情况，也喊出了"立足亚洲、放眼世界，争创世界一流"的口号，结果不现实的精神口号不仅难以激发员工的积极性，相反会给人夜郎自大的感觉，效果适得其反。

不切实际还表现在不顾国情、民情、盲目照搬国外企业的精神口号，结果难以获得员工的认同，不能渗透于员工的行为之中，收不到实际效果。

5. 随意变更

企业的精神口号是企业价值观的集中体现，而企业价值观一经形成，是具有相对稳定性的。因此企业精神口号也应保持一定的持续性，不能随意变更。只有保持相对稳定性，才能使其逐渐内化为员工的信念，从而在企业内部、企业外部产生持久、深刻的印象，并树立起良好的企业形象。如果企业缺乏战略思想，企业精神口号经常变更，就难以规范企业组织行为和员工行为，也就达不到树立鲜明企业形象的目的。

当然，这里所讲的持续性，并不意味着一成不变。实际上，企业精神口号是稳定性与发展性的统一。只是因稳定是发展的前提和基础，所以这里更强调稳定性罢了。

近几年，我国也有不少企业在提炼精神口号方面做得不错。

上海易初摩托车有限公司较早地认识到企业精神的重要性，经过职工讨论、专家论证,将"创造幸福"作为本企业精神口号。"创造幸福"融产品牌号、企业宗旨、企业承担的社会责任于一体,即:为社会创造幸福,为企业创造幸福,为员工创造幸福。由于这个企业精神口号简明扼要,内涵丰富,因而得到广大员工的认同,并化为人人"创造幸福"的行动。

同仁堂的精神口号是"同修仁德,济世养生,兢兢业业,汲汲济世",充分体现了同仁堂这个中华老字号济世救人的经营宗旨,同仁堂的历代传人至今遵古不泥古,继承不失宗,使同仁堂生产的各种中成药素以"处方独特,选料上乘,工艺精湛,疗效显著"而享誉海内外。

思考题:

1. 用实例说明企业价值观整合应遵循的原则。
2. 搜集10家国际、国内著名企业的精神口号,分析其与企业历史和企业价值观的关联性。

第6章 战略识别（SI）策划

战略识别（SI）策划是 CI 策划中的重要组成部分。进行战略识别策划，必须在对企业内部条件和外部环境全面调查研究和科学分析的基础上，对企业作出定位，规划其在一定时期内的发展目标、发展步骤，以及为实现目标而采取的相应措施。

6.1 企业战略态势的分析

企业战略态势的分析，主要是指对企业战略环境（包括宏观环境和微观环境）和战略能力的分析。

6.1.1 企业战略环境分析

这里的企业战略环境，是指存在于企业周围、影响企业经营活动及其发展的各种客观因素与力量的总体。分析、认识企业的战略环境，可以了解企业受到哪些方面的挑战与威胁，又会面临怎样的反应，或施加影响，或置之不理。

企业战略环境是错综复杂的，又是变幻莫测的。它可以从宏观和微观两个方面来加以分析。

1. 企业宏观环境分析

企业宏观环境是指对企业及其微观环境各因素具有较大影响力的客观因素。它主要包括政治环境、经济环境、技术环境、社会环境、文化环境和自然环境。

政治、法律环境涉及一个国家或地区的政治制度、体制、政治形势、方针政策、法律法规等方面。我国自实行改革开放以来，政治、法律环境发生了巨大变化。尤其是经济体制由计划经济体制向社会主义市场经济体制的转变，使得我国企业，特别是国有企业不得不在战略上面对一个能否生存、如何发展的问题。在目前的形势下，政府的政策还广泛地影响着企业的经营行为，即使将来市场经济比较成熟的时候，政府对市场和企业的干预仍然存在。当然政府干预往往是间接的，如以税率、利率为杠杆，运用财政政策、货币政策等手段来调控宏观经济，以及通过干预外汇汇率来调整国际金融与贸易秩序等。因此，在策划企业经营战略时，必须对政治环境作出科学的分析，同时对政府政策的长期性或短期性作出正确的判断。比如，我国"十一五"规划纲要明确提出，"十一五"期间单位国内生产总值能耗降低20%左右，主要污染物排放总量减少10%的约束性目标。为了推动配合节能减排工作，促进循环经济工作尽快取得成效，政府在深化试点、推进资源综合利用、推进垃圾专业化利用和垃圾资源回收利用、全面推行清洁生产、增强循环经济创新能力等五个方面推进循环经济发展。根据我国节能减排总目标的要求，有关部门开始着手制定政策，采取消费税率改革、资源税率调剂、收费项目变动，促进资源节约和环境保护。这就意味着，国内持续多年的低价格资源政策行将结束，上市公司将面临国内资源价格普遍上涨的压力。在这种背景之下，那些从事风电、太阳能等新能源业务以及节能业务的公司无疑将迎来更为宽松的发展环境。

在分析法律环境时，要了解既有法律的规定，特别是关注一项酝酿之中的法律，它一旦通过给企业带来的影响。如，2007年6月29日《中华人民共和国劳动合同法》获得通过，2008年1月1日起生效施行。该法案的出台，对实施多年的劳动合同条例已确定的劳动关系立法模式有重大的调整，对企业劳动力成本的观念、企业人力资源管理，甚至企业战略都将产生重大的影响。企业必须制定在新的法律环境下的应对策略。

对经济环境的分析，主要是分析企业经营过程中所面临的各种经济条件、经济特征、经济联系等客观因素。首先是要考察目前国家经济是处于何种阶段：萧条、停滞、复苏还是增长，以及宏观经济以怎样一种周期规律变化发展。其次，要考察价格体制和价格体系，直至商品之间的比价和差价关系，以了解市场的供求状况。再次，要分析居民人均收入，以获取消费品购买力等经济指标。如，2007年初开始，无论是处于上游的原材料、能源、动力购进价格，工业品出厂价格，还是处于下游的居民消费价格，均处于连续上涨态势。而原材料、能源、动力等的逼涨，直接后果就是加剧资源的抢夺、紧张，乃至全线短缺。家电、手机、电脑、服务器、通信网络等行业，以铜材、钢材、塑料、铝材等为主要原材料，原材料涨价风潮给下游加工制造业带来巨大的成本压力。相关产业的制造成本大幅上升，又拉动IT企业其他一些原料价格上涨，锌、镍等有色金属也大涨，使得IT配件也跟着涨价。企业必须根据动态的经济环境，制定相应的战略。

对企业战略环境的分析，还包括对经济基础设施情况的分析。因为经济基础设施在一定程度上决定着企业经营的成本与效率。这些基础设施条件主要包括运输条件、能源供应、通信设施以及各种商业基础设施的可靠性及其效率。这在策划跨国、跨地区的经营战略时，尤为重要。

分析技术环境，就是要分析一国或地区的技术水平、技术政策、新产品开发能力，以及技术发展的动向等。对于企业来说，要特别关注所在行业的技术发展动态和竞争者技术研究、新产品开发方面的动向。

此外，还应对包括民族特征、文化传统、价值观、宗教信仰、教育水平、社会结构、风俗习惯等在内的社会文化环境进行分析。因为随着经济结构的变化，社会文化发生变迁，这会导致生活形态、生活方式、生活观、消费观的一系列变化。企业经营战略必须顺应这种变化趋势，才能收到良好的效果。

2. 企业微观环境分析

企业微观环境是企业在日常经营中所要关心的外部客观因素与条件。企业微观环境分析的内容主要包括行业性质、竞争者状况、消费者、供应商、中间商及其他社会公众等。

一个企业是否有长期发展的前景，与它所处的行业本身的性质密切相关。因此，分析行业性质便成为企业微观环境分析的首要任务。

分析行业性质，一个常用的方法即是认识其处于行业生命周期的哪个阶段，它是行业发展所处的总体环境，主要是需求状况，及其自身发展内在轨迹的综合反映。同产品生命周期类似，行业生命周期可分为四个阶段：引入期、成长期、成熟期和衰退期。

在引入期，销售增长缓慢，产品设计尚未定型，生产能力过剩，竞争较少，风险很大，利润几乎没有甚至会亏损；在成长期，顾客认知迅速提高，购买踊跃，销售大增，产品形成差别化趋势以满足顾客有差异的需求，生产能力出现不足，竞争形成，但企业应付风险的能力增强，利润呈加速度增长；在成熟期，重复购买成为顾客行为的重要特征，销售趋向饱和，产品设计缺乏变化，生产能力开始过剩，竞争激烈，对于既有的企业风险较小，利润不再增长，甚至开始回落；在衰退期，销售明显下降，生产能力严重过剩，竞争激烈程度由于某些企业的退出而趋缓，企业可能面临一些难以预料的风险，利润大幅度下降。

只有明确认识行业目前的性质，才能决定企业在某一行业中是进入、维持还是撤退。对于一项新的投资决策，避免进入处于衰退期产业，是一个极为重要的战略问题。

除了考察行业自身所处的发展阶段以外，还应了解并深入分析国家和地方的产业政策。目前，尤其要研究国家和各省市的"十一五"规划和2020年远景规划中的产业政策，了解国家和各省市的重点投资产业，如支柱产业、高新技术产业等。并对产业技术政策、产业布局政策、产业投资政策、产业金融政策、产业结构（部门结构和区域结构）政策等作全面科学的分析，从而在总体上把握企业战略方向。

分析企业微观环境，还需要分析企业竞争状况。应充分利用CI调查的成果，了解哪些方面构成了对企业的竞争，并进一步判断谁对企业构成的威胁最大。通过对竞争者的规模、增长能力、盈利能力、经营目标及其对环境的看法，过去和现在的战略、组织结构与文化、制造与营销成本、营销渠道等方面的分析，来认识和评判竞争的优势和劣势。

此外，应在CI调查的基础上，对顾客、供应商、中间商和其他社会公众与企业的关系及其对企业的影响进行分析，诸如顾客需求的特征、需求的差异、需求的变化趋势；供应商的信誉、信贷条件、采购成本；各种可供选择的分销渠道模式、结构及其成员状况；公众对企业实现其目标的能力与过程所产生的实际或潜在的影响等。

下面是对中国一家汽车轮胎制造企业的战略环境的分析，从中可以了解战略环境分析的结构。

对于中国的汽车轮胎制造企业来说，其战略环境可从以下几方面来认识。

（1）公路基础建设取得历史性突破。新世纪以来的几年，无疑是我国公路运输发展最快最好的时期。2006年，我国公路投资高达6231.05亿元，比2005年增加746.08亿元，同比增长13.6%。2006年末，全国公路总里程达345.70万公里，比上年末增加11.18万公里，其中高速公路总里程达4.5万公里，比2002年末增长80%，位居世界第二。根据交通部的规划，"十一五"期间要进一步完善公路网络，其中高速公路将达到6.5万公里，二级以上公路达到45万公里，农村公路达到180万公里。公路建设的快速发展，对轮胎工业提出了新的要求，以适应高速行驶的轮胎的需求将进一步增加。

（2）公路运输的能力迅速增长。近年来，伴随着我国公路建设的迅速发展、公路网络的不断完善，公路运输业成为服务范围最广、承担运量最大、运输组织最为灵活、运输产品最为多样的运输服务业。公路客货运输快速增长，服务国民经济能力显著增强。2006年，日均运送货物4017万吨，全年货运量达到146.6亿吨，占综合运输总量的72%；日均运送旅客5097万人次，全年客运量达到186.1亿人次，占综合运输总量的92%。高速公路每天运送跨省旅客100万人次以上。全行业实现增加值4363.7亿元，对GDP的直接贡献率达到2.1%。公路运输能力的快速增长，拉动了轮胎需求的增长。

（3）汽车工业的规模继续迅速扩大。改革开放以来，我国汽车工业的发展呈现快速增长的势头，基本上形成了多型号、多用途、系列化的汽车工业体系。随着城乡居民生活水平的不断提高，轿车已经进入普通家庭。我国的汽车作为生产工具、运输工具、交通工具和生活资料多种状况并存的格局已经形成。汽车工业已经成为我国支柱产业。自2001年底加入世界贸易组织后，中国汽车产销连续6年保持两位数增长。2002年全国汽车销量首次突破300万辆，2003年突破400万辆，2004年突破500万辆，2006年突破700万辆，2007年又突破800万辆，几乎每年销量都跃升百万辆级规模。2008年中国汽车产量有望超过1000万辆。其中乘用车产量730万辆；商用车产量270万辆。在乘用车品种中，轿车产量有望达到550万辆。截至2007年底，全国汽车保有量为5696多万辆，占全世界8.5亿辆汽车保有量的6.7%。全世界汽车中近八成是轿车，我国轿车占比不到四成，有2149万辆，其中私人轿车为1521万多辆。我国汽车工业的高速发展，对汽车轮胎提出了大量的需求，从而拓展了轮胎的巨大市场。

（4）轮胎工业发展迅速。目前世界上，各种交通类型之间仍以公路汽车为主。世界汽车保有量的大幅增加，刺激了对轮胎的需求。目前中国轮胎市场已成为全球增长速度最快的市场，中国轮胎在世界市场的份额为15%左右，2007年全年中国轮胎产量为 5.5649 亿条，同比增长 23%。预计 2010 年我国轮胎总产量将达到为 6.3 亿条，子午胎的总产量将达到 5.3 亿条，子午化率达到 85%。由此表明，轮胎市场需求是旺盛的。

（5）国内外轮胎市场竞争激烈。国际市场上，轮胎巨霸气势十足，占据了有利的世界市场；同时，正采用合资、独资、控股等方式向我国推进。世界三大轮胎业巨头，包括米其林、固特异和普利司通都正在国内加紧网络扩张的步伐。综合实力第二阵营的韩泰、锦湖等韩系品牌借助配套胎市场的高占有率，正在逐步发力替换胎，其品牌市场投入很大，努力重新塑造品牌。世界排名前十位的外资轮胎企业在中国大陆基本上都拥有二至三家合资或合作企业，而且都有加速圈地的迹象。固铂轮胎正以其快速的本土化决策和灵活的营销战略在业内逐渐赢得口碑。综合实力第三阵营的包括其他的一些国际品牌和本土品牌，分别在各自细分市场占有优势，如马牌和倍耐力在高档胎方面有优势，双钱品牌的大车胎业务出口迅猛。

6.1.2 企业战略能力分析

企业战略能力分析，就是对企业的市场营销能力、生产能力、研究与开发能力、生产管理水平以及财务管理和人力资源管理水平的分析。

企业的市场营销职能代表了企业与外部环境的最重要的接口。由此，企业的市场营销能力在很大程度上制约着企业发展水平。

分析市场营销能力，主要是考察产品的市场占有率、分销渠道的结构与效率、价格体系以及市场研究的能力。通过分析与评估，找出企业在营销方面的优势与劣势，以期在今后的营销战略中予以把握。

对于企业生产能力的分析，主要是了解企业的生产规模、产量、资产规模与结构，并以此作横向比较，正确认识本企业在本行业中的相对地位。企业现有的生产能力和规模，是策划企业发展战略的基础与依据，任何脱离企业实际的所谓发展战略，都只能是纸上谈兵，没有实际意义。

研究与开发对于不同的行业具有不同的作用，所以行业的性质影响着企业在这方面能力的扩展与水平的提高。当然，企业既可考虑对自己的研究与开发领域作高额投资，也可考虑从外界科研机构中寻求支持，乃至直接购买科研成果。由研究与开发方面带来的优势将有力地促使企业竞争能力的增强。对研究与开发能力的分析，涉及的主要内容有：研究与开发方面的支出，以及与整个行业水平的比较；产品开发或生产工艺改进的速度与收益；企业用于研究与开发方面的资源条件；在产品、技术、工艺等方面研究与开发的成败记录，以及目前的状况；与企业外部研究与开发机构的联系等。通过分析、评估，认识研究与开发对企业未来成功将提供怎样的支持，以及在应付挑战方面还存在哪些不足，这些对于今后的战略设计将是十分必要的。

企业的人力资源是企业具有第一位重要性的资源，尤其在竞争日益激烈的今天，企业之间的竞争归根到底是人才的竞争。因此要分析企业的战略能力，就必须对企业人力资源的状况进行考察与评估，以了解企业员工是否构成企业的有用资源，以及对企业未来发展是否能够提供必要的支持。这种考察与评估，将涉及这样一些问题：企业员工个人与组织的关系；非正式组织的存在及其对正式组织的支持或威胁；企业哲学与文化；员工素质、能力和数量对于企业目前和可预见的未来工作的适应性；企业在雇用、培训、调动、辞退等方面的政策；企业在工资、奖金、福利等方面与同行竞争者的比较；在战略决策及其实施过程中，企业员工被置于的地位以及员工自己认为其所处的地位等。

对企业生产管理水平和财务状况的分析，应充分借鉴 CI 调查的成果，以期获得准确、科学的结论。

对企业战略能力的分析，目的是认识企业的优势与不足。这种分析的过程，实际上是个比较的过程，即同竞争者、同行业的其他企业等相关的企业相比较，同外部环境状况及变化趋势相比较，同企业的战略方向和战略目标相比较。因为优势与不足本身就是一个比较的结果。只有通过比较分析，才能使企业深刻地认识其在各方面的优势条件以及某些方面所处的劣势，从而增强资源力量、调整资源结构，以获得一个优化的、与企业今后的战略行动相匹配的资源配置，支持与保证企业战略目标的实现。

6.2 企业总体发展战略的确立

在 CI 调查的基础上，又对企业战略态势进行了分析，这就为企业总体发展战略的确立提供了决策依据。

确立企业总体发展战略，就是要决策企业的战略取向和战略目标。

6.2.1 企业战略取向的选择

在对企业的战略环境和战略能力有了准确的认识和把握之后，就可以选择企业的战略取向。

企业战略取向一般有三种类型。

1. 扩张型战略取向

扩张型战略是企业扩大产销规模，或投资新的事业领域，或是通过竞争推动企业之间的联合与兼并，以促进企业不断发展的一种战略。

扩张型战略取向，视企业所处战略环境和所具有的战略能力的差异，可有不同的选择。其基本类型如表 6-1。

（1）内涵型发展战略。内涵型发展战略，是指企业现有产品与市场尚有发展潜力，于是充分挖掘自身潜力，实现自我发展的战略。其具体形式有：

第一，市场渗透。它是指企业利用自己在原有市场上的优势，积极扩大经营规模和生产能力，不断提高市场占有率和销售增长率，促使企业不断发展。采用这种策略，市场竞争比较激烈。企业应在产品质量、价格、包装、服务、品牌商标和企业声誉等方面下功夫，不仅要巩固原有市场的老用户，而且还要培育潜在顾客，利用原有市场创造新的用户。通过市场渗透，来增强企业在市场竞争中的优势，促进企业发展。

企业扩张型战略取向的基本类型　　　　　　　　表 6-1

内涵型发展战略	一体化发展战略	多元化发展战略
市场渗透	后向一体化	技术相近多元化
产品开发	前向一体化	市场相近多元化
市场拓展	水平一体化	经营领域多元化

第二，产品开发。它是指现有企业努力改进老产品、开发新产品、发展新品种，从而使企业不断地成长和发展。这种策略，一般适用于技术力量较强和技术基础较好的企业。企业采用这种策略，就要积极创造条件，不断进行技术开发和产品开发工作，以求保持自己在产品和技术上的先进性和功能、质量、价格等方面的优势。

第三，市场拓展。它是指企业在原有市场的基础上，去寻找和开拓新的市场，进一步扩大产品销售，从而促进企业继续成长和发展。这种策略，适用于企业的产品在原有市场的需求量已趋于饱和，开拓新的市场，打开新的销路，能使企业进一步得到发展。可口可乐、肯德基、麦当劳之所以能成为世界性的大企业，其重要的战略思想就是在全球范围内不断开拓新市场。

（2）一体化发展战略。一体化发展战略，是指企业充分利用自己在产品、技术上的优势，根据产业价值链系统的方向，使企业不断地向深度和广度发展的一种战略，其具体形式有：

第一，后向一体化。它是指企业产品在市场上拥有明显优势，可以继续扩大生产，打开销路，但是由于协作配套企业的材料、外购件供应不上或成本过高，影响企业的进一步发展。在这种情况下，企业可以沿着产业价值链向上游延伸，自己生产材料或配套零部件，也可以把原来协作配套企业联合起来，组织联合体，统一规划和发展。如液晶电视机生产企业兼并液晶屏生产企业，食品加工厂投资兴办养殖场，轮胎厂投资橡胶生产，即属此种策略。

第二，前向一体化发展。一般是指生产原材料或半成品的企业，根据市场需要和生产技术可能条件，沿着产业价值链向下游延伸，充分利用自己原材料、半成品的优势和潜力，决定由企业自己制造产品，或者与成品厂合并起来组建经济联合体，以促进企业不断地成长和发展。如纺织厂兴办服装厂，木材加工企业投资家具制造业等均属此例。

第三，水平一体化发展。它是指把性质相同、生产或提供同类产品的企业联合起来，组成联合体，以促进企业实现更高程度的规模经济和迅速发展的一种策略。这种策略已成为我国最主要的组建企业集团的途径。在钢铁、煤炭、汽车、自行车、家用电器、纺织、电线电缆等行业,全国性、跨地区及地方性企业集团均有实例。如,世界最大钢企印度米塔尔(Mittal Steel)钢铁集团,2005年收购湖南华菱集团37.17%的股权,成为与华菱集团并列的华菱管线的第一大股东。2006年米塔尔又对第二大钢企法国阿赛洛(Arcelor)钢铁公司进行了收购。再如,上海一百(集团)有限公司与华联(集团)有限公司、上海友谊(集团)有限公司和上海物资(集团)总公司合并,组建上海百联(集团)有限公司。

(3)多元化发展战略。多元化发展战略,是指企业为了更多地占领市场和开拓新市场,或避免经营单一事业的风险,通过选择进入与原来经营事业联系不大的新的事业领域,来促使企业进一步发展的一种战略。多元化发展战略已成为当今世界上大企业,特别是跨国公司普遍采用的战略。其具体形式有:

第一,技术相近多元化。它是指企业充分利用自己在技术上的优势及生产潜力,以生产某一项产品为主,同时积极地去生产工艺相近的不同产品,使企业的产品种类不断地向外扩展,向多品种方向发展。例如家用电器工厂以生产某一种家电为主,如以电冰箱为主,同时又积极地去发展工艺相近的其他家用电器产品,如空调、微波炉等。

第二,市场相近多元化。它是指企业充分利用自己在市场上的优势及社会上较高的声誉,根据用户的需要去生产不同技术的产品。如,创始于1906年,以生产书写用品起家的万宝龙(Montblanc),针对奢侈品消费群,多元化发展,如今除书写用品外,还生产腕表、饰品、皮具等。与此相似的品牌还有卡迪亚、LV、迪奥、宝格丽、香奈尔等这些都是实施这一策略的成功典范。

第三,经营领域多元化。它是指企业为了减少未来可能出现的风险,积极发展与原有产品、技术、市场都没有直接联系的事业,生产和销售不同行业的产品。选择这一战略,可能有三个出发点:一是避免风险。从事单一事业或同一行业经营,可能很容易受宏观经济不景气的打击。而实施经营领域多元化战略,可能使企业在遭受某一经营领域的挫折时,通过其他领域的经营成功而弥补亏损。二是获取更高的投资报酬。当企业发现,从事其他行业经营,可能比原有行业获得更高的投资利润率后,它就有可能去涉足一个新的行业。三是利用原有的资源优势,如我国的一些军工企业,随宏观环境的变化,其生产任务已明显不足,于是它们纷纷利用自己的技术力量和多余的厂房、设备、资金,开始生产电视机、电冰箱、洗衣机等多种消费资料。又如,拥有100多年发展历史的印度钢铁巨头塔塔集团,还涉及IT、汽车、电力、电信、宾馆、茶饮、钟表、珠宝和工程等领域。2007年,印度塔塔钢铁有限公司以约120亿美元的高价击败其竞争对手巴西国民钢铁公司,成功收购了欧洲著名钢铁企业科鲁斯集团,此举将使合并后的塔塔科鲁斯钢铁公司成为世界第五大钢铁制造企业。2008年初,塔塔又以23亿美元的价格从福特手中收购了英国豪华品牌捷豹和路虎。

企业在确定扩张型战略取向时,面临多种选择。无论选择哪一种或同时选择几种扩张形式,都应经过周密的调查分析和全面的科学论证。

一般来说，扩张型战略取向适用于具备以下几种条件的企业：

第一，企业扩张的机遇已充分显示出来，企业对促成扩张的客观条件有了全面的认识，对实施扩张所可能带来的收益和风险有了认真的估计，并作好了充分准备。

第二，企业拥有较充足的为扩张所需资金及其他资源，或即使客观资源条件稍显不足，也可以通过资源的重新配置与有效组合弥补这种不足。

第三，企业已具有扩大经营规模、实行扩张型管理的勇气和管理能力。

第四，企业最高决策层具有敏锐洞察力和创新精神。

2. 稳定型战略取向

稳定型战略是企业在一定时期内，对产品、技术、市场等方面采取维持现状的一种战略。企业既不准备进入新的事业领域，也不准备扩大生产经营规模。这一战略的核心，是在维持现状的基础上，提高企业现有生产条件下的经济效益。

稳定型战略一般适用于具备下列条件的企业：

第一，企业外部环境相对稳定，既无大的威胁，也没有过多的机会。

第二，企业经营状况良好，产品在较长时间里仍然具有明显优势。

第三，市场地位稳固的大型企业，由于大规模经营而投入了大量资金，为了避免风险，倾向于不求短期扩张，注重调整内部资源组合，以提高效率与效益。

第四，企业最高决策层经营思想以稳健为主。

当然，选择稳定型战略，并不意味着永远维持现状、不思进取，而只是在企业初步实现其扩张目标后，在一段相对稳定的时期内进行巩固和调整，并积蓄力量、创造条件，为今后再度扩张奠定基础。

3. 缩小或撤退型战略取向

缩小或撤退型战略，指企业在当前一定时期缩小经营规模，或压缩经营事业，或将某产品从原有市场撤退的一种战略。它是企业的一种战略转移，也是企业资源再分配的一种战略行为。

这种战略一般适用于企业在经营环境中处于严重不利地位的状况，如宏观经济不景气，处于停滞与萧条时期，消费者购买力很弱；或企业经营的产品已从成熟期迈入衰退期，市场需求大幅下降；或是企业受到强有力的竞争对手的威胁和挑战，难以抵挡；或是产品本身缺乏比较优势，质次价高，一时难以改变等。在此种情况下，企业缩小经营规模，或退出一个或几个事业领域，放弃一些产品的生产经营，以腾出资源投向更有前途的事业。

企业选择这种战略，就意味着要缩小生产经营规模、降低产量和销量，或者放弃一个或若干个产品经营，放弃或出让一个或若干个事业单位。例如，2004年，IBM为了放弃低利润的硬件业务，走出无利可图的PC市场，在利润颇丰的服务器、软件和服务业务中投入更多的精力，决定将PC业务出售给联想集团。2008年初，为了贯彻其长期策略发展重心，使集团及管理层可以专注发展其核心个人电脑业务，同时也使其手机业务得以独立运营，制订自己的战略方向，联想集团宣布以1亿美元的价格，将联想移动全部股权及品牌、知识产权出售给以弘毅投资为首的多家私募基金。

6.2.2 企业战略目标的确定

选择了企业战略取向,也就明确了企业现在和未来一定时期内可以提供的产品与服务领域,以及在未来一定时期内拟进入或退出、拟支持或限制的某些业务领域,它为企业活动确定了界限。而要回答"企业在一个较长的时期里要完成什么"这样的问题,便是设定企业战略目标的任务了。

一个好的战略目标通常具有四个特征:时间性、确定性、综合性和现实性。时间性是指目标的完成有最后期限。确定性是战略目标可以是定量的,但主要还是定性的。在企业环境日益不确定的今天,定性目标日趋增多,而且在某种程度上比定量目标更为重要。综合性是指战略目标能够覆盖企业业务及组织的各个层面,它可以分解成若干子目标,通过它们的完成来实现总体目标。现实性是指战略目标经过努力是可以达到的。企业战略目标的设定,是以适应企业战略环境变化的需要和企业战略能力为依据的。

企业战略目标的内容可以分为总体目标、事业单位目标和职能目标等不同层次。

企业战略目标的内容主要包括对社会的贡献目标、市场目标、发展目标、产品目标、技术进步目标等。

1. 贡献目标

在设定企业战略目标时,应将其与社会经济发展战略联系起来,根据企业在国民经济中的地位和作用,为实现国民经济发展战略目标作出应有贡献。这一目标表现为企业提供的产品品种、质量、产量、税金,还表现在自然资源的合理利用、降低能源消耗、保护环境等方面。

2. 市场目标

表现为新市场的开发、传统市场的渗透、市场占有率的提高等。对有些企业来说,开拓国际市场、提高企业产品在国际上的竞争力也应列为市场目标的重要内容。

3. 发展目标

表现为企业的规模、生产成本、质量水平、生产能力,以及销售额、利润额、销售增长率、利润增长率、资产增长率。此外还表现为企业的知名度和企业形象。

4. 产品目标

表现为主导产品、产品品种、品牌形象。

5. 技术进步目标

表现为专利数量、技术进步贡献率、技术创新能力、新产品比率(包括产值率、销售额比率)、产品的先进性。

企业战略目标的设定为确定企业各职能部门的战略指明了方向,也为企业战略决策和实施提供了评价标准。

6.3 企业操作层战略的确立

如果说企业总体发展战略是决策层战略的话，那么为实现总体战略目标，在企业总体发展战略所规定的框架内所制定的各个职能部门应采取的相应的子战略，便是操作层战略。它主要包括市场战略、营销战略、人才战略、文化战略等。

6.3.1 市场战略

市场战略的核心内容是目标市场的选择及定位战略。

结合 CI 调查，进行市场细分是策划市场战略的第一步。所谓市场细分就是根据消费者需求的差异性划分消费群的过程。通过市场细分，能显示企业所面临的市场机会。

企业对细分市场的规模、发展潜力等进行评估，并根据企业的环境、资源、能力等实际情况及企业发展战略目标，选择某一个或几个细分市场作为营销对象，这一过程便是对目标市场的选择过程。

不同的企业可采用不同的目标市场选择战略。一般来说，目标市场选择的战略主要有三种。

1. 无差异市场战略

这是一种求同存异的市场战略。企业经过市场细分后，并不考虑细分市场的差异性，而对整个市场只提供一种产品。这种战略是立足于企业的产品对所有的用户都有共同的需要，企业可以大规模地生产单一品种的产品，采取广泛的销售渠道和统一的广告内容，力求在一定程度上适合尽可能多的顾客的需求。运用这种战略的优点是：产品的品种、规格、款式简单，有利于标准化与大规模生产，对提高工效、降低成本非常有利。但如果同行业中有数家企业都实行无差异市场战略时，竞争必然激烈化，获得的机会反而不多。

2. 差异性市场战略

它是指企业在细分市场的基础上，选择多个细分市场作为营销对象，提供与同行业不同的产品和服务的一种战略。采用这种战略，可以使企业针对不同的细分市场，设计不同的产品，运用不同的广告宣传和销售渠道，以满足不同用户的需求。这种战略有利于企业扩大销售和占领市场，还有利于企业提高声誉、减少风险。但由于生产品种日益增多，势必提高市场成本和销售费用，而且，如果无限地扩大生产品种，必然会受到企业战略能力的限制，往往使企业难以应付。

3. 集中性市场战略

它是指企业集中力量去满足一个或少数几个细分市场需求的一种战略。其特点是，追求在较小的细分市场上获得较大的份额，即市场经营重点不是放在追求和扩大市场范围上，而是放在提高市场占有率上。采用这种战略的优点，是用户相对集中，容易了解；生产专门化程度高；资源利用率高，容易获得较高的投资效益。但由于目标过于集中，风险大。一旦市场情况发生突变，企业回旋余地小，陷入困境的可能性较大。

上述三种战略各有利弊，不能将其绝对化。在选择时一定要根据企业的战略环境和战略能力，综合考虑。

确定了目标市场战略，就明确了市场主攻方向，紧接着就是选择市场定位战略。

一般来说，企业的目标市场定位战略有三种。

第一，占位战略。即通过发掘市场上未被占领的细分市场来定位。当企业对竞争者的市场位置、消费者的实际需求和增加的产品属性等进行评估分析后，发现现有市场存在缝隙或空白，这一缝隙或空白有足够的消费者而作为一个潜在市场存在。这时企业可采取占位战略。

第二，分享战略。当企业发现目标市场竞争者众多，但是细分市场需求潜力还很大，而且企业有条件适应这一市场环境，企业就可选择分享战略，进入该细分市场，与其他竞争者分享市场。

第三，取代战略。即把竞争者赶出市场，由本企业取而代之。采用这一战略定位，企业必须比竞争对手具有明显的优势，必须提供更优越于对方的产品，使大多数消费者乐于接受本企业的产品，而不愿接受竞争对手的产品。

6.3.2 营销战略

企业选定了目标市场，所面临的又一项策划任务就是从目标市场的需要出发，根据企业战略能力和战略环境的要求，结合企业的战略取向和战略目标，为企业制定一个合理的、由营销组合构成的整体营销战略。

所谓营销组合，就是营销因素的组合，是指企业可以控制的各种市场营销手段的综合运用。营销学里把营销手段概括为四大类，即商品、价格、分销渠道和促销。营销组合就是对这四种基本手段进行最优化组合。因此，策划营销战略时，必须树立整体组合观念，将产品策略、分销策略、价格策略、促销策略，纳入整体营销战略的体系内。

1. 产品策略

要根据产品在导入期、成长期、成熟期、衰退期等生命周期各阶段的不同特征，制定不同的具体策略，还应根据不同产品系列的数目、同一类产品系列中不同产品项目的数量，以及各种产品在最终用途、生产条件、销售途径中相互关联的程度，制定出产品组合策略，以更好地满足目标市场的需求。

2. 分销策略

主要制定销售渠道的选择策略。在选择销售渠道时，要考虑目标市场的特点、产品本身的特点、市场环境特点及企业自身因素。如目标顾客的规模与分布情况，顾客购买频率、稳定程度；产品单价、体积、重量，产品技术标准和服务要求，产品的季节性、时尚性；宏观经济形势，市场需求状况；企业的规模和声誉，管理的能力和经验，销售渠道的可控制程度等。

3. 价格策略

在营销四大因素中,价格最难以决定,但价格作为市场营销和商品盈利的最关键因素之一,具有十分重要的地位。因此,企业应在充分分析影响定价的主要因素,如成本与销售量、供求关系、国家政策、消费心理、竞争者价格等的基础上,根据不同的产品和市场情况,采取各种灵活多变的价格策略。

4. 促销策略

企业的促销策略,就是对促销方式的选择、组合的运用。促销方式主要包括人员推销、营业推广、广告推销和公关促销四种。企业应根据产品和市场情况,有计划、有目的地将这些促销形式配合起来,综合运用,形成一个有机的促销策略组合。

6.3.3 人才战略

企业的人才战略在企业战略识别策划中具有十分重要的地位。企业的人才战略要求企业树立总体战略的观念,避免短期行为,强调在生产经营竞争日趋激烈的条件下,人力资源的投入应服从于企业总体战略,突出人才在企业战略制定和实施过程中的作用;明确在企业总体战略目标下,企业内部各重要岗位与相应的人才素质的要求是否一致,是否达到最佳匹配。

企业的人才战略,主要包括人才的开发、培训和使用三方面的内容。它们之间是相互关联的。例如,培训本身也是人才开发的基本方法之一,人才的使用过程,也是岗位培训的过程,三者是有机地结合在一起的。人才战略的制定和实施,就是确立、表述和落实由这三方面内容构成的中长期总体规划,为企业战略目标服务。

1. 人才开发与培训战略

首先要了解人才的现有状况。企业应对现有人才的基本情况完全了解,包括人员的年龄、教育程度、知识背景等。其次要明确开发培训目标。根据企业总体战略可以预测企业未来发展所需人才的类型、素质、数量和结构。这样,在对企业现有人才基本状况有了全面了解之后,开发培训的目标也就确定下来了。目标确定之后,应综合内外部条件,规划具体的开发培训方式。达到目标与方式的统一后,应制定详细的开发培训计划,并组织实施。

2. 人才使用与管理战略

制定人才使用战略的重点在于,结合企业特点,确定人才使用原则。人才管理战略重点,在于制定有利于创新型人才发展的优良环境的策略,以及明确人才管理的手段与模式。

6.3.4 文化战略

企业的文化战略,就是要建立企业的文化个性系统,即围绕着企业理念和企业总体战略目标,建立一套独具特色的文化价值体系。

文化战略的核心是企业的竞争哲学,即企业以什么样的观念和文化统一全体员工的行为,使全体员工齐心协力、卓有成效地进行竞争。

文化战略包括文化战略定位和实施文化战略的策略两部分。

文化战略定位的重点，是要通过正确的文化取向规范企业长期经营活动的价值标准，并将企业的战略意图，通过企业文化活动渗透到内部员工及外界公众的思想之中。

文化战略定位必须与企业总体战略相适应，并与企业理念的内核相一致。文化战略目标的实现，应有利于促进企业总体战略目标的完成。

确立实施文化战略的策略，应视企业具体情况不同而定。一般应包括这样几方面内容：根据企业理念，确立公司的企业文化模式；建设公司文化环境的举措；促进公司习俗和礼仪形成的措施；公司为社会文化事业作贡献的目标与途径等。

思考题：

1. 举例分析企业战略识别的含义和策划的步骤。

2. 结合国内、国际企业案例，分析企业扩张型战略取向的基本类型及企业实施这一战略取向的适用条件。

3. 举例说明，企业战略识别如何在企业的市场战略、营销战略、人才战略和文化战略中得以体现。

第7章 品牌识别（TI）策划

品牌识别是企业识别系统的重要组成部分。在企业理念和企业发展战略的指导下，测定品牌定位策略、品牌名称策略、品牌延伸策略，这便是品牌识别策划。一个企业如何搞好品牌识别策划，关系到企业的声誉和知名度的提高问题。

7.1 品牌定位策略的选择

7.1.1 品牌定位的内涵与原则

品牌定位，是指建立或重新塑造一个与目标市场有关的品牌形象的过程与结果。具体地说，品牌定位就是发掘消费者心中已经存在的东西（也许是消费者还未意识到的东西），以及那些尚未被他人利用的产品与消费需求本已存在的联结关系，并将其传达给消费者，使消费者产生认同感，并建立品牌偏好。

换个角度来看，如果说品牌即消费者认知，那么定位就是组织将品牌提供给消费者的过程。定位的目的，就是要将产品转化为品牌。如果一个品牌具有清楚、统一的个性，则所有与定位相关的活动都必须符合这个性质，这样消费者在哪一个方面都可体会到相同的特性，强化品牌的基本地位。如果品牌形象与顾客体会到相同的特性，强化品牌的基本地位；如果品牌形象与顾客体会到的经验相似，品牌信息与消费者的经验就能合二为一了。这样，产品转化为品牌的过程就完成了。

品牌定位对于品牌的成功具有至关重要的作用，品牌成功首先是定位成功。因此，要创造成功品牌，品牌定位具有十分特殊的意义。一般来说，消费者评价一个品牌，主要是评价其功能和所代表的形象能满足他们需要的程度。换句话说，品牌成功之处，是因为品牌经营者对构成品牌的特定价值有一个正确的认识。由于认识到品牌中最受消费者关注的方面，经营者对品牌的这些属性进行投资和保护，从而维护其价值，也维护品牌的地位，因而消费者保持对这些品牌的忠诚。

成功品牌具有一个显著特征，就是它们的位置被准确定义，即以一种始终如一的形式将品牌的功能与消费者心理上的需要连接起来，并通过科学的价值分析，将品牌定位正确地、持续地传递给消费者。这种传递不仅要告诉人们这个品牌能干什么，而且还要告诉人们这一品牌还意味着什么。

要进行成功的品牌定位，一般应遵循下列原则：

1. 消费者认知原则

这一原则是指，品牌定位应依据消费者对产品或服务的认知规律来进行。对消费者而言，定位必须是能切身感受到的，如果不能让消费者作为评定品质的标准，定位便失去意义。

这里需要特别强调的是，定位必须从消费者角度出发，而不是从供应商的角度出发。消费者一般很少会去仔细了解一项产品或服务，他们只从自己认为重要的特性上作判断，而这些特性对产品供应商而言，可能只是细枝末节罢了。如对飞机乘客而言，在整个航程中餐桌是最切身的，虽然实际上对飞行最重要的是引擎，但毕竟乘客既看不到也摸不着引擎，当然也就把它置之脑后了。同样的道理，消费者也可能从洗洁剂的味道而不是洗净力来判断其好坏，由葡萄酒的标签设计而不是口感来判断其优劣。每个消费者都有自己的观点，他们对产品或服务的认知，并不是基于产品供应商对产品所作的描述。同时，还应看到，消费者的认知通常是非理性的，因为消费者注意的是产品能为他们带来什么好处，而不是产品本身的好处。因此，品牌定位不能从供应商及产品知识角度出发，必须从消费者的切身感受出发。

2. 一致性原则

一致性原则，是指定位一定要以产品的真正优点为基础，使品牌传递的信息与实际情形一致。如果两者不一致，消费者不但不会再购买，甚至会怀疑，这样就不可能产生品牌忠诚。企业可以轻易地承诺说自己"服务迅速、态度亲切"，但要真正实现这些承诺可就难了。

3. 个性化原则

这是 CI 策划的基本原则，也是最核心的原则。对于品牌定位，个性化原则同样十分重要。它主要是指定位一定要能凸显竞争优势。如果与竞争者提出相同的定位，而且产品本身也没有任何区别的话，势必大大削弱品牌的竞争力。

虽然消费者会以不同的特性来认知品牌，但他们比较倾向以整体品牌个性来判断产品的优劣。品牌个性有多种形态，如把品牌与特殊场合连接，使该品牌成为一种经验，就像香槟酒与各种庆典连接，或某种食物及玩具与圣诞连接一样；以树立形象为主的品牌，其标志通常有某种附加值，如鳄鱼牌产品上面那条小鳄鱼就属此类；第一个以某种特性为诉求的品牌，通常可将自己定位成这个产品类的先驱；通过特别的"设计"，让消费者认为这是与众不同的品牌；让消费者感觉可融入他所向往的族群里，如李宁牌运动服；有真正的历史渊源，而且几乎变成神话的品牌，如古井贡酒等。

4. 简明原则

简明原则就是定位要清楚、明白，重点突出，如果过于复杂，面面俱到，就不易被消费者接受。

品牌定位的选择与产品的强弱点分析息息相关，一个品牌不可能每个部分都很强，所以必须扬长避短，抓住一项最能强化的特点，重点突破，而不是试图去诉求所有品牌个性的影响力。

7.1.2 品牌定位策略

品牌是以两个方面为特征的，即理性功能和感性符号。因此，消费者在挑选品牌时，也就采用两个关键方面。第一方面是对品牌满足实际需要能力的理性上的估计，我们称之为"功能性"。如根据品牌质量、可靠性、有效性及价格等物理价值作出决定，以满足基本的功能需要。第二方面是品牌有助于消费者表达他们自身，例如情绪、特定社会团体的成员资格或他们的身份这一能力的估计，我们称之为"表现性"，根据这一方面挑选品牌，是因为品牌具有一种存在于物理价值并超过其物理价值的价值。

品牌这两个方面彼此独立，而且，消费者很少使用这两个方面中的仅仅一种来挑选品牌，相反，他们根据品牌表现出来的功能性及表现性的程度来挑选理想价值中的品牌，例如，奥迪车被认为是很有效的品牌，它传递了消费者地位与个性的信息，同时也向消费者保证设计及工程上的卓越。

因此，我们可将品牌定位策略分为三大类，即功能性定位、表现性定位和综合性定位。

1. 功能性定位策略

功能性定位，也可称为理性定位，就是根据品牌的物理价值，对消费者采取摆事实、讲道理的说服方法，让消费者自己作出选择判断而获得理性的共识。例如百事可乐公司针对可口可乐品位高、价位高的定位策略，采取了理性的比较定位："同样的价格，两倍的含量"。再如"喝了娃哈哈，吃饭就是香"，也是功能性定位。此外，不少营养液类品牌，一些家电产品如VCD机的品牌，也大都采用这种定位策略。

采用功能性定位方法，一定要有一个可以拿得出来与被公认为优异产品竞争的优势，如品质、使用功能、可靠性、有效性、价格等方面。

2. 表现性定位策略

表现性定位，也可称为感性定位，多用于那些产品品质不易说清楚或与同类产品功能完全相同的产品，如香烟和酒，以及产品本身就是纯属文化观念的产物，如领带等。采用这种策略，可以唤起消费者感情的共鸣而引起其兴趣。如"孔府家酒——叫人想家"，通过把握"思乡——回家"这一文化主题，激发消费者的情感，引起共鸣。再如"威力洗衣机，献给母亲的爱"，也是典型的表现性定位策略。

3. 综合性定位策略

综合性定位，就是综合功能性和表现性，或者说以理性或感性双重诉求的要素进行品牌定位。

根据功能性和表现性在组合中程度的不同，又可以将综合性定位策略分为四种不同的策略（图7-1）。

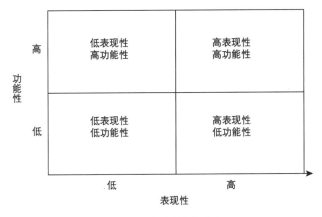

图 7-1 综合性定位策略

第一,高表现性高功能性定位策略。对某些产品来说,消费者不仅关心品牌是否满足功能的需要,而且看重品牌是否有助于他们表达自我、理解他人、加强某一特定社会群体的成员资格以及交流感情的能力。如"奔驰"轿车既代表着优质,又代表一种身份和地位。

第二,高表现性低功能性定位策略。消费者主要关心品牌作为象征符号,并从更感情化的层面上来思考品牌象征符号的价值,而对品牌是否满足功能的需要不太关心。他们可能认识到:品牌在产品表现上差别不大,但品牌表现出来的结果却更加重要。这是强调一种生活方式,如速溶咖啡的一些品牌。

第三,低表现性高功能性定位策略。消费者主要关心品牌功能性,不太关心品牌表现性。如"高露洁"、"两面针"牙膏。

第四,低表现性低功能性定位策略。对于有些产品,比如廉价的方便食品,消费者并不特别关心品牌的功能性和表现性,该定位策略适用于此类产品。这种品牌最容易失败,也最容易成功。生产者必须能够为批发商和消费者提供一项有吸引力的商品价格方案,以增强品牌的竞争力。

企业应在理念和总体战略的指导下,在分析竞争对手的基础上,根据品牌的优劣,选择正确的定位策略。

7.2 品牌名称策略的选择

7.2.1 品牌名称选择的原则

名称是品牌的基本核心要素,是品牌认知和沟通的基础。也就是说,名称是形成品牌概念的基础。

因此,选择品牌名称是品牌识别策划的重要内容。

品牌名称的选择,一般应遵循下列原则:

1. 识别性

识别性是品牌名称的一个重要方面，它是指品牌名称应该容易认知和记忆。

通常，可以加强记忆的因素有很多种。如，如果一个名字与众不同，它就能引起人注意，并增强人们的好奇心；名字含有某些有趣的东西，如押尾韵、头韵、一语双关或幽默、俏皮；名字能树立起精神图画或视觉形象，例如，苹果、兔子、美洲豹之类的名字就比誓言、勇敢、速度之类的名字好记，这是因为视觉形象比抽象的概念更易获取记忆通道；名称表达了某种含意；名称带有感情色彩；名称易发音、易拼写等。在选择品牌名称时，必须考虑这些因素。

2. 联想性

联想性是指品牌名称能够引发公司所期望的品牌联想。这种联想可以是产品的类别、产品的利益、产品的作用以及颜色等有关产品的属性。如"雪碧"容易使人联想到"晶晶亮、透心凉"的产品属性。

品牌名称对于相关人群来说，可能听起来合适，并有好的品牌联想，因为他们总是根据某些品牌特点，从一定背景出发考虑这一品牌。但是对于第一次接触这一名称的人来说，其联想就不一定会与公司期望的一致。因此，名称的选择要防止产生不理想的品牌联想。

当然，品牌名称引发有关产品属性的强有力的联想，也有其局限性。如品牌名称引发相关产品类别的联想，就给这一名称向其他类别产品扩展带来困难。

3. 独特性

独特性要求品牌名称与众不同，并与竞争者的名称相区别。对于某一产品来说，与权威品牌混淆在一起可能是个优势，如果其包装或名称类似于高价的国际名牌，可能还会促进销售。但是，如果要想创立一个品牌，就必须树立起自身独立的地位和形象，并与竞争者区别开来。

4. 一致性

一致性是指品牌名称与品牌标识物和标识语具有内在的统一性。当名称能够支持标识物和标识语时，三者的内在一致性无疑会增强传递效果和记忆效果。如纽约的"苹果银行"的名称提供了关于苹果的联想：好东西，有益的，简单的。同时也暗示了一家友好的、充满趣味的、与众不同的银行。它还与公司的标识物（苹果）、标识语（我们为您好）相互配合，使这一名称获得成功。

5. 保障性

品牌名称只有受到法律保护，才能公开应用。因此，选择名称之前，应检查整个专利市场，看看是否竞争者正使用你想要的名称。如果某个名称易与竞争者的名称混淆，那么，即使它是与众不同的，也会因为法律原因而不能得到。

7.2.2 品牌名称策略

品牌名称策略是一种品牌名称对外界的展示方式，它表明企业内部各业务机构（子公司）及各种产品的品牌因素之间的关系。同时，由于品牌本身直接影响企业经营的业务，影响企业组织结构是否平衡或在总体上是否更有利于企业的发展的问题，因此，品牌名称策略也是一个不可轻视的问题。

一般来说，企业的品牌名称策略主要有四种类型：一元化品牌名称策略、多元化品牌名称策略、组合品牌名称策略、差别化品牌名称策略。

1. 一元化品牌名称策略

一元化品牌名称策略，就是指整个企业包括业务机构（子公司）及其各种产品品牌都采取一个名称。采用这种策略的优点是结构单一，职工忠诚度高，企业凝聚力强，品牌形象及企业形象识别性强。同时，如果引进一种产品的费用较少，因为不需要进行品牌名称的调查工作，或者不需要为建立品牌名称认知和偏好而花费大量的广告费。此外，如果企业的声誉良好，产品的销路就会非常好。但是这一策略风险性高，因为企业任何新产品的推出都与企业整体直接关联，对整个企业来说，避免失误的压力就更大。例如欧洲的"飞利浦"公司，对它所有的产品都使用"飞利浦"这个品牌，但是由于产品在质量上存在极大的差别，因此，这种做法损害了它的优质产品的销路。总之，实行一元化品牌名称策略，要求每一种产品或服务都具有同样的保证。

2. 多元化品牌名称策略

采用这一策略，就是以一个核心机构或拳头产品的品牌作为整个企业的名称，并以此为基础，发展其他相对独立的品牌。这种策略常见于通过兼并、收购或成立新企业（子公司）发展多种经营的企业，企业生产多种截然不同的产品，难以采用一元化品牌。因此，根据事业领域或产品类别而采用不同的品牌名称。实行这一策略的优点是企业经营有很大的灵活性和可塑性，缺点是品牌形象及企业形象识别性较差、企业内部凝聚力较弱，且传播费用较高。

3. 组合品牌名称策略

采用这一策略，是将企业名称冠于每个产品的单个品牌名称之前，构成组合品牌名称，而各业务机构或产品又都具有自己的独立品牌名称。这样，企业名称可使新产品正统化，而单个品牌名称又可使新产品个性化。实行这种策略的优点，是企业形象识别性强，市场细分明确，传播费用较经济。但缺点是容易发生"城门失火，殃及池鱼"的危险。而要把"城门失火，殃及池鱼"的风险减到最低限度，还需要有其他策略的配套。

4. 差别化品牌名称策略

采用这一策略，要求企业的每一产品都有自己的品牌名称。如宝洁公司就采用这一策略，产品品牌各不相同，有"汰渍"、"海飞丝"、"飘柔"、"碧浪"等许多品牌。该公司在新产品推入市场的开头六星期内，使用公司名称对新产品开展电视促销活动，以后就不再强调公司名称，而是突出产品各自的品牌。采用这一策略的优点，是它没有将公司的声誉系在某一产品品牌名的成败上。因此，任何产品的失败都不直接影响整个企业的声誉。同时，这一策略可以使公司为每一新产品寻找最佳名称。一个新的品牌名称可以造成新的刺激，建立新的信念，而且，不同品牌定位于不同的利益和要求，因此每一品牌可以吸引不同的追随者。这一策略的缺点，是企业形象识别性差，新产品推进市场较为困难，传播费用较高。

选择品牌名称策略，要依据并服从于企业总体发展战略，同时还要考虑那些能够为企业创造竞争优势的因素，以及这些因素的来源。只有这样，企业才能选择出有利于竞争和发展的品牌名称策略。

7.3 品牌延伸策略的制定

7.3.1 品牌延伸的内涵与功能

所谓品牌延伸，是将某一著名品牌或某一具有市场影响力的成功品牌，使用到与成名产品或原产品完全不同的产品上。比如将"雀巢"使用到奶粉、巧克力、饼干等产品上，将"万宝路"使用到箱包皮革制品上，就是品牌延伸。

近年来，我国企业涌现出一大批深受消费者欢迎的品牌，与此同时，品牌延伸策略也在自觉或不自觉地被一些企业所采用。比如，广东今日集团继"乐百氏"果奶获得成功之后，相继推出"乐百氏"奶棒、豆奶、鲜奶、纯牛奶等儿童食品；杭州娃哈哈集团公司利用"娃哈哈"的声誉，先后推出"娃哈哈"绿豆沙、果汁等儿童食品。另外，像广东万家乐电器公司、健力宝集团公司、杉杉集团公司，都不同程度地运用了品牌延伸策略。

采用品牌延伸策略推出新产品，企业有可能从四个方面受益。

首先，原品牌的知名度有助于提高新产品的市场认知率，减少消费者对新产品的漠视感，降低企业促销成本，从而大大提高新产品市场成功几率。

新产品推向市场的第一步就是如何获得消费者的认知，使消费者意识到该产品的存在。因为消费者选择产品，尤其是日用消费品，总是在他或她所熟悉的品牌范围内选择，即使有些消费者偶尔尝试一下新的品牌或产品，也大多是在凌厉的广告攻势下，或在奖券销售、让利销售等促销方式的吸引下偶尔为之。如果新产品没有特别令消费者倾心的特点，缺乏后续广告的强有力支持，很难想象它能在消费者的记忆里占据一隙空间。尤其是在竞争激烈、产品趋于成熟的市场，竞争品牌数量众多，新品牌要引起消费者的注意，尤为困难。不仅如此，市场业已成名的竞争品牌，在很多情况下会成为新产品进入的强大壁垒。因为随着购买风险的增加、时间压力的增大，越来越多的消费者取向于形成品牌忠诚，重复选择某一或某几个著名品牌，因而对新产品或新品牌产生一种漠视感。消费者对新产品的这种抵御心理，使有关品牌的广告和促销预算不得不大幅提升，由此导致新产品促销费用进一步增加。采用品牌延伸策略，则可以在很大程度上解决企业所面临的上述问题。新产品借助原品牌的知名度，不仅能较快地为消费者所熟悉、了解，为企业节省大量的促销费用，同时还有助于解除消费者对新产品的戒备心理，使新产品更容易为市场所接受。

其次，原品牌的良好声誉和影响，有可能对延伸产品生产辐射效应，从而有助于消费者对延伸产品形成好感。

心理学告诉我们，人的情感归属，人对某些事物的偏爱、好恶是具有传递性的，所谓"爱屋及乌"便是这种心理状态的反映。消费者选择、评价产品时，同样遵循这一心理规律。品牌延伸中的原品牌，均是受到消费者欢迎和信赖的，消费者对这些品牌的状态态度和质量评价都比较高。消费者对原品牌的这种好感，即使是部分地辐射到延伸产品，对后者的成功也是大为有益的。

再次，采用品牌延伸策略，借助成功品牌推出新产品，使后者的定位更为方便。

产品定位实际上是在市场上为产品塑造一个独特的形象，使之具有自己的特性和个性。它是产品取得竞争优势的重要手段。产品定位往往要与产品的某些具体特征相联系，如产品的独特功能、产品的超群品质等。对于新产品，要树立这样一种品牌形象，困难性自不待言。如果企业拥有某一成功品牌，而该品牌又恰好能准确地传达新产品定位所需要的信息，新产品定位的目标就更易达到。比如"金利来"男式系列用品，无不是利用"金利来"飘逸、典雅、自信和富有朝气与追求的品牌形象，轻而易举地达到定位目的的。

最后，如果品牌延伸获得成功，还有可能进一步扩大原品牌的影响与声誉。这是因为，品牌延伸一方面能增加该品牌的市场覆盖率，使更多的消费者接触、了解该品牌，从而提高品牌知名度；另一方面，消费者使用延伸产品的良好体验和感受，有可能反过来强化对原判断认知，对提高原品牌声誉产生积极影响，使原品牌的地位不仅不会因为品牌延伸而下降，反而会因此而获得提升。

7.3.2 品牌延伸的条件

品牌延伸是有条件的，不是每一个有影响的品牌都可以进行品牌延伸，也不是每一个成功品牌都可以任意延伸到其他产品上去。一般来说，品牌延伸应考虑以下几个方面的条件。

1. 品牌延伸范围与品牌联想相适应

每一品牌，尤其是成功品牌，都在消费者心目中建立了自己的形象，消费者也将品牌与某些特定事物或属性联系起来。如："健力宝"可能与强身、运动相联系，"茅台"与高档、昂贵相联系，"金利来"与飘逸、典雅相联系。消费者对品牌的这种联想，有时对品牌延伸的成功起到积极的作用，有时则恰恰相反。这要取决于延伸产品的特性，以及延伸产品与品牌形象之间的相互适应关系。将"活力28"使用于厨房、厕所清洁剂上，或许能够成功，而使用到护肤品和香水上，恐怕就没有成功的把握。如果品牌由高档产品向低档产品延伸时，原品牌的高品质形象就会由此受到损害。如将"希尔顿"使用在酒吧、卡拉OK或乡间旅馆上，"希尔顿"的尊贵形象和地位就会受到损害。

2. 原产品与延伸产品之间应具有内在联系

原产品与延伸产品之间是否存在一种内在的联系，或者说两产品之间的关联传达如何，对品牌延伸成功与否往往具有决定性的影响。国外有关研究证明，原产品与延伸产品之间是否存在资源、技术转移关系，是否具有互补性，是消费者评价品牌延伸的两个重要因素。也就是说，只有当两产品被消费者视为具有互补性，即在共同的场合同时被消费和使用，或者与原产品开发相联系的技术、技能、知识等有助于延伸产品的制造与生产，品牌延伸才会得到认可，否则，将难以被消费者所接受。如果将某一成功的牙膏品牌，延伸到口腔清洁剂上，很有可能成功，因为人们一般会认为，一个牙膏生产厂家是有能力生产口腔清洁剂的。

3. 原品牌应给延伸产品提供一种附加值

这一点在品牌延伸决策时十分重要。所谓附加价值，就是在品牌延伸情况下消费者所感受到的利益和好处。如，因使用一种延伸产品得到的成就感、安全感、可靠感等。如果只是借助原品牌的影响，提高延伸产品知名度，而消费者提不出选择延伸产品的充足理由，也就是说，消费者感受不到品牌延伸的利益和好处，那么，这种品牌延伸，即使一开始获得成功，从长期看还是要失败的。

4. 当原品牌与某一产品联系特别紧密，甚至成为该种产品的代名词时，对这类品牌的延伸应特别慎重

因为该类品牌的显著特点，恰恰是它充当产品名称替代物的独特作用，如果将品牌延伸使用到多种产品上，该品牌的定位会日益模糊，它的原有形象会逐渐淡化。比如，当消费者说要购买"茅台"时，不言而喻，是指购买"茅台"白酒。当"茅台"延伸使用到非酒类的多种产品上时，消费者购买白酒时再说购买"茅台"可能就不适宜了。这样，由于品牌延伸，原品牌作为产品代名词的地位可能会彻底动摇，品牌定位就会变得模糊起来。

7.3.3 品牌延伸的步骤

品牌延伸一般包括三个步骤：作出品牌延伸决策、确定延伸产品领域、选择延伸产品。

1. 作出品牌延伸决策

企业在进行品牌延伸决策时，首先要树立战略思考观念，从企业长远发展的高度来审视品牌延伸决策。切不可为眼前利益，为部分产品在品牌延伸上的成功所吸引，而不顾时机、条件，盲目进行品牌延伸。因此，要正确认识品牌延伸的功能，并结合企业、品牌、产品的实际情况，权衡利弊，审慎斟酌，作出决策。

2. 确立延伸产品领域

企业一旦作出品牌延伸决策，就需要按照一定的程序科学地选择和决定延伸产品领域。每一成功品牌都有其自身的形象和特征，只有将该品牌延伸使用到与其形象、特征相吻合、相接近的产品领域，品牌延伸才更有可能获得成功。为此，进行品牌延伸时，应确定原品牌的形象特征，即原品牌具有什么样的象征意义，消费者会将它与哪些事物、属性相联系。企业可以采用联想法、放映法、比较法等多种调查技术和方法，了解消费者心目中的品牌形象。如，在给出品牌名称后，可要求消费者在一个比较短的时间里（如20秒或30秒），展开联想。请该品牌产品的消费者，回忆对这一品牌的印象；或者通过与其他品牌的比较，要求消费者指出该品牌的独特之处。通过这类调查，企业就可清楚地了解该品牌具有什么样的形象，然后

据此决定可将该品牌延伸使用到哪些产品领域。

3. 选择延伸产品

即确定将品牌延伸使用到某种具体的产品上。以"娃哈哈"为例，若儿童食品被确定为延伸产品领域，那么是将该品牌使用到糖果、饼干、巧克力、奶粉上，还是使用到有气饮料上呢？这里需要考虑两个问题。一是原产品与延伸产品在加工、制造工艺、所用原料、功能、用途、使用场合等方面，是否有一致和类似的地方，或者说两种产品之间是否存在关联性，关联程度如何。原产品与延伸产品关联性越强，消费者对原品牌的好感就越容易转移到延伸产品上，否则，这种转移或辐射效应将会受到阻碍。确定两产品间的关联性可以有多种方法，最简单的一种是列出原产品与延伸产品，然后要求消费者按关联性强弱对这些配对的产品排序。另一种方法则是将关联性进一步分解为多个具体指标，如分解为产品间的互补性、替代性，资源、技术和资产的可转移性等指标，然后要求消费者根据这些指标，对原产品与延伸产品之间的关联性进行评价。无论采用何种方法，最终总可以从已确定的延伸产品领域，筛选出一个或多个与原产品关联性较强的延伸产品。

选择延伸产品要考虑的第二个问题是，使用原品牌较之于在产品上使用新品牌，消费者的感觉会有何不同。更具体地说，消费者是否会因为新产品使用某一成功品牌，而觉得该产品质量、性能更值得信赖，是否会因为使用延伸产品而产生更大成就感和满足感。如果答案是肯定的，则该产品作为延伸产品可能是适宜的，否则，应作进一步筛选。

思考题：

1. 选择一个新品牌，运用功能性定位策略、表现性定位策略或综合性定位策略为其进行品牌定位。

2. 选择国际、国内企业品牌延伸成功和失败的案例，分析其成功或失败的原因。

第8章 行为识别（BI）策划

企业行为是企业理念的直接显现，也是企业贯彻理念和发展的基础。一个企业崇高的理念不能只是一面辉煌的旗帜，或是一句响亮的口号，它应该充分渗透到企业各个部门以至每个员工的行为中去，成为共同自觉遵守的行为规范体系，从而提高整个企业及其全体员工的素质。

8.1 企业行为识别界定

企业行为识别所涉及的面非常广泛，它大至企业决策，小至员工的岗位操作活动、对待客户的言谈举止；既指企业全体人员参与的集体行动，也可指个别员工的某一活动；既有企业对某一目标的长时间执着追求，也有临时发生的应急行为。这些都是构成企业行为识别的重要内容。

如果说，MI、VI、TI是企业个性的重要体现，那么企业各层次的行为识别同样是体现企业个性的一个不可或缺的方面。尤其对外界公众来说，企业究竟怎么做，做的效果怎么样，看的是企业行为，重视的是BI，他们往往把这看成是现实的理念。人们宁可多费思索去从实际活动中分析、判断一个企业的理念，而不愿单纯停留于企业自身关于理念表述的言辞上。

对于几乎涵盖了企业经营管理全部活动的行为识别，可以从以下四个方面进行分类，也是四种研究方法：

第一，按行为涉及的公众对象来分析，可以把企业行为分为对内、对外两个部分。

对内包括：管理干部培训制度、员工教育（服务态度、电话礼貌、应接技巧、服务水准、作业精神）、生产福利、工作环境、内部修缮、生产设备、废弃物处理、公害对策、新产品研究开发等等。

对外包括：市场调查与开拓、公共关系、促销活动、流通政策、股市对策、开展公益性文化活动等等。

第二，按行为状态，可分为静态识别和动态识别。

企业行为实际是静态行为与动态行为的统一。作为静态行为，它强调的是企业内部合理的规章制度的建立、行为规范的认定、组织结构的完善、人员素质的提高等。动态的行为则强调在企业理念指导之下，由统一的行为准则和企业制度管理规范制约下的员工，在自己的工作实践中表现出来的行为特征，着眼于企业通过实践活动反映出来的经营实态。

这种分类方法的特点是：BI 不仅要强调企业各类行为规范的建立，更应强调企业和员工在实践中的动态表现，特别重视要通过各种经营活动、公关活动所表现出来的企业动态形象。企业的静态行为识别和动态行为识别是不可分割的整体。前者是企业行为特征的凝聚，是企业长期奋斗的结晶；而后者的实质则是对企业已有形象的显现和辐射。要防止这样一些偏向，即只重视规章制度、行为规范的建立，不重视各项规章制度、行为规范的实施；只强调企业内部行为的完善与规范，不注意或不善于通过动态活动去扩散和传播这种行为的特征；只注意相对静止的环境下企业行为的优化，忽视了用动态形象去展示、优化企业行为。否则，不可能真正构成完整的行为识别体系。

第三，按行为规范性来分，可以把企业行为分为不规范行为、规范行为和创意行为。

不规范行为是指不符合企业规章制度和规范的各种行为，它阻碍着企业目标的实现，甚至对实现企业目标起着南辕北辙的作用，会损害企业形象。这是任何企业都要力求加以避免、克服的。但由于人们对企业理念理解的肤浅、行为习惯没有端正、约束不严，或者由于制定的规章制度偏于理论化、概念化、缺乏可操作性等原因，造成不规范行为的大量存在。例如，炎热季节有的员工不按规定着装，穿拖鞋、背心上班，甚至生产中光背操作；有的明知生产原料价格昂贵，对零星散失的原材料，不肯费举手之劳捡拾起来；企业内部有些部门沟通信息缺乏主动传递的积极性，等到有关部门来电询问时，只说是"忘了通报"，这才急急忙忙翻资料查数据；有的销售员工背熟了"顾客是上帝"的口号，可是当一个陌生的客人寻找到办公室，茶水也不倒一杯，把"上帝"晾在一边。

克服不规范行为是 BI 的一个重要课题，是 CI 的本质所在。

规范行为是企业从上到下各级人员、从企业大的行动到个别员工工作都按规范要求进行操作的行为。例如，有一天某饭店咖啡厅有人在谈生意，由于人多声音嘈杂，女服务员听到一位客人请对方再说一遍刚说过的话。见此，她马上和客房部经理联系，腾出一个清静的场所供客人谈话，博得客人好感。由于行为规范是经过深思熟虑并经过长期实践检验、反复修改后确定的，所以规范行为具有合理性、严密性，有利于形成良好的企业个性。强化规范行为和克服不规范行为是一个问题的两个方面，两者相辅相成。

创意行为，是企业各层次开展的新颖、奇特、别具一格的活动和不同凡响的运作方式。它是由企业具有丰富创意的各类员工经过精心策划而采取的创新行动，它可以给人以振聋发聩、耳目一新的感受。一个业绩平平的企业，通常都是缺乏创意行为的。而如果有一系列成功的创意行为，就能造成企业行为识别对外界的强大冲击力，这个企业便可能从平庸的基地上腾飞起来，创造出新的业绩，铸造令人艳羡的辉煌。规范行为虽然也能为企业树立良好的形象，是 BI 的重要一环，但它的作用远不如创意行为。创意行为在 BI 中具有更为突出的作用，堪称行为识别体系中耀眼的明珠。例如，每个企业都殚精竭虑地致力于产品营销，尤其在新产品上市时更是各显其能，但大多缺乏充满创意的营销。如果某一企业成功地采用了与众不同的销售方式，由此产生了轰动效应，其结果不仅促进了销售额的上升，人们对整个企业也会刮目相看，并从中看出企业运营策略的高明和员工独特品格。这是企业获得的另一种巨大成功。

第四，根据最新的"企业生物模型"思想，企业行为系统是分为若干层次的。我们于是可以把 BI 分为三个层次，即企业整体行为识别（Corporate Behavior Identity）、组织行为识别（Organization Behavior Identity）、员工行为识别（Personnel Behavior Identity）。这三个层次相互联系、相互促进，构成了 BI 的完整体系。本章下面将以这一分析研究方法为基础，分别展开叙述。

8.2　企业整体行为识别策划

8.2.1　企业整体行为的含义及其作用

企业整体行为是企业整体对内对外开展的各种经营活动或其他活动，以及企业领导层代表企业利益作出的事关全局性的决策、安排。企业整体行为是 BI 体系的最高层次，其结果对整个企业发生重大影响和作用，具有强烈的外向传播性。作为行为识别，公众首当其冲的是考察企业整体运营状态。因为企业运营的范围和影响远大于企业内部某些组织和个人的活动范围和影响。即使内部组织行为和个人行为偶尔发生某些失误，但只要企业行为依然能充分体现企业崇高的理念，体现企业行为固有特点，有利于实现企业战略目标，那么，公众对企业的评价和印象依然可以保持良好的状态，人们也会作出各种善意的解释。但如果发生相反的情况，势必对整个 BI 产生负面影响。

8.2.2　企业行为特质

人们把握企业行为，是从行为特质开始的。要保持企业具有鲜明的、令人耳目一新的行为识别，首先应该千方百计地去提炼企业行为特质。即从日常的企业活动中，发现、捕捉那些与众不同的成为企业行为典范的特征。行为特质具有以下三个特点：

（1）作为一种企业行为的核心，具有鲜明的优异性。它具有积极向上、促进企业发展的作用，是先进企业文化的表征，能给公众以良好的印象。

（2）这类行为已成为企业全体员工尤其是高层主管人员共同具有的习惯性行为。

（3）这种行为能与行业特点相结合，而且与其他行业也有明显的不同之处。

例如，航天科技集团公司为完善和深化企业文化建设，规范员工行为，提高员工素质，塑造国际一流宇航公司的良好形象，促进航天科技集团公司持续、快速、和谐发展，结合行业和企业特点，提出了"严慎细实，诚勇勤和"的行为准则。即严厉认真，严格要求；科学缜密，慎思笃行；认真细致，精细到位；求真务实，脚踏实地；忠诚事业，老实守信；拼搏进取，勇于奉献；勤奋工作，奋发有为；团结合作，和谐共进。

企业行为特质的形成，应该是一个"提炼"过程，并非单纯的"设计"过程，更不是简单的"移植"。因为"提炼"具有内在性，是以现实的企业行为为基础，加以总结提高，汲取外来优秀成分，坚持贯彻而形成的。这同单纯的"设计"和"移植"不同。设计是由专门的设计人员在对企业行为进行考察调查以后，进行创造性思维活动而形成的，虽然也会注意到结合实际，但最终总是专业人员的设计成果在企业中贯彻实施，这同从本企业实际总结提炼形成的行为特质终究不可同日而语。"移植"是把其他企业行为特质拿来为己所用。这种做法看起来简捷易行，其实这样做很难真正变成本企业的行为特质。正如一个人虽然可以临时模仿一下别人的言行，但很难把别人的行为习惯作为自己的行为习惯。企业行为之间也有"异体效应"，不能通过移植的手段形成自己的企业行为特质。

再则，从 CI 的本意来说，CI 的本质是对员工素质和企业行为在高水准上的同质化过程。而上述提炼过程是与此并行不悖的。

8.2.3 企业整体行为基本要求

无论哪一类企业，也无论其规模大小，要想在行为识别中给人留下好的印象，都应在以下六个方面坚持不懈地努力，以造成行为识别外向传播的张力和社会认知的清晰度。

（1）胸怀全局、立足于可持续发展。以远大目光对经营战略进行科学运筹。

（2）企业面临重大决策时，善于集思广益，凝聚集体智慧。既慎重、全面，又大胆、果断、正确、适时地作出每一项决策。不优柔寡断、谨小慎微，不贻误时机，坐失良机。

（3）始终如一地厉行诚实经营，坚持企业的根本宗旨，体现信誉第一。不作虚假承诺。凡对用户作出的承诺，保证按时兑现，不另外附加条件。

（4）忠实、积极、认真、负责地履行企业应尽的一切社会义务。

（5）做到公平竞争。与同行既是竞争者，又是相互协作交流的伙伴，勇于在企业剧烈竞争中保持发展、向上的势头，显示企业的良好声望。

（6）创造企业最佳业绩，竭力为社会创效益，为企业求发展，为职工、股东谋取利益。

8.2.4 企业整体行为规范与实施

作为企业总体活动的企业行为包括企业决策、市场营销、公共关系运作、履行社会职责、纾解危机、企业文化建设等方面。企业性质不同，企业行为的内容当然也有所不同。但以上六个方面是各类企业 BI 系统的基本方面。BI 就是要统整企业行为，使企业整体行为体现企业理念和发展战略。

1. 企业决策

（1）企业面临重大问题，决策层及时果断作出科学决策。不失时机地捕捉大好经营机遇。

（2）科学决策应按公司章程有序地进行。对各种可行方案的评价、选优，有严格论证过程，并记录在案。

（3）决策层在作出重大经营决策时，善于集思广益，汲取群众智慧，充分发扬民主。经过集体讨论，在对各种不同意见进行比较分析的基础上作出决策。

（4）重大决策及时向内部员工、股东进行宣讲，使他们了解决策，并有认同感，增强他们执行决策的信心和决心。

（5）在实施决策过程中，应由有关员工进行不间断地追踪考核。

（6）决策无重大失误，正确率高。万一失误，能够及时通过信息反馈渠道发现，并作出修正决策。

（7）决策员工对各项重大决策，在掌握全面情况的基础上深思熟虑，精心运筹。

2. 市场营销

熟悉创意营销策略的运作，能根据市场需要经常别具一格地精心设计创意营销策略，打开营销局面，充分展示企业开拓市场的实力。何谓创意营销？可以举一例子说明：2003 年 10 月 16 日，中国首艘载人航天飞船"神州五号"飞上太空，并且安全着陆。一时举国瞩目。而与此同时，印有"中国航天员专用牛奶"标志的蒙牛牛奶全新登场，出现在全国各大超市卖场。蒙牛洞察商机、善用新闻的营销速度之快，让人们感受到这家来自内蒙古草原企业的运筹帷幄。"航天员专用"广告甫一发布，蒙牛的知名度直线上升，有效地传播了这家创立仅 3 年的民营企业品牌。

市场营销作为企业行为之一，应遵循：

（1）坚持社会效益、环境效益和企业经济效益并重，以适当的价格获取适当的利润。

（2）凡销售的产品，均经过认真检查。严格按质量检验程序和既定标准，严格把关，确保产品质量和售后服务质量。

（3）诚实经营。不弄虚作假、以次充好，主动维护用户利益。

（4）做好用户意见反馈，妥善处理用户投诉。

（5）如因产品质量达不到标准，用户要求退换，则应给予退换。

（6）按合同期限发货，保证用户需要。

（7）对用户急需的各类品牌产品，积极安排生产，保证供应。不因市场紧缺哄抬物价，坚持服务为本、互利互惠。

（8）建立技术服务队，凡用户来函来电要求提供技术服务，及时派出工程人员热情服务，直至用户满意为止。

3. 公共关系运作

公共关系既是对内的企业行为，更是对外的企业行为。企业领导层以及公关人员宜精于针对企业现实的公关状态，独立地、富有创意地进行各种类型的具有一定规模和影响力的公关策划活动，增强企业形象的扩张力、辐射力度。例如，当企业需要扩大社会关系网络时，善于策划服务性公关；当企业开展舆论调查、民意测验时，善于策划征询性公关；当公众对企业行为有所误解时，善于策划矫正性公关；当企业突然发生危机时，善于策划应急性危机公关。这些充满创意的公关策划行为，是高层次的企业行为，是行为识别中的重点工程之一。

公关策划应遵循：

（1）企业全体人员应有较强的公关意识，人人注意维护企业的良好形象，妥善协调处理好内外部关系。内求团结，凝聚人心；外求发展，提高声誉。

（2）对外努力协调好同客户（消费者）、各经销网点、原材料供应者、竞争者的关系，重视同政府有关部门、金融机构、大众传媒的关系。把良好的外部公关状态视为公司生存发展的必要条件。

（3）对内坚持以人为本、以员工为本。关心人、理解人、凝聚人。

（4）坚持真诚原则。宣传报道坚持说真话，对用户以诚相待。销售产品货真价实，不弄虚作假。

（5）坚持与公众互利互惠。积极主动向内外部公众传达企业方方面面信息，实现信息双向沟通、信息共享。

（6）全体员工为创造企业良好的舆论环境献计献策、尽心尽责。

（7）重视对外宣传，最大限度地宣传报道本公司的行为特点及成果。

4. 履行社会职责

一个企业能否积极履行社会职责，是社会大众极为关心的，并直接关系到企业创造的社会效益和环境效益。公众把这一点作为检验企业行为的试金石是理所当然的。其要点包括：

（1）对生产经营以及其他行为所产生的社会影响始终负责到底，不推诿、不打折扣。

（2）积极保护环境、节省社会资源，努力开发"绿色产品"，为"绿色工程"作奉献。

（3）确保产品质量，维护消费者的安全、卫生、健康及长远利益。

（4）遵守有关规定，公关宣传活动应实事求是，不做虚假广告。

（5）按期纳税，遵守国家的法律法规，履行国家规定的一切社会职责。

（6）关心社区建设。支持、赞助地方文化、教育等各项公益事业，把这项工作列入企业发展战略规划之中。

5. 纾解危机

企业危机是生产经营的某一时刻潜藏的事关企业成败的祸机。危机既有逐渐形成的，也有突然发生的。如何面对已经发生的危机？采用什么方法纾解危机？能够充分显示出企业的整体素质和潜力的大小。巧妙地纾解危机，同时也是企业闪现其光辉的绝佳时机。对于那些有胆识、有办法纾解企业危机的企业行为，人们总是给予更多的青睐和赞赏。

（1）即使一帆风顺的发展时期，企业也要高瞻远瞩、居安思危。对应付各类危机作好充分的思想准备和物质准备，做到有备无患。

（2）当危机降临已经成为现实时，企业作为一个严密组织的群体，不惊慌失措。内部更要同心同德，同舟共济，渡过难关。企业领导应以高尚的人格力量、坚定的信念、不屈不挠的意志，凝聚全体员工的心，在困境中寻找每一种可能的转机。

（3）善于争取外部一切可能的援助、支持，充分发掘内外部有利因素，形成组合效应，纾解危机。只要有1%成功的希望，也要以100%的努力争取。

（4）深思熟虑，权衡利弊。迅速果断地决策，坚定不移地贯彻实施，脚踏实地地推动企业走出困境，化解危机。

6. 企业文化建设

企业有怎样的行为方式是企业文化的显现。反过来说，如何开展企业文化建设，其效果如何，又是引人注目的企业行为。许多企业由于在企业文化建设上独树一帜，名闻遐迩，带动了企业其他方面的建设，留给人们深刻、鲜明的印象。

（1）经常用企业文化的视角审视企业行为。在生产经营持续发展的同时，也要使企业文化建设得到同步发展，并多渠道、主动地向社会辐射、显示卓越优质的企业文化。

（2）勤于积累企业文化建设中大量成功的经验，对这些经验善于总结、提炼和理性的概括，努力把经验上升为文化。

（3）对本企业的企业文化有明确的界定，提出具体的内容。通常包括：公司内外部环境、公司价值观和精神境界、公司的英雄模范人物和先进集体、公司习俗和文化礼仪、公司的文化网络等五个方面。

（4）制定具有激励功能且切实可行的目标和基本原则。通过持续努力，使整个企业营造出团结和谐、充满朝气和活力的氛围。

（5）找准突破口。形成具有企业特色的、全体员工乐于踊跃参加的系列活动，如重大庆典活动、举行升旗仪式、全体员工佩戴统一的企业标志、高唱企业歌曲等。

（6）组织各种类型、形式多样的评比、竞赛，在企业内部形成一个个不间断的兴奋点。

（7）满腔热情地发掘、培养有突出贡献的先进典型。每年在公司范围内评选"最佳窗口"、"最佳服务员"及其他各类先进人物，广泛开展优质服务活动。

（8）大力表彰、宣传有突出贡献的优秀科技人员和管理人员。

（9）确定企业节日，如"科技节"、"艺术节"，有计划地安排各种成果展览。

（10）企业文化建设拥有高效的沟通网络。企业所属各单位能根据企业文化建设纲要，制订切实可行的计划并付诸实施。

8.3 企业内部组织行为识别策划

8.3.1 对企业内部组织行为的基本要求

企业是个大系统,公司下属的工厂、部门都是公司这个大系统中的子系统。企业行为的效率和效果都有赖于企业内部组织行为的效率和效果。企业内部组织行为不仅作为企业行为的基础而存在,它还作为 BI 系统中一个相对独立的层次,直接形成公众的某种感受和印象。因此,应对企业内部组织行为予以规范和富有创意的行为设计。对组织行为的基本要求是:

1. 重视企业内部组织结构的建设

既重视企业内部组织机构设置的健全与完善、内部制度的制订,更重视它们在实现企业总目标过程中运作的机制与效率、制度的执行情况,即不仅从静态的角度,更要从动态的角度审查企业内部组织行为。

2. 提高企业内部组织工作效率

不以机构规模,而是以组织效率作为考查内部组织行为的重点。贯常的要求是"四个"精:

精简——企业组织机构设置。

精明——各机构工作思路。

精诚——团结协作风格。

精干——各机构人数及办事效率。

3. 以市场为中心,努力为生产、销售第一线服务

工作质量高,能适应行业发展需要,适应市场竞争需要。

4. 各分支系统职责明确

善于独立发挥各自职能,创造性地实现部门目标,在企业目标系统中,充当充满活力的一个分支。

5. 纵向、横向信息沟通及时、迅速、准确

向上级报告积极、主动,向下级了解情况深入、细致、全面。善于把握第一手新鲜资料,把部门工作做得更贴近全体职工的心。

8.3.2 企业内部组织行为的规范与实施

企业内部组织机构各有职责范围。为适应工作需要,各自都会制订相应的制度或行为规范,这是 BI 的基础工作之一,显然十分必要。下面提出若干方面的行为规范,它是企业内部各机构都应遵循、贯彻的。这些规范应约束内部组织行为,以减少和避免企业内部的不规范行为,增加和完善规范行为,为设计企业内部的创意行为奠定基础。

1. 内部管理

企业内部组织良好的管理状态,井井有条的工作秩序,是组织机构良好素质的

外化，是高质量的组织行为的表征。浙江新安化工集团股份有限公司确定以下内容作为各机构的管理规范，具有代表性，可供各企业参考。

（1）发扬浙江新安化工集团股份有限公司的管理特色，内部管理严格、认真。建立完整的、系统的管理制度。各层次管理脉络清楚、职责分明、从严从细、一丝不苟。

（2）所有人员严格遵守所制订的规章制度。委派专职人员考核检查，有专门的考核方法和奖惩措施。

（3）办公秩序井然，工作人员精神集中、精力充沛，办事效率高。

（4）各处（室）窗明几净，办公桌上无杂物，桌椅摆放整齐。

（5）车间、工厂保持整洁无杂物。地面无积水、无油垢，物料摆放安全、合理，堆放整齐，取用方便。

（6）设备维护保养责任到人。设备完好率符合要求，无跑冒滴漏。

（7）工厂内道路清洁畅通，不堆放物料，不随意停放车辆。

（8）厂区内绿化，创造优美环境。

2. 信息沟通

信息沟通状况极大地影响组织行为效率。良好的组织都极为重视并做好内外信息沟通，健全迅速、准确、高效的沟通信息渠道。信息沟通的规范是：

（1）积极做好上情下达，下情上达。各组织之间主动互通情报，纵横交织成灵敏度高的信息网络。

（2）对信息的处理有规范的管理程序。信息处理手续完备，资料保存齐全完整，有先进的检索方法。

（3）讲究时效，应及时传达的信息不延误一小时，应当日传达的不隔日传达。

3. 教育培训

企业要出产品，也要出人才。一个成绩斐然的企业应该是人才荟萃的群体。企业能否进行卓有成效的教育培训，自然受到人们的关注。教育培训虽然也可以说是企业行为，但具体实施总是由职能部门分别进行的，所以以此作为衡量企业内部组织行为重要标志更为恰当。有关部门应根据企业发展的需要，制定完整的教育培训制度或规范，并以创意行为贯彻实施。上海轮胎橡胶公司有关部门积极贯彻公司人才战略目标，坚持不间断地进行人才培训教育，把名牌加人才看成是公司的未来。积极开展分层次的培训教育，努力造就既有为公司跨世纪发展而大展宏图的高级人才，又有解决企业眼前各种经营、技术难题的中级科技人才，还有在各个生产岗位兢兢业业从事具体操作的技术人员和工人，始终保持人才合理高效的梯队结构。

企业专门的教育培训机构以及其他各机构在从事培训教育工作时，应该做到：

（1）有明确的培训目标、学以致用。学员在提高业务技术水平的同时，人员素质有全面提高。

（2）有相应的场地、设备和教育培训人员。

（3）教师无论专职或兼职，均应有良好的素质。为人师表，有高度责任心，备课、授课严格认真，使培训达到好的效果。

（4）教育培训按制度有计划地分批进行，严格把握好各个教学环节。

（5）教学关系融洽，教学安排合理，工学矛盾解决好。

（6）有适合本企业培训需要的系列教材。

4. 礼仪接待

无论在哪里，人们都把礼仪、接待看成是行为识别的一面镜子。热情、周到的礼仪接待能给人留下久久难忘的良好印象。企业内部各个组织均担负一定的礼仪接待任务。接待按礼仪规范执行能充分体现自身的良好风范。

（1）获悉来访信息，抓紧做好接待准备。重大接待应制订出书面计划。明确来访目的、要求和来访活动时间安排，向有关方面预定会场，准备书面资料、饮料，安排接待人员。

（2）一般来客来访应招呼"请坐"，奉茶或递上饮料。问明来意，给予答复。专职接待员更应在仪容仪表、行为举止等方面体现本企业的接待水准，应熟悉企业经营业务发展的情况，熟练回答来访者的咨询。

（3）对重要来宾，应由接待人员在大门口迎接。一般来客可在楼厅或办公室门口迎接，微笑而有礼貌地握手致意，表示欢迎。

（4）接待人员一般应始终陪同客人，按计划程序进行会议或参观活动。

（5）接待过程中热情大方，尽可能满足来访者的要求。

（6）接待结束，应主动征询来访者的意见。重大接待除应礼仪周到以外，还应做好摄影、录像、录音，请来访者留言、题辞等工作。

5. 例会

例会是企业内部经常性活动，是处理各类问题的方式之一。企业内部各类会议是生产经营工作的一部分，应像生产经营一样讲究会议效率，像生产一样讲究会议效果。各种会议应统筹安排，做到精简并使之规范化。

（1）会议、例会应形成制度。各类会议由相应人员在规定的时间内到会。

（2）各种会议简明扼要、宗旨明确。

（3）与会者带好工作手册。会前应充分准备好有关材料和准备研究的问题。分析问题要具体深入，坚持用事实说话、用数据说话。

（4）对重大问题既要认真、细致、反复讨论，又应不失时机作出决定，避免议而不决。

（5）会议主持人应始终抓住议题，把问题讨论深透。临时发现有价值的问题，应给予注意，引导与会者讨论，提出建议或解决办法。

（6）对别人在会上提出的不同意见或批评意见，应冷静思考，可以采取保留态度，但不应有对立情绪。

（7）会议结束，应有简明扼要的归纳总结，准时结束会议。如需要发送会议纪要的，应及时整理成文，及时发送。

6. 奖惩

奖惩是企业内部组织对自我行为的反应或反馈。褒奖什么，惩戒什么，反映出人们的追求，反映人们执行制度、规范的决心。所以，奖惩是实现 CI 目标，达到内部管理和职工素质同质化的必要手段，在 BI 中具有重要意义。只有通过企业内部组织具体的奖惩行为，才能更好地把 CI 的外向传播与内向约束结合起来。

就现实情况来说，任何企业从上至下，人们的行为都不可能完全符合规范要求。对于不规范行为有无明确约束？对于规范执行各类行为规范的组织和个人有无褒奖？能否赏罚分明并到位？这些都是内外部公众十分敏感的问题。有些人评价一个部门究竟如何，便是看他们是否赏罚分明。有令即行，有禁即止，政令通畅的企业组织，往往赢得人们赞赏的目光。为了克服奖惩中的随意性，对奖惩行为本身也应有所约束。

(1) 制订企业内部的奖惩条例，做到人人知晓。通过奖惩，培养人人珍惜集体荣誉的风尚。

(2) 实行物质奖励和精神奖励相结合的原则。鼓励积极进取，惩戒消极和不负责任的行为。奖惩两个方面都要有利于增强企业凝聚力，使企业内部组织行为和个人行为趋于规范化。

(3) 设计、开展富有创意的企业文化活动，树立员工正确的荣誉观。

(4) 奖惩工作坚持民主，人人关心，积极参与。奖励不分大小，要奖得大家心服口服，奖励一个人，激励一大片；罚要罚得有根据、罚得适当、罚得当事人诚恳接受，惩戒一个人，教育全体员工。

8.4 企业员工个体行为识别策划

8.4.1 员工个体行为及其基本要求

员工个体行为是作为独立的个人在生产、科研、管理、销售活动中的言行。他们对企业目标持何种态度，执行制度、规程、守则的情况，不仅具有内在的影响力，还具有很强的外向传播性，成为外部公众对企业行为识别的一个重要方面。

某一员工个体行为的作用，诚然不及企业行为和企业内部组织行为那么重要。但由于员工人数众多，各有各的交往对象和接触范围，其影响的总和便显得相当重要了。

对员工个体行为的基本要求，亦即对全体员工的共同要求。有的以"总则"，有的以"文明职工守则"形式提出。其内容可以结合行业特点逐条提出，文字力求简明扼要，易懂易记。中国铁道建筑总公司导入 CI 时，就提出了企业员工共同行为规范：

(1) 关心政治，善于学习；

(2) 热爱企业，忠于职守；

(3) 发扬传统，勇于创新；

(4) 钻研业务，讲求效率；
(5) 团结协作，遵章守纪；
(6) 文明生产，优质安全；
(7) 艰苦奋斗，厉行节约；
(8) 仪表端正，行为规范。

8.4.2 员工个体行为规范与实施

企业中员工人数众多，所在岗位不同，对其行为的要求必有比较大的差异。如一个化学分析工和一个商品推销员工作性质不同，他们的行为不应采用同样的规范，这是一方面。另一方面，企业中具体岗位太多，也不宜对每一岗位制订一种行为规范（那是岗位操作规程的要求，两者有所不同）。为此，我们可将员工个体行为规范分为若干类型，制订相应类型的规范，作为行为识别的静态表现。其动态实施过程则按岗位类型分别贯彻。分类方法见图8-1。

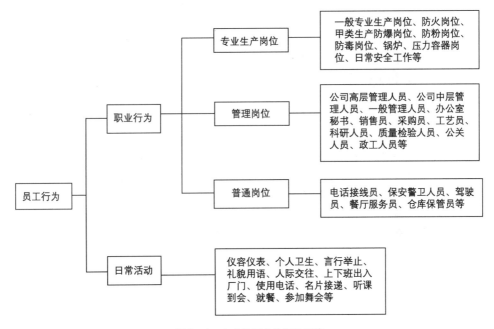

图8-1 企业员工个体行为系统

为节省篇幅，不一一介绍每一岗位员工行为规范及其实施要求。下面分别对各类岗位举一实例简要加以说明。

1. 专业生产岗位

每个行业，制造的产品和提供的服务均不一样，专业生产岗位数不胜数，这些岗位的生产操作和服务行为必然要提出特定的规范。例如，有的特别注重生产中的安全可靠性，有的尤需重视产品的卫生条件，有的岗位要求快速准确……由此形成形形色色员工岗位规范体系。他们执行这些岗位规范的动态行为也各具特色。浙江新安化工集团股份有限公司是以生产化工产品为主体的大型企业，对防剧毒要求极严。该企业对防剧毒岗位的员工行为作出规范：

（1）按规定妥善管理好毒品。领用量不超过当班的生产量，并全部投入反应锅，不得剩余。

（2）剧毒物品使用场所的操作人员必须佩戴防护用具。操作结束后，更换作业服，否则不得离开作业场所。

（3）严禁用手接触剧毒物品，不得在剧毒物品操作场所饮食或将餐具带入剧毒品场所。

（4）使用、贮存剧毒品场所，应备有解毒药品。操作人员应掌握解毒药品的使用常识。

（5）盛装有毒物品的包装箱、纸袋、瓶、木桶等必须严加管理，要统一收回，专人负责处理，不得外流或挪作他用。

（6）剧毒品报废以及废渣处理应提出申请，制定周密的安全保障措施，经有关部门批准后由专人负责实施。

（7）剧毒品的领取、投入反应锅以及残存物的处理都应严格交接手续，必须有两人在场，使用情况详细登记。必要时，应有保卫部门派员现场监督。

2. 管理岗位

各管理岗位人员行为规范可以统一制订，也可以分层次制订，分别提出高层、中层及一般管理人员的行为规范，这样更便于贯彻执行以及检查考核。从工作性质来分，管理岗位人员包括：办公室秘书、销售员、采购员、工艺员、科研人员、质量检验员、公关人员、政工人员等。对他们都应分别制订行为规范，提出实施要求，以使静态识别和动态表现结合起来。中国铁道建筑总公司高层管理人员行为规范的内容是：

（1）政治坚定，诚信经营；

（2）发扬传统，勇于创新；

（3）科学管理，民主决策；

（4）维护团结，作风正派；

（5）勤俭节约，廉洁奉公；

（6）关心职工，联系群众。

中国铁道建筑总公司机关管理人员行为规范的内容是：

（1）政治坚定，忠于职守；

（2）发扬传统，勇于创新；

（3）讲求效率，尽职尽责；

（4）精通业务，当好参谋；

（5）团结协作，遵章守纪；

（6）顾全大局，服务基层。

3. 普通岗位

普通岗位的影响并不"普通",某些普通岗位常被称作"窗口岗位"。这些岗位的员工直接与外界接触,他们的行为作为员工行为的代表,具有 BI 的典型性。他们对外的影响力度可能超过一位部门的领导。

常说的普通岗位是指:电话接线员、保安警卫员、驾驶员、餐饮服务员、仓库保管员等。应分别制订行为规范,并努力遵循。例如,上海轮胎橡胶股份有限公司电话接线员的行为规范有如下内容:

(1) 电话接线员是公司直接同外界沟通联络的人员。其岗位是对外显示企业形象的重要窗口,更应态度和霭、亲切,模范地遵循服务规范。

(2) 当收到客户要求通话的信息以后,应在三秒钟内作出反应,有礼貌地先说:"您好,上海轮胎。"听清对方的接转要求以后,迅速接转有关部门。如外线询问一些简单的问题,应热情加以解答。

(3) 如接转遇到无人受话的情况,应尽快告诉客户,并征询有无其他要求。如客户有话要求转告,应负责记录,及时转告。

(4) 用户直接询问有关问题,接线员应认真回答或接转有关人员处理。

(5) 如发生紧急情况,需要中止某人正在进行的通话,务必有礼貌地说明原因,取得对方的谅解。

(6) 电话员因故离开岗位,应有人接替,保证电话畅通。

4. 日常活动

员工在工作时间内,除了生产、服务工作以外,还有大量的非生产服务性的日常活动。这些活动,既反映了员工个人的文明程度,也是企业素质的侧影。员工日常活动文明礼貌与否,又会影响他们对岗位规范的理解和执行情况。所以,对日常活动加以规范并列入 BI 系统,实在是势所必然的。由于日常活动的行为规范适合于企业每个员工,所以许多企业导入 CI 时,都对这部分内容深思熟虑,精心设计。

员工日常活动的内容包括:个人仪容仪表、个人卫生、礼貌用语、言行举止、人际交往、上下班出入厂门、使用电话、名片接递、听课到会、就餐、参加舞会等。

对员工日常活动的规范化工作,既要依照企业制订的规范或制度执行,又不应局限于此,还应同社会精神文明建设紧紧联系起来,使两方面工作互相促进。例如,当社会各界推行文明礼貌用语时,可激励员工积极参与这一活动。当上海市政府推行市民"七不"文明规范时,应要求企业员工模范地遵守"七不"文明规范。这样,既推动了社会精神文明建设,又为企业 BI 增添了活力,丰富了内容。

思考题:

1. 举例分析企业履行社会职责的状况如何影响企业整体行为识别。

2. 用案例说明,企业奖惩等激励机制如何体现企业内部行为识别乃至体现企业理念?

第9章 视觉识别（VI）策划

视觉识别是企业理念、发展战略、品牌形象，以及行为规范的外在集中表现，构成了企业的基本气质，也是企业对内、对外广泛传播，取得大众认同的统一符号系统。视觉识别设计是 CI 策划中技术性最强的操作流程。通过视觉识别设计要在社会公众中体现出企业的良好形象。

9.1 视觉识别界定

视觉识别是在企业经营理念的确立和战略范围、经营目标制定的基础上，运用视觉传达设计的方法，根据和一切经营活动有关的媒体要求，设计出交流的识别符号，刻划企业的个性、传达企业的经营理念和情报信息，以达到企业内部、社会各界和消费者对企业产生一致的认同感和价值观的目的。

据统计，在人的生理情报的摄取机能中，视觉情报约占 80%。因此 VI 在企业识别系统中最具传播力和感染力，所接触的面最广泛，可快捷而明确地达到认知与识别的目的。因此 VI 的策划成功与否关系到整个 CI 策划的成败。

视觉识别分为基本系统和应用系统，具体内容如图 9-1 所示。

视觉识别设计不是单纯的美术设计，一方面它必须体现、表现出企业的经营理念和战略目标，另一方面无论是基本系统还是应用系统，都应该实施统一整合的过程，以使信息传达集中统一，更具认识与识别的功能。

在基本系统策划设计方面，有许多成功范例。成立于 1947 年的新加坡航空公司，一直以来以其优越的安全性能与满意的舒适性得到全世界的认可，被誉为最舒适与最安全的航空公司之一（图 9-2）。

澳门航空公司的标志象征性地体现了其企业文化，它由一朵象征澳门的莲花（代表公司的亚洲成分）和一只象征世界人民和平、友谊与合作的和平鸽组成。颜色有红、白、紫三色，其中红色和紫色是澳门航空公司的代表色。从总体上看，这一标志旨在树立一个传统与进步相结合的形象，一个澳门未来建设的根基（图 9-3）。

视觉识别(VI)策划　119

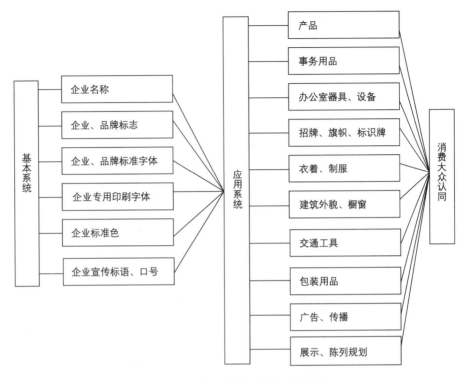

图9-1　视觉识别基本系统和应用系统

图9-2　新加坡航空公司标志

图9-3　澳门航空公司标志

　　大新华航空有限公司标志的顶端,是日月宝珠,喻意东方文化中至高至深的自然。"大新华"企业标志的环形构图,从东方文化传说中的大鹏金翅鸟幻化而成。图形按对称设计,线条流畅而锋锐,如泰山磐石般坚实而稳定,极具穿透力和扩展力。图形底部是浪花的写意表达,喻意"大新华"将一石激起千重浪,惊涛拍岸,卷起千堆雪;宣示其愿天下人和谐一家的情怀。"大新华"企业标志的色调,选定庄严的红色和暖人的黄色。红色是生命之色,是朝阳之色,是蓬勃生机之色,是永恒之色。黄色是中华大地本色,是中华远祖黄帝本色,是生生不息的本源之色(图9-4)。

图9-4　大新华航空公司标志

上海航空公司标志为展翅飞翔的白鹤，象征吉祥、如意，展翅飞翔。标志还将公司全称的英文缩写"SAL"组合进图案，鹤翅和颀长的鹤颈连成柔和曲线代表"S"，鹤头代表"A"，鹤翅和和鹤尾相连代表"L"。标志外形呈"上"字，主体色彩为大红底、白色鹤，简洁生动，视觉冲击力强，富有民族特色，易于记忆和辨别（图9-5）。

图9-5 上海航空公司标志

视觉识别的应用系统是基本系统的展开和延伸，因此应用系统必须与基本系统保持一致。

在应用系统开发方面，中国（台湾）信托公司树立了一个成功的范例。中国（台湾）信托公司在进行CI策划过程中，对职工的制服进行了统一的设计和管理。女职工在星期一、三、五着毛料红色蓝边旗袍，星期二、四、六则穿秋香色滚橄榄绿边的旗袍加外套。夏季时除款式及颜色稍加变化外，仍以旗袍的款式为主。男职员则规定冬天穿深色西装及浅色衬衫，再搭配公司制作的多款式领带，夏季则穿青年装。该公司制服的规定，体现着企业文化。公司公关部经理认为：中信托的名字原本就极为中国化。20多年来，中国信托极欲表现的就是中国人传统的"审慎、谦顺"的处事原则，因此，公司也希望藉以穿着，来表现特有的企业文化，并且加深客户对公司的信赖感和满意程度。公司认为，由于本身是金融服务单位，公司希望全体同仁对外表现出整齐、沉稳、端庄而又不失活泼的形象。他们认为旗袍的穿着，可以表达这种概念。此外，就管理及辨识的功能而言，穿着制服，也是项最为简单的方式。况且与金融企业"端庄、具可信赖感"的形象也相当贴切。

VI由企业视觉识别和品牌视觉识别构成。由于两者的策划设计方法与原则有不少共性，为叙述方便，本章侧重讨论企业视觉识别的策划设计。

9.2 企业标志的设计

标志可分为企业标志和品牌标志，是企业或商品的文字名称、图案记号或两者的结合体。企业标志是代表企业形象、特征、信誉、文化的一种特定符号。就CI设计而言，企业标志是视觉传达设计的主角，在视觉设计要素中应用最广、出现频率最高。企业标志不仅是企业与市场情报沟通与资料信息传递的核心，更是消费者对企业认知、认同的代表物。一个杰出的企业标志，会增加消费者对企业和产品的信赖感。因此，企业必须对标志进行精心的开发设计。

9.2.1 企业标志的形态分类

企业标志可以从多种角度进行分类,如根据符号学原理,可把标志分为两大类,即表音符号和表形符号;而按形式则可分为字体标志、图形标志和组合标志。

1. 字体标志

所谓字体标志,是指以特定的、明确的字体与字体造型或字体所衍生出来的图案作为企业的标志。其中,中文、英文大小写字母、阿拉伯数字等,都可作为字体标志的设计要素。

字体标志简洁而表现力丰富,可利用字母或文字的变形和排列来加强标识性,尤其与企业名称相同的字体标志同时具有两种功能,不仅传达了企业名称的信息,而且又具有图形标志的功能,以达到视觉、听觉的同步扩散效果。如美国迪斯尼公司和北京全聚德的标志(图9-6、图9-7)。

图9-6 迪斯尼标志　　　　图9-7 全聚德标志

2. 图形标志

所谓图形标志,是指通过几何图形、图案或象形图形来表示的企业标志。

图形标志形象性强,通过简洁的线条或图形来表示一定的含义,同时也可以利用丰富的图形结构及其结构组合规律来表达某种含义,还可充分研究几何图形的点、线、面等变化,设计出具有高意境、寓意丰富的标志。但图形标志不利于人们把企业名称和标志联系起来,因此图形标志一般最好能配以企业名称,如美国通用电气公司和五粮液集团的标志(图9-8、图9-9)。

图9-8 通用电气公司标志　　　　图9-9 五粮液集团标志

3. 组合标志

所谓组合标志,是指字体与图形相结合的企业标志。组合标志集字体标志、图形标志的优点于一体,同时克服了字体标志形象不突出、标识能力弱的缺点,以及图形标志难以反映企业名称的不足。因此，在实际设计中，组合标志大量被采用。如法国航空公司和我国香港港龙航空公司的标志（图9-10、图9-11）。

图9-10　法国航空公司标志　　　　　图9-11　港龙航空公司标志

9.2.2　企业标志的设计原则

企业标志的设计要分析研究消费者与生产者、经营者，人与物，企业与人，产品与市场之间的关系，一般应遵循以下原则：

1. 企业标志设计应能集中反映企业经营理念

在标志设计中，企业理念占有相当重要的地位。企业理念是企业经营宗旨、企业经营方针、企业价值观、企业精神的高度概括，企业标志必须具有精神内涵，并能集中反映企业理念。如果企业标志只是一个简单的符号或图形，企业经营的内涵无法通过标志有效地进行传达，也就不能激发大众的认同。这样的企业标志往往徒具形式，影响其发挥应有的效用。

国内外许多设计成功的企业标志，都能充分表达自身企业的经营理念。如中国国家电网公司，球形的标志涵盖了国有大企业无限发展的特征，突出了企业实力；圆形图案是企业团结、力量的象征，又寓意在新的市场格局中，企业与客户互惠互利，共同发展的和谐关系；纵横相交的两组经纬代表了国家电网公司"经营电网"的核心业务，也寓意能源安全、合理、及时的传输；标志的标准色为深绿色，代表国家电网公司向社会提供的是洁净能源；标志外环是企业的名称。这种国际化的组合赋予标志极大的亲和力，视觉效果友好、真诚，突出了企业服务的性质，树立了良好的社会形象（图9-12）。

图9-12　中国国家电网公司标志

中国电信新标志整体造型质朴简约、静动相生、线条流畅、富有动感。字母趋势线的变化组合具有强烈的时代感和视觉冲击力，传达出一个现代通信企业的崭新形象。整个标志以字母C为主体元素，两个C在明快的节奏中交织互动，直接代表着"中国电信集团公司"，同时共同组成了一个运动的"中"字。两个开口的字母C向远方无限延伸，仿佛张开的双臂，又似地球的经纬，传递着中国电信的自信和热情，象征着阔达的胸襟、开放的意识、长远的目光和豪迈的气势，意味着四通八达、畅通、高效的电信网络连接着世界的每一个角落，服务着更多的用户。

C作为英文"用户、企业、合作、竞争"的第一个字母，它的交融互动，也强烈表达了中国电信"用户至上，用心服务"的服务理念，体现了与用户手拉手、心连心的美好情感。同时也蕴含着中国电信全面创新，不断超越自我，以更宽广的胸怀与社会各界携手合作，共同促进中国信息产业进步和繁荣的良好心愿。而高高挑起的两角，似简洁而充满活力的牛角和振翅飞翔的和平鸽图案，既体现了中国电信脚踏实地、求真务实、辛勤耕耘的精神，又展现了中国电信与时俱进、蒸蒸日上、蓬勃发展的良好前景（图9-13）。

图9-13 中国电信标志

2. 企业标志的设计应独具特色、个性鲜明

企业标志的功能之一是传达企业的独特性格，使社会大众识别企业的独特品质。因此，在设计上必须匠心独运、别出心裁，使标志富有特色、个性鲜明，以便与其他企业标志区分开来。

中国建设银行的标志，以古铜钱为基础的内方外圆图形，有着明确的银行属性，着重体现建设银行的"方圆"特性。方，代表着严格、规范、认真；圆，象征着饱满、亲和、融通。图形右上角的变化，形成重叠立体的效果，代表着"中国"与"建筑"英文缩写，即：两个C字母的重叠，寓意积累，象征建设银行在资金的积累过程中发展壮大，为中国经济建设提供服务。图形突破了封闭的圆形，象征古老文化与现代经营观念的融会贯通，寓意中国建设银行在全新的现代经济建设中，植根中国，面向世界。标准色为海蓝色，象征理性、包容、祥和、稳定，寓意中国建设银行像大海一样吸收容纳各方人才和资金（图9-14）。

图9-14 中国建设银行标志

中国石油的标志色泽为红色和黄色，取中国国旗基本色并体现石油和天然气的行业特点。标志整体呈圆形，寓意中国石油国际化的发展战略。十等分的花瓣图形，象征中国石油主营业务的集合。红色基底凸显方形一角，不仅表现中国石油的雄厚基础，而且寓意着中国石油无限的凝聚力与创造力。外观呈花朵状，体现了中国石油创造能源与环境和谐的社会责任。标志中心太阳初升，光芒四射，象征着中国石油蓬勃发展，前程似锦（图9-15）。

3. 企业标志设计应简洁、凝炼，富有感染力

企业标志不仅是大众辨别企业的一种代表物，也是提升企业形象的广告手段。因而在标志设计上应简洁明了、单纯醒目，易于传播、易于识别和记忆，并在创意、色彩、构图等方面都应出奇制胜，制造具有强烈感染力的视觉效果，使大众引起注意，过目不忘。如NIKE和英国航空公司的标志（图9-16、图9-17）。

图9-15 中国石油标志

图 9-16　NIKE 标志　　　　　　图 9-17　英国航空公司标志

我国有不少企业或以图画为标志，线条繁复曲折，或文字、或符号，唯恐不够全面，在极为有限的平面内，面面俱到，让人看了眼花缭乱，不得要领。这些都是企业标志设计中应注意改进的方面。

4. 企业标志设计应做到造型优美精致，符合美学规则

企业标志既是企业识别的符号，又是一种视觉艺术。接收者进行识别的过程同时也是审美的过程。如果一种视觉识别缺乏美感及艺术感染力，不能唤起接收者的美感冲动，则识别的作用就无从谈起。因此，企业标志必须具有优美精致的造型，以传达善良美好的寓意、新颖别致的构思。同时还必须使符号的形式符合大众的审美心理，展示美的魅力，给人以美的享受。

就标志设计而言，美学的规则一般包括统一与变化、对称与均衡、节奏与韵律、调和与对比、比例与尺度，以及色彩的联想与抽象的情感等。比如，注意造型的均衡性，使图形给人以一种整体紧凑、强势的感觉，保持视觉上均衡，并在线、形、大小等方面作造型处理，使图形能兼及静态美。不过，美学的规则只是艺术创造的基本规律，不能过于拘泥。上海银行标志上部的"金三角"象征上海外滩金融街，又有积累财富之意；下部深蓝图形为抽象的 S，创意于 Shanghai，同时，又暗合上海浦东新区的陆家嘴金融贸易区地形。外滩金融街与陆家嘴金融贸易区遥相对应，巧妙、简洁地勾勒出上海国际金融中心的未来，也正好应合了上海银行明显的地方属性。标志造型优美，符合美学规则（图 9-18）。

图 9-18　上海银行标志

此外，企业标志的设计还应注意民族习惯和民族心理的差异性，同时还应符合时代潮流，力求体现企业的时代精神。

9.2.3　企业标志的设计方法

企业标志设计方法多样，主要有象形法、象征法、标识法和会意法四种。

1. 象形法

象形法常用象形图案直接表现企业经营内容、产品特性、服务项目等，使人对企业的主要经营范围容易理解。

这种设计方法比较简明了，适用于产品和经营项目等内容比较单纯、且容易表达与辨别的企业。如果内容过于繁多复杂，则很难用此法加以完善的表达。因此象形法有较大的局限性。

2. 象征法

象征法是一种高度概括的、有象征意义的几何图形和色块或抽象图案表现企业特征性质的手法。

这种设计方法是根据企业特征来建立标志形象的。用这种方法设计的标志，在传播行为中与语言符号有较大的差别，它富于含蓄性和感染力。它所表现出的企业理念、企业特征是很难在接受者大脑中直接完全复制出来的。因此，在设计时，要善于抓住企业标志的典型视觉特征。

许多著名的企业标志都成功地表现出这种典型视觉特征。我国香港凤凰卫视的标志寓意丰富，一凤一凰，一阴一阳的两个主体像两团燃烧的火，极富动感地共容在一个圆内，既具直观性又有象征意味。凤尾和凰尾突出开放的特点，两个主体之间绝没有堵的感觉，是通气的。中国人自古将凤凰视为吉祥如意、和平安康的象征。借凤与凰的阴阳交会，预示东西方文化、传统与现代文化的一次历史性的整合重组。设计上既突出交会，更注意围绕一个'开'字做文章。"一个"开"字展示了"凤凰"未来发展的前景。凤凰卫视立足香港，在沟通大陆、香港、台湾的同时，不仅将历史悠久，博大精深的中华文明传播给世人，更帮助中华民族以更加开放的思维和开阔的视野去认识这个纷繁多姿的世界。"开拓新视野，传播新感受，记录新生活，创造新文化。"这正是凤凰卫视的使命（图9-19）。

图9-19 凤凰卫视标志

象征法较容易表现企业的效能、优质、智慧、高精尖等特征，因此更适合产品领域比较广阔的企业。如日本美能达公司标志中间的五道横贯细线，精巧而细致，表现出照相机的精致和电子工业的高精度技术（图9-20）。

图9-20 美能达公司标志

3. 标识法

标识法指直接运用一些字体符号或单纯的图形作为标志的方法。一般所用的字体往往是企业名称或是企业名称字头的缩写。

李宁体育用品和麦当劳标志堪称代表。李宁标志主色调为红色，造型生动、细腻、美观，富于动感和现代意味，充分体现了体育品牌所蕴涵的活力和进取精神（图9-21）。麦当劳黄金双拱门M标志，简明易记，像两扇打开的黄金大门，象征着欢乐与美味（图9-22）。

图9-21 李宁标志

图9-22 麦当劳标志

美国IBM公司标志也是运用这种方法设计的。

这种方法在向大众显示其视觉标志形象的同时，强调了企业名称。不足之处是比较单调，含义不够丰富，所以采用这种方法设计时，为了加强其标识性，常常在字形结构、字体组合以及装饰点缀或色彩上下功夫，力求突出情致性和趣味性。

4. 会意法

会意法是指借图形形象从侧面表达或引申企业的特性、传递形象的方法。采用这种方法设计企业标志时，要把握"准确"、"精妙"等要点，否则，容易削弱主题，从而产生歧义。

上述设计方法，只是就一般意义上加以划分，在实际设计中，往往是多种方法综合运用。

在具体设计操作中，还有一个问题特别值得注意，即点、线、面的巧妙组合。企业标志固然要求简洁凝炼，但若简单得让人不知所云、莫名其妙，那就适得其反了。在世界著名标志中，人们几乎看不到过简的图形，如几何意义上的一条直线或直线的简单交叉、圆形、三角形等，因为这种缺乏设计的简单线条或图形，缺乏应有的内涵和特征。而只有在设计中将点、线、面巧妙组合，才能使设计的企业标志达到理想的功能。

点，难以构成独立形象，但如果配合起来可产生集中力、呼应感和流动感。

线，常能产生流动、速度、力量、静止、稳定、柔和等多种感觉。曲线给人活泼感和运动感；弧形曲线在画面上给人以光滑、流动和柔软的感觉，如可口可乐的弧线使人想到流水和宁静、清凉等；螺旋曲线能增强运动的快感；蛇形线缓慢扭动，韵律感强；而直线则给人以有力和单纯的感觉；水平线给人以平静、安祥之感；垂直线使人感到雄壮、向上；斜线给人不稳定、向前运动之感。

面，是指由图形组合而成的平面或立体效果。

点、线、面的巧妙组合，能构成独特的图形，收到奇妙的视觉效果。

9.2.4 企业标志设计的步骤

企业标志只有得到消费者的认同才能发挥其应有的功效。因此，企业标志设计过程必须围绕消费者这个核心来进行。

1. 策划构想

即由公司企划部门或 CI 设计公司，根据企业经营实况、企业的目标形象，以及标志设计的原则，确定标志设计的基本要求，并据此设计出若干套备选方案。

为使设计出的标志能为消费者所接受，在策划构想阶段应进行市场调查，内容主要包括公司旧有标志、竞争企业标志、企业知名度、市场占有率和消费者偏好等。

在确定了标志设计基本要求之后，也可通过向社会征集的形式来获取备选方案。具体做法是，在媒体上发布征集标志的广告，说明获奖者的报酬或奖金、企业及产品的基本特征、标志设计的基本要求等。这样做不仅可以集思广益，更重要的是可以知道消费者的偏好。产品是为了给消费者消费、使用的，标志是为了方便顾客对商品的辨认和挑选，因此，从一开始就必须重视消费者的意见。

在此以后，对收集来的标志进行研究、分析。这种分析的重点是找出消费者的共同需要。此时主要是对采集的方案进行大致分类，淘汰那些明显不合情理的方案，留下若干备选方案。

2. 评价选择

是指对标志的备选方案加以评价，并作出选择。这种评价是采取专家分析法，而不是由领导一锤定音。可以通过召开专家座谈会的形式加以实施。专家分析，要兼顾各方面的意见，绝非公司内部人员意见的汇总。

3. 测试分析

就是根据评价结果和市场状况，对重点的几个备选方案进行消费者测试，最终决定入选方案。1970 年，可口可乐公司决定更改标志，委托著名的 L&M 公司进行筹划。用了几个月的时间，可口可乐公司决策者们才从数以百计的设计方案中选出理想方案：正方形中配置 Coac–Cola 书写字体的标准字体，使瓶子特有的弧线轮廓象征化，造成缎带般的线条感。随后对其进行大规模的测试，整项设计经过市场调查、设计开发及反复测试修正，直至最终采用，前后历时 3 年。可口可乐的实例说明测试对决策的重要性。

测试方法被广泛应用，已形成较为科学并通用的程序。一是记忆测试，即确定标志在卡片上，各自以限定的时间，快捷地一一呈现给接受测试的目标消费者，然后请他们在限定的时间内说出所记住的标志。若同时说出好几个，则应按先后顺序判定记忆强调的差别。二是偏好测试，即确定哪一个标志最受欢迎。具体做法有两种，一种是强制单选法，即强制受测者必须选出一个最喜欢的标志。另一种是评分多选法，即让受测者按一定的标准为每个备选方案打分，获分最高者就是最受欢迎者。三是联想测验，即确定标志给消费者留下的印象。具体方法是让受测者在限定的时间，针对每一个候选标志，写出或说出联想到的物品、人物、观念等，选择那些与企业定位、产品定位一致的标志。

4. 调整决策

测试结果出来后，需进行进一步的分析与研究，才能作出准确的判断。有时，一个小的因素就可能使一个优秀的方案搁浅。因此，对方案作些适当的调整与修改是必要的。其中标志的视觉调整，具有很强的专业性，也最能反映设计的专业化水准。

标志的视觉调整，是为了取得某种视觉和谐或对比而作的图形微调。例如，奥林匹克五环标志是由红黄蓝绿黑五种色环组成的，设计意图必须使五个色环最终具有相等粗细的视觉效果。然而在实际制作时，若以红色宽度为一个单位，设计师加粗了黄环的宽度（1.3 单位），而减细了黑环的宽度（0.92 单位）。其原理是在白色背景上，黑色因对比较强在视觉上具有扩张性，相反黄色则因对比较弱而具有收缩感，不同色取不同宽度以求平衡（图9-23）。

图9-23　奥林匹克运动会的五环标志

另外，在字体书写上的很多原理都与图形的视觉调整有关，如"上紧下松"、"内紧外松"、"进格出格"等，都可活用于标志设计。

另一类调整与印制条件有关，其中最多的是印刷工艺。例如，美能达标志其基本形态为椭圆形中水平贯通的5条中间略粗，两端略细的细线，具有光效应效果。为了确保标志在小尺寸印刷时不使5条白线粘连模糊，精心设计了两种变例：一种将5条白线略微加粗，使整个线条区域相比椭圆形的比例有所增加，应用于高度在8厘米至13厘米之间的场合；另一例不仅使线条的高度比前一例更高些，而且将白线减少至4条，应用于高度在5厘米至6厘米之间的场合。这样不仅保证了标志在小尺寸使用时的印制质量，同时也保持了标志在不同场合给人的基本印象的统一。

5．标准制作

标准制作是指设计方案确定以后，依方案绘制标准制作图。由于现代标志的使用范围十分广泛，大至几米乃至几十米的户外装置，小至几厘米乃至更小的应用，设计师必须考虑标志的适应性及其与标准字的组合弹性，同时为了确保标志在不同场合使用中的准确性和一致性，必须绘制标准制作图。

标准制作图，顾名思义，是标志视觉形态的严格规定。它的作用和要求是，在任何情况下都能以之为根据进行准确复制和还原。因此，标准制作图必须给出标志的详细尺寸和数据，如各部的比例、关系、圆心、半径、弧线的起止和连接及弧长，以及种种视觉调整的细节等。

标准制作法最常用的有两种：网格标识法和比例标识法。

网格标识法是将标志绘制在网格上，用网格的基本单位将图形明确标识的方法。网格的大小、疏密可以根据实际需要设定。网格的设计以如何能够简洁、明确解释图形为目的。

比例标识法则取图形某一基本元素作为标识单位，依次注明各个部分的相应比例。如前述的奥林匹克五环标志的设计方法。

9.2.5　企业标志的发展趋势

科学技术的发展、社会的进步、文化的变迁，在企业标志的设计上也产生了回应。国内外大型企业为求把握时代精神、追求卓越，将原有标志加以修正、变更的案例屡见不鲜。世界各国企业标志设计呈现新的特点，即"感性凌驾理性的企业标志发展新趋势"。具体表现在以下几个方面。

1. 字体标志

是指以特定的、明确的字体造型或字体所衍生出来的图案来作为企业标志。

当今处于信息时代，信息泛滥。因此，信息传递，要尽可能愈精简、愈直接愈好。在此趋势下，字体标志应运而生且备受重视。尤其是与企业名称相同的字体标志，虽然它只有一个设计要素，却同时具有两种功能：不仅传达了企业名称的信息，而且具有图形标志的功能。

2. 由繁入简

现代社会，生活节奏加快，各种信息的传递也讲求即时、快速的效率。过于繁琐复杂的图形难以辨识，因此图形、图案的简洁化、抽象化，便成为企业设计的趋势之一。

3. 从二维空间到三维空间的立体效果

过去人们较习惯作二维空间平面图形的思考，而目前已开始从平面图形中发现立体空间的视觉效果。

4. 从理性图形到感性图形

从目前市场流行的消费习惯来看，已从理性消费阶段的强调均一化、普遍性与功能性，向强调个性化、多样化、差别化以及更富人性化的感性方向发展。因此企业标志的设计也顺应时代潮流，正在发生同样的转变。

以日本服务业为例。由于日本消费市场的发展变化，服务业的经营重点已转为满足消费者的感性需求。因此服务业企业形象的塑造与表现，很自然呈现充满生气勃勃、自然活泼的个性化，借以表达服务业感性、温馨、热情的服务品质。如富士产经传播集团率性、童趣的大眼睛标志，大同生命保险公司的人形标志等都反映了标志设计由理性到感性的趋向。

9.3 标准字的设计

标准字是指经过特别设计的文字，用来表现企业名称，并统一用于企业各种宣传媒介（标志、广告、事务用品等）上。

标准字是 CI 设计的基本要素之一，作为一种符号，和企业标志一样，能表达丰富的内涵。由于企业经营理念和内容不同，加之设计者各具妙思，使标准字的设计呈现多姿多彩的形态。即便是相同的企业经营理念，也可以借助于不同字体的识别作用，给人以完全不同的印象。

标准字既然是企业名称或产品名称的表现符号，企业名称就是设计标准字的基础。因此，本节将重点讨论企业命名的原则、三位一体策略、中英文标准字的设计方法、标准字的管理。

9.3.1 企业命名的原则

日本索尼公司创始人盛田昭夫曾经说过："企业应取一个响亮的名字，以便引起顾客美好的联想，提高产品的知名度与竞争力。"可见，确立企业或产品的名称极为重要。

企业命名并无固定章法，但总结世界上许多著名企业的名称，可以得出一些共性的东西，作为企业命名的一般原则。

1. 易读易记

这是对名称的最基本的要求。名称的首要功能是它的识别功能和传播功能，要让消费者和社会大众很容易通过其名字来识别该企业或产品，并且能通过各种宣传途径广为流传。因此，企业名称应当易辨认、易书写、易阅读、易口传、易记忆。

首先，企业名称必须容易发音、朗朗上口、读音响亮，避免使用拗口的字词。如音响名流健伍（KENWOOD），原名特丽欧（TRIO），改名的主要原因便是 TRIO 发音节奏感不强，尤其是最后的"O"的发音，使整个名称的发音"头重脚轻"，削弱了名称的气势。从世界著名企业的品牌来看，语感、音感是非常重要的。从英文语音学来说，"K"音、"P"音等能给人留下较深刻的印象，如 CocaCola、Kodak、Pepsi 口乐、Playboy 服装、Colgate 牙膏等。

其次，企业名称必须简明易记，名称越短越有利于记忆、传播。世界名牌企业的名称，以两三个音节为最多，如万宝路、柯达、索尼、百事、IBM、NEC、三洋、宝马等。

2. 独具个性

企业名称应具备独特的个性，力戒雷同。如日本的索尼公司，原名为"东京通讯工业"公司，本想取三个字的第一个拼写字母组成 TTK 作名称，但这类公司已有不少，如美国的 ABC、RCA、AT&T 等，于是通过研究发现，拉丁文中"SONUS"可能是英文"SOUND"（声音）的原型；另外，"SONNY"一词也很流行，意为"可爱的小家伙"，正好具备他们所期待的乐观、开朗的含义。最后将其变形为"SONY"，更具特色。

我国也有许多企业名称独特，如"分众"传媒、"正广和"、"华联"集团等。但也有众多的企业名称相同或相似。如"长城"、"中华"等都是重复率很高的企业名称，而以某一地区名称命名的企业在该地区更是十分普遍。企业名称无特色，是塑造良好企业形象的障碍之一，也不利于设计独具特色的企业标准字。

3. 内涵丰富

企业名称要求简洁明快、易读易记、独具个性，但并非只是追求形式上的标新立异，而是要求具有丰富的内涵。

首先，企业名称要与企业的经营范围、经营理念、服务宗旨、经营目标等相一致，并有所反映，这样才有助于企业形象的塑造。如蓝岛大厦的"蓝岛"两字，含有"蓝色海洋中的一座岛屿"之意，给人一种宁静、祥和之感，为人们提供一方憩息之地，向消费者倾出"蓝岛之情"，从而树立起良好的企业形象。"伊利"、"蒙牛"等都在一定程度上说明了企业经营范围和产品性能。

其次，企业名称要能启发联想，即赋予名称一定的寓意，让消费者能从中得到愉快的联想。如提起"雀巢"这个名称，就使人想到待哺的婴儿、慈爱的母亲和健康营养的食品。而"奔驰"则与速度、高贵、风光联系在一起。生产食品的"梅林"集团的名称，让大家想起"望梅止渴"，使人生津开胃，食欲大增。

4. 适应性强

企业名称既要考虑民族的文化特征，也要考虑企业迈向国际化经营时目标市场的文化特征，包括宗教信仰、风土人情、民族心理、价值观念、传统习惯等。因此，企业在不同的国家和地区应有相应的适宜的名称。如 GOIDLION 由"金狮"改为"金利来"，就是考虑到华语国家和地区的文化特点。Coca-Cola 如不考虑目标市场文化特点，直译出来，将是一个十分蹩脚的名称，一旦命名"可口可乐"，则尽显汉字魅力，收到极好的视听效果。

企业名称的适应性不仅表现在空间上，而且也体现在时间上。一方面要考虑企业的经营范围的扩大，避免过偏和缺乏弹性；另一方面也要考虑时代的发展变化，作出适当的回应。

如台湾省"味全"企业，原先经营味精，后来经营范围扩展至乳品、果汁、酱油、酱菜食品及罐头，但由于"味全"这一名称具有较强的弹性，适应性好，仍然可以涵盖企业经营领域。因此使企业的发展蒸蒸日上。

总之，企业名称应当是"音、形、意"的完美结合，不能有所偏废。只有这样，才能成为企业标准字的设计提供一个良好的基础，有利于企业形象的塑造与传播。

9.3.2 企业名称的"三位一体"策略

过去，许多企业在使用名称时，常常采用多维方式，即企业名称与产品、商标分离，而且不同的产品又有不同的名称。这种方式虽然能使企业降低经营风险，但却存在许多不足之处。尤其是随着信息时代的到来，这种使用多种名称的方式越来越不适应信息时代的传播。

"三位一体"策略就是将企业、品牌、商标三者名称统一，以获得单一名称的张力，增强名称的传递力。这一策略的运用将在第 11 章中详细阐述。

9.3.3 标准字的设计方法

在设计标准字时，必须注意标准字与企业形象战略相一致。对标准字设计的总体要求是除设计需符合企业形象外，还应注意名字间的协调配合、均衡统一，以及具备美感和平衡。

1. 中文标准字设计

汉字字体形式意味丰富，书法源远流长，风格各异。在设计中文标准字时，要根据企业的经营特性以及消费者对各种字体所能产生的印象和对商品的联想，选择最有表现力、最适当的字体形式。

汉字可分传统书法和现代美术字体两种形式。传统书法又分篆体、隶体、行体、楷体四种。篆体历史悠久，往往能唤起人们的怀古之情；隶书有古朴之感，比篆体稳重、大方；楷体的特点是端庄、清晰；行体的特点是流利、活泼。现代美术字体运用最为广泛的有宋体、仿宋体、黑体和变体等。其中，宋体显得庄重，仿宋体较为刚劲、秀丽，黑体粗壮有力，变体生动活泼、形式多样。

设计中文标准字时，可根据企业形象定位、结合字体的表现力来选择，如广东固力制锁集团的标准字采用黑体，显得稳固、有力，反映了制锁企业的特点。

台湾省东帝士企业也采用美术字体，笔划刚柔相济、清秀而有力度。

2. 英文标准字设计

英文字母的变形同样富有各种意味。其字体变化多样，可分正体、黑体、斜体和变体等多种。正体笔划有粗细和方圆变化，端正大方，给人以庄严、优雅的印象；黑体笔划粗细一致，粗壮有力，十分醒目；斜体使画面活泼，产生流动感；变体则种类繁多，生动活泼，很有表现力。

在当今企业经营具有国际化趋势时，英文标准字的设计会强化国际化风格与高品质特性，以表现出追求卓越的企业风范。尤其近几年来标志设计趋向之一——字体标志，具有视觉同步扩散、直接说明的特性，其作用已不亚于图形标志，因而英文标准字的设计与运用显得格外重要。如 BOSS、PORTS（宝姿）、Hyundai（现代）、Samsung（三星）、LG、Nikon（尼康）、Honda（本田）等公司的企业标志就是标准字。

9.3.4 标准字的管理

为了使标准字适用各种视觉传播媒介，保证缩小或放大标准字后视觉效果保持一致，因而在设计标准字时，应对其造型比例、线条粗细、空间距离等作一定的修正。如美国一家经营食品、面粉加工的 Con Agra 公司在设计标准字时明确规定，标准字可以呈水平或垂直书写，但是分为两行时，则只能采用水平方式；关于字体的改造、艺术性的弯曲、模仿性的重描等，均作了说明。

在标准字与企业标志、企业名称等要素组合时，应对位置安排、距离远近、大小尺度和角度等详加规定，以保证企业各要素组合的统一及标准化。

为了防止企业形象的不良扩散，对于企业标准字组合运用可能发生的错误，应在设计时用具体的图例加以标示，供日后应用要素设计时参考。如 CITIBANK 银行在设计标准字时，列举了禁止使用的范例。

9.4 标准色的设计

标准色是企业指定的某一特定的色彩或一组色彩系统，它广泛地应用于企业标志、广告、包装、服装、事务用品等应用要素上，透过色彩具有的知觉刺激与心理感应，表现企业的经营理念或产品的内容特性。标准色具有强烈的识别效果，是 CI

设计中重要的基本要素。

9.4.1 色彩的表现力

色彩是一种符号,是一种立即和率直的语言。不同的色彩及其组合,具备不同的象征意义,能表达不同的性格、情绪,对大众心理产生不同的影响。

1. 红色

它是一种刺激性特强、引人兴奋并能使人留下深刻印象的色彩。由于红色对人的视觉刺激强,同时又容易使人联想到血液和火焰,所以红色代表生命、热烈、活跃,饱含着一种力量、热情、方向感和冲动。许多企业都以红色为标准色,正是利用其视觉上巨大的冲击效果。如李宁运动用品的红色标志,给人留下深刻印象。

在我们传统观念中,红色又往往与吉祥、好运、喜庆相连,红色成为一种节日、庆祝活动中的常用色。然而在某种情况下,红色又使人产生恐怖、危险乃至骚动不安的感觉。当红色对比条件发生变化时,其自身性格也会发生相应的变化。

在深红色上的红色能起到平静和熄灭热情的作用。

在绿蓝色上的红色,像炽热的火焰。

在黄绿色上的红色,变成一种冒失、鲁莽的闯入者,激烈而不寻常。

在柠檬黄色上的红色,呈现出一种深暗的受抑制的力量,被象征着知识的黄色的力量所控制。

在橙色上的红色,似乎奄奄一息,暗淡而无生气。

在黑色上的红色,会迸发出最大的不可征服的激情和力量。

2. 橙色

它是黄色与红色的混合色,也是属于激奋色彩之一,代表温馨、活泼、充足、饱满、健康、向上、兴奋、热闹,使人感觉明快、温暖而又柔和。橙色是色彩中最温暖、最富有光辉的颜色,易于被人们所接受。一些成熟的果实和富于营养的食品多呈橙色,这种色彩又易引起营养、香甜的联想,并能刺激食欲。实验证明,橙色能使人血液循环加快,在橙色室内工作的人比在蓝色房间工作的人,对温度的感觉升高3度左右。

但橙色一旦淡化时,很快就会失去生动的特性。白色与其对比,就会使其显得苍白、无力;而黑色与之混合时,它又会衰退成模糊的、干瘪的褐色。加深的橙色能取得最大的温暖、活跃的视觉效果。

3. 黄色

它是一种快乐带有少许兴奋性质的色彩,代表光明、辉煌、醒目、高贵,使人感到愉快、年轻和充满活力与希望。黄色被公认是印象强烈的色彩,是非常明亮和娇美的颜色。如麦当劳的金黄色M就具有鲜明的识别性,具有极强的视觉效果。

黄色在不同的搭配中,会给人以不同的感觉。

白底上的黄色,看上去暗淡而无放射光,白色将黄色推到一种从属的位置。

橙色上的黄色,更显黄色的纯、亮,这两种色彩搭配,使人联想到灿烂的阳光照耀在成熟的麦田上的情景。

绿色上的黄色，使黄色射向外部，更具亮丽色彩。

蓝色上的黄色是辉煌的，然而不协调。

红底上的黄色，欣喜而喧闹，显示出辉煌的知识与信念。

黑底上的黄色，达到了最明亮、最有进取性的光辉度，这时黄色是有力的、强烈的。

4. 绿色

这是介于黄与蓝之间的色彩，既有黄色的明朗，又有蓝色的沉静。纯粹的绿色，使人稳定而平静，并有助于消除视觉的疲劳。绿色给人一种如同自然界那样的清新感，显示出一种青春的力量，具有旺盛的生命力，给人以活泼、充实、平静、希望以及知识和忠实的感觉。同时它又象征和平、安全。如中国农业银行，采用明亮的绿色，富有生命感。

绿色的转调领域非常广阔，可以借各种色彩对比，表现不同形象。

黄色上的绿，产生明快感觉。

灰色上的绿，产生悲伤衰退感。

橙色上的绿，把绿色活力增加到最大限度。

蓝色上的绿，具有端庄的效果。

黑色上的绿，形成稳定、浑厚、高雅和冷漠、郁闷、苦涩的感觉。

5. 蓝色

它是收缩的内在色彩，沉静、清彻，易使人想到蓝天、海洋、远山、严寒，产生崇高、深远、透明、冰爽的感觉。它也象征着幸福、希望，往往具有理智的特性，是现代科学的象征色彩，给人以力量和智慧。如 IBM 采用蓝色条纹，代表"科技、智慧"，塑造了"蓝色巨人"的形象。中国建设银行的标志为海蓝色，象征理性、包容、祥和与稳定。

在色彩对比中，蓝色也同样具有多种变化。

绿底上的蓝色，显现出红色的光芒。

黄底上的蓝色，没有光辉度，在象征聪明才智的黄色占主导地位的地方，象征信仰的蓝色显得模糊。

淡紫红底上的蓝色，显得畏缩、空虚和无能。

黑底上的蓝色，以明快纯正的力量闪光，蓝光就像远方来的一线光明那样闪耀。

6. 紫色

它是最暗的色彩，因此在视觉上知觉度很低。它是高贵、庄重的色彩，代表神秘、高贵、威严，给人以优雅、雍容华贵之感。在古代中国和日本，紫色作为高官显贵的服饰颜色。在古希腊，紫色也用于国王的服饰。

紫色系统，多用于化妆品，近年来家电用品也有紫色调的。

7. 白色

它给人以纯洁印象，代表和平、纯洁、澄清等。

这种色彩本身历来较少单独使用,然而有被采用的趋势,白色具有显示任何色彩魅力的作用。

8. 黑色

在视觉上它是一种消极性的色彩,它象征着悲哀、沉默、神化、肃穆、绝望和死亡、不吉利。但是黑色又具有稳定、深沉、庄重、坚毅等特性。如希尔顿大酒店要求该企业在世界各地的员工统一着装,其色彩选用的就是黑色。

黑色与其他颜色搭配使用,往往可以使设计获得生动而有分量的效果。如黑与红搭配、白与黑对比,都能产生很强的视觉效果。"太阳神"标志将红黑对照使用,形成强大的视觉冲击力。

此外,还有带金属光泽的色彩,如金色、银色、铜色。金色代表富丽、华贵、气派、辉煌,银色代表冷静、优雅、高贵等,具备现代化气息,但多用会产生浮华之感。

在标准色设计时,对各种色彩的象征意义,以及色彩搭配、色彩明度变化等所产生的不同表现力的研究,有助于利用色彩正确表达企业经营理念,增强色彩的识别功能,从而树立起鲜明的企业形象。

9.4.2 标准色设计的原则

色彩具有很强的表现力,各种颜色对人的注意力、潜意识、思维甚至行为都会产生很大影响,因此,企业标准色的确定就显得极为重要。

在进行企业色彩设计时,必须考虑到企业本身的理念、特征以及民族习惯、大众心理等因素,使之适合于国际化的应用。

1. 标准色的设计应当突出企业风格,反映企业经营理念

国际上著名的民间社团组织——绿色和平组织,以绿色作为组织的标准色,将它统一用在招贴画、通报、宣传车等上面。绿色意味着自然,象征着和平、宁静、希望,准确地反映了该组织的理念,给大众留下很深的印象,形成极大的号召力(图9-24)。

图9-24 绿色和平组织招贴画

深圳海王集团，选用蓝色为公司标准色，象征着向海洋进军的公司目标，借蓝色冷静、理智、幸福的形象，体现企业对高科技的追求。

美国航空公司，在其广告、员工服装、飞机内部以及机票上都使用红、白和蓝的公司标准色，这三种颜色正好与美国国旗所使用的颜色一致，这清楚地表明了公司作为美国运输者的地位。

2. 标准色的设计要具有显著特色，显示企业的独特个性

富士公司采用绿色，而柯达公司却采用黄色，以表现色彩饱满、璀璨辉煌的产品特质。泛美航空公司的标准色为天蓝色，给予乘客快速、便捷、愉快的飞行印象。

郑州是九州通衢之地，商战非常激烈，各商场竞争中也打色彩战，最集中地体现在员工制服颜色的选用上：商城大厦选用翠绿色，紫金山百货大楼选用邮政绿，市百货大楼则选用藏青色，商业大厦选用橘黄色，后开业的华联商厦为显示其差别，经过精心策划设计，确定用浅青莲为制服色彩。

3. 标准色设计要符合大众心理，有利于拓展市场

标准色的选择，既要独具个性，又不能一味标新立异，使其色彩表现脱离大众的审美心理，否则，会大大削弱色彩的表现力，从而影响企业和产品的市场竞争力。

日本三井银行以象征日币的圆形标志为核心，用清新的蓝色为统一色彩，为人们所信任，因为蓝色形象代表平静、理智，这样的色彩显示着安全可靠。日本第一劝业银行采用红色为标准色，象征热情周到的服务。日本大阪煤气公司的标准色是蓝色，因为煤气是火的根源，是危险的，出售危险商品的企业都渴望安全，为人信任，而蓝色是水色，有灭火的形象，同时蓝色象征镇定、平静，显示安全可靠。因此，大阪煤气公司的蓝色标准色与大众心理相吻合，能获得人们的好感。

日本市场上，美国大企业高露洁公司的高露洁牙膏和日本的狮王洁白牙膏的色彩战，有力地说明色彩与大众心理相吻合的重要性。高露洁牙膏和狮王洁白牙膏的包装色彩均采用红色和白色，区别仅在于前者以红色为主，而后者则以白色为主。正是这一差别使消费者形成不同的产品形象。因为对日本人来说，红色在国民心理中所占地位较弱，如日本国旗的太阳标志，可以说直接代表日本人的色彩感觉，日本人喜欢用较少的红色，他们认为唯有那么一大块白底，才能显示红色的美丽。可见，日本人喜欢淡雅的颜色，尤其是白色。因此狮王洁白牙膏，以白色为主的包装色彩符合消费者的心理，给人的印象是"女性的、明朗的、温和的、清爽的、清洁的、轻的"，从而显示出市场竞争中的优势（图9-25）。而高露洁牙膏，以红色为主的包装色彩，却给人一种"男性的、暗淡的、强烈的、不清爽的、不清洁的、重的"印象，难以为消费者接受。最终高露洁牙膏不得不退出市场（图9-26）。

4. 标准色的设计应顺应国际化潮流

一方面，标准色的设计应考虑民族习惯对色彩认识的差异性。不同的国家和地区受不同民族文化的影响，对色彩的象征意义的理解和喜好各不相同。研究和了解色彩的民族性，选择符合目标市场民族习惯的、有利于企业的色彩作为标准色，才能提高企业和产品在市场上的竞争力，进而树立良好的企业形象。

图9-25　高露洁标准色　　　　图9-26　日本狮王牙膏

"陈年"威士忌在日本一直销售很旺,其外观设计以黑色为主;而美国的"卡提·萨克"威士忌在英国、苏格兰的销量也高居榜首,其包装设计以黄色为主。"卡提·萨克"的黄色标签设计在美国深受喜爱,这种酒十分畅销。但进入日本市场后,销售情况却不如人意。酒的商品形象应具备男性印象,可以说酒是男性的象征。洋酒是越陈、越老越有价值,而"卡提·萨克"威士忌给日本人的印象却是"女性的、摩登的、轻柔的、薄弱的"。为什么会产生这种印象?经过调查发现,主要原因在于该酒的标签色彩。因为黄色在日本是受人憎恶的颜色。在日本,黄色表示未成熟,有时有病态或不健康的含意,因此是日本男士忌讳之色。在日本几乎看不到黄色标签的设计,在服饰等方面也几乎不用黄色。因此,"卡提·萨克"威士忌的黄色标签不符合日本民族心理,难以获得消费者的认可,从而大大削弱了该酒的市场竞争力。

另一方面,标准色设计应符合一定时期内流行的审美因素以及国际潮流。目前世界上企业色彩正在由红色系渐渐转向蓝色系,追求着一种体现理智和高科技精密度的色彩象征。日本设计界认为:"日本企业正一步步向国际化前进着,不仅以红色的热情,而且以蓝色的理智作为目标的现象正明显地出现。"我国企业正向国际化经营迈进,应该借鉴国外有益的经验,在标准色的设计上顺应国际潮流。

除了上述原则以外,还有一点特别重要,即标准色的选用一般宜在三种色以下,过分复杂多样的颜色,反而会削弱表现力和识别功能。

9.4.3　标准色设计步骤

标准色的开发设计,应与标志、标准字的设计密切配合。一般可采用如下步骤:

1. 拟定表现目标

设计是有计划的造型行为,所以既要有思想指导又要有明确的目标。企业经营理念是设计工作的基本指针,也是设计所要表现的思想。要根据这一指针,经过资料搜集、调查分析、讨论协调,结合标准色设计的原则,确定色彩表现目标,即设计概念要素,如表现民俗风味、高科技感、高雅、柔和、沉稳、宁静等。如产生运动器具的日本美津浓公司根据企业经营范围、经营理念,确定标准色表现的目标:运动的速度感、新鲜感、稳定性及严正格调。

2. 色彩设计

首先,要分析色彩的表现力,即什么色彩可用来表现什么企业形象。如要表现高科技感，可能就要使用蓝色及暗色调；如果要高雅的感觉，可能就要优先考虑淡色调。

其次，根据已确定的色彩表现目标，即色彩设计概念要素，从表现的需要出发确定总色调，即以什么颜色为基础色或主色调。基础色是占据面积最多的颜色，是各种着色的底色。主色调则是最为优势的颜色，有时是基础色，有时却不是。例如一个黑底的标志，上面有许多颜色的图案，其中红色系统占最优势，这时红色便是主调色。

最后，设计还要考虑面积的和谐、对比、过渡、强弱等因素，注意配色调和的美。

此外，为了便于识别，还应注意色彩的诱目性、明视性，以求获得最佳的设计效果。

浪涛公司在为日本航空公司设计标准色时，为了表现诚实稳重感、朝气与活力、动力与速度等概念，根据色彩的表现力，确定采用黑色、红色和灰色。在搭配上，"JAL"三个字用黑色，与字体配合的为两个前后相连的方格图形，前面的方格为红色，后面的长条为灰色。整个设计色彩搭配和谐，平衡得体。

3. 色彩确定后，应制作用色规范，用表色符号或贴附色样。还应标明色彩误差的宽容度，对色彩进行统一管理，以保证其标准性、一致性。

4. 反馈发展

色彩设计成果出来后，还需跟踪考察设计成效，并将信息作为形象更新发展时再设计的参考。

思考题：

1. 企业视觉识别的基本系统和应用系统有哪些？
2. 选择你熟悉的企业 VI，分析其与该企业理念和企业战略的关联性。
3. 尝试为一家新企业或新品牌命名，并说明命名的理由。

第10章 企业形象管理概论

10.1 企业形象管理的涵义

企业形象管理指通过对企业形象的分析定位、设计开发、实施传播、评估维护等一系列工作，塑造既为社会公众认同又符合企业现实和未来发展需求的企业形象，同时通过有效的运作机制，推动企业形象建设工作的可持续性改进，从而促进企业经营绩效的不断提升。

企业形象管理有以下两个典型特征：

1. 企业形象管理是一项系统工程。

首先，企业形象管理与企业其他管理系统之间有密不可分的关系：企业形象管理必须以企业战略为指引，目的是帮助企业实现其战略目标，同时企业形象管理还与企业文化、公共关系、市场营销等相互交叉、相互支撑；其次，企业形象管理涉及到企业内外的不同层次和不同部门，要在企业顺利实施CI，除了专门的管理部门和人员外，还必须依靠上至企业负责人下至普通员工的积极配合，同时还要得到社会公众的支持；最后，企业形象管理的对象具有多元性：从纵向看，CI是由理念识别、行为识别和视觉识别共同构成的体系，从横向看，它又包括产品形象、环境形象、领导者形象、部门形象、员工形象和服务形象等。因此，企业形象是一项涉及多方面因素的系统工程。

2. 企业形象管理是全过程管理。

CI的设计开发和实施是企业形象管理的重要内容，但决不是全部。企业形象管理的时间跨度远长于CI的设计和实施，它涵盖了企业形象定位管理（现状分析、企业形象定位、CI计划制定）、企业形象开发管理（企业形象设计开发、企业形象传播）和企业形象维护管理（企业形象评估、企业形象修正、企业形象维护）三个不同的阶段，任何一个环节对企业形象管理都是至关重要的，是企业形象可持续改进和提升的重要保证（图10-1）。

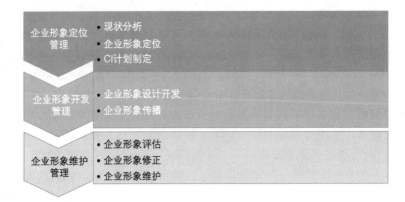

图 10 –1 企业形象管理过程

10.2 企业形象管理的三个阶段

10.2.1 企业形象定位管理

1. 现状分析

(1) 内部分析

1) 企业战略

企业战略阐述了企业的存在的理由,并指明了企业在未来较长的一段时期内的战略目标和战略路径,它起着统帅和引领企业其他一切经营活动的作用。企业形象的策划和管理应遵循战略优先的原则,即以企业发展战略为依据设计和制定相应的企业形象体系。企业战略和企业形象系统之间应该是目的和手段的关系,企业实施CI 是为了有利于企业战略目标的实现。企业的战略目标和战略重点的不同,决定了企业形象定位的差异——如果企业的战略目标是拓展市场,应展示锐意进取、积极开拓的企业形象;如果企业的战略目标是获取利润,则应塑造提供优质优价产品和服务的企业形象;如果企业着眼于构建其技术上的核心竞争力,则技术的创新和领先者是其合适的企业形象定位;如果企业立足于提升客户满意度和忠诚度,则应努力塑造顾客至上的企业形象。此外,企业形象定位还必须与企业的行业及业务特征相吻合,如传统制造业、高新技术产业、服务业的企业形象应各有侧重,而集中化经营和多元化经营、快速消费品和耐用消费品的形象也应有所区别。

2) 企业文化

企业文化是企业在长期经营管理活动中所创造、积累而形成的价值观念和行为规范的总和,它在企业内部构建起群体意识,对企业群体成员的生产经营活动起着规范、约束和指导作用。企业文化的形成是一个长期的过程,而一旦形成,就具有极强的稳定性,不会轻易改变。企业形象的定位必须与企业核心价值观一致,这样的企业形象定位才能彰显企业文化的深厚内涵和强大生命力,为广大社会公众和企业员工所接受,并具有持久性。例如金利来集团公司,是由爱国人士曾宪梓先生在香港创立的一个经营领带、服饰、服装的公司。在其经营理念里，秉承了"勤、俭、诚、信"的传统民族文化和处世哲学。因此在公司形象塑造中，不断地捐助内地的教育、体育等社会文化事业，表现出一个"尽社会责任的现代企业形象"和"经营利润回馈社会的价值观"。另外，金利来作为一个港资企业，它要求自己的财务部门从来不做两本账，多年来一直保持着全国十大高利税外资（含港资）企业称号，充分展现了诚信的企业风格。相反，无视企业文化的存在或者试图改变企业文化的企业形象定位只能适得其反，即使勉强建立的企业形象也不可能持久。

3）企业形象现状

现状分析的主要任务是对企业进行一次彻底的"诊断"，找出企业在理念、视觉和行为等方面所存在的问题，包括以下几部分：第一，企业理念考察。主要是就以下问题进行分析：有无明确的企业理念，该理念是否合理，是否有体现保障，是否传达良好，公众评价对企业形象的评价如何。考察企业理念是否合理的衡量指标：行业特色反映程度，企业个性反映程度，企业经营特色反映程度和适应程度，对消费者需要的反映程度，表达形式上的概括性程度和导向性的明确程度。第二，同一性考察。这又包括两部分，一是企业视觉识别体系、行为识别体系与企业理念的一致性；二是企业视觉识别体系如企业名称、企业标志、企业标准字、企业标准色等要素的一致性。在企业形象现状考察之后，要整理出企业形象建设工作中存在的焦点问题，并提出企业形象的修正意见。

（2）外部分析

1）社会公众

社会公众是企业形象最重要的评价者。因此，首先要了解本企业在社会公众心目中的形象和地位。须掌握的信息包括社会公众对本企业形象知名度、美誉度的评价，企业形象是否清晰，是否和企业现状吻合，和竞争对手相比，本企业在企业形象体系建设方面还存在哪些不足，社会公众所期望的本企业形象应该是什么。

其次要对外部社会环境进行扫描，把握社会发展的新动向和新趋势，以及时更新企业形象体系，确保其跟得上社会发展变化的步伐。例如在汽车行业中，福特公司在汽车还是少数人才能消费的奢侈品的年代，提出让汽车进入普通百姓家的口号，首次引入流水线作业方式，大大降低生产成本、扩大了产量，实现了汽车的普及，塑造了汽车普及推动者的良好企业形象。但到今天，汽车不仅是人们的代步工具，更成为人们生活的伴侣，各汽车厂商也顺应时代的变化，建立起各具特色的企业定位，如沃尔沃是安全汽车的提供者、宝马公司是带来驾乘乐趣的企业形象等。

2）竞争对手

企业形象建设是将本企业区别于其他企业从而有效实现差异化竞争的有力手段。分析竞争对手的企业形象体系，一方面吸取其企业形象建设方面的长处，另一方面更重要的是为塑造有自身个性特征的企业形象提供依据。百事可乐公司推出的"百事蓝"企业标志色，就是在充分研究竞争对手可口可乐采用的红色标志色后推出的，这一变化使消费者轻易地将两家公司区分开，摆脱了与竞争对手雷同而使经营业绩停滞不前的状况。

2. 企业形象定位策略

企业形象定位是指企业想在社会公众心目中形成的总体形象和地位，它以前一阶段调查的内容为依据，分析企业的内部情况、外在形象、市场环境，以确定未来企业的 CI 概念，以此作为后续作业的策略与原则。从企业的实际情况出发，根据企业形象定位侧重点的不同，企业形象包括以下三类定位策略：

（1）企业导向下的定位策略

在企业导向下，着重是要考虑企业现实状况和未来发展需要、有利因素与限制条件，具体有特色挖掘型策略和发展型策略两种策略。

特色挖掘型策略。是指在企业的表面基本实态和现有形象缺乏优势和特色的情况下，通过挖掘企业的潜在优势和特色来塑造企业形象的策略。在这个"好酒也怕巷子深"的年代，企业要想在激烈的市场竞争中立于不败之地，必须扬其所长而避其所短，重视表现企业的优势。这一策略的难点就是要对企业进行深入细致的调查并要有高度的观察力和敏感性，善于提炼与升华。

发展型策略。是指企业在缺乏优势、实际表现一般或不满足于现状时，通过对企业实力与发展轨迹的认真评估来重新确立，并需要经过艰苦努力才能最终实现形象目标的定位策略。大部分企业在进行形象设计时总会发现现有形象与理想形象存在差距，不能完全采用特色挖掘型策略。企业在要求不断发展的内在冲动下，更多地会而且应该采取源于现实又高于现实的发展型定位策略。

（2）公众导向下的定位策略

消费者在购买、使用产品或服务时往往由多种需要所推动，在这一过程还会存在复杂的消费心理。企业形象定位可根据目标顾客的利益追求、判断方式和有关消费心理来进行，根据目标顾客追求利益的侧重点不同，大致可把利益分为理性利益、感性利益两大类。

理性利益定位策略。理性引导定位法主要指对消费者采取理性说服方式，用客观、真实的企业优点或长处，让顾客自我作出判断进而获得理性的共识。比如艾维斯出租车公司的"我们仅是第二，我们更为卖力"，就表现出公司对公众的真诚、坦率。如果目标顾客在购买某种产品时可能将更多地追求理性利益，如功效、质量、价格、服务等，那么可着重塑造出有某种理性利益的企业形象来。由于理性利益定位与产品功能和品质紧密相联，因而主要以产品为基础塑造良好、别具一格的企业形象。如奔驰、丰田和沃尔沃轿车是分别以高质量、经济可靠和安全耐用著称于世的；又如乐百氏纯净水强调它"27 层净化"，肯定非常纯净，这实际是利用顾客的判断依据加以定位的。

感性利益定位策略。感性引导定位法是指企业对其公众采取情感性的引导方法，向公众诉之以情，以求消费者能够和企业在情感上产生共鸣。比如"百事可乐，新一代的选择"，就是针对新崛起的年轻一代而定的；海尔集团的"真诚到永远"则以打动人心的感情形象扎根于公众心目中。当众多企业产品之间在理性利益较为同质、难以进一步别具一格时，或当目标顾客在购买特定产品时对心理、精神需要有更高要求时，那么企业就要着重塑造感性形象。虽然企业形象的感性内涵总要以某些实质性内涵为基础，顾客的心理感受或品牌的感性形象是企业形象理性内涵的一种升华，但这种升华一般要加以引导和提示。奔驰轿车在品质超群、价格昂贵的基础上逐步树立起了能体现成就和富裕感的轿车形象；到麦当劳、肯德基快餐店就餐的青少年在享受美味薯条、汉堡的同时，能感受到快乐。

(3) 竞争导向下的定位策略

在产品日益同质化和竞争日益激烈的情况下，单纯的价格竞争并不能为企业带来持久的竞争力。企业形象建设的一个重要目的是塑造有鲜明个性的企业形象，构建与其他企业之间的差异性。这种差异性能避免简单价格竞争给企业带来的杀伤力，为企业及其产品创造出溢价空间，从而获取竞争上的主动。因此竞争导向下的企业形象定位策略重点是营造企业形象的差异性，主要包括首位定位、对抗性定位、避强定位、比附定位等。

首位定位强调企业在该行业中处于首席的特殊位置，其他竞争者很难占取该位，从而在消费者心目中树立独一无二的地位。

对抗性定位指企业选择靠近于现有竞争者或与其重合的形象位置，并与其争夺相同的顾客，如肯德基和麦当劳同样依靠美味的快餐、舒适的消费环境和周到细致的服务吸引消费者，同时两者都强调给顾客创造快乐，此外在店面选址上麦当劳和肯德基如影随形，其对抗性之强可见一斑。

避强定位指企业强调自身与竞争对手的差异性，摆脱形象定位相似给企业带来的不利影响。如百事可乐曾经采用红色为企业标准色，与可口可乐的红色相似，使消费者不容易辨识，由于可口可乐是世界第一饮料，因此，标准色的相近使百事可乐始终笼罩在可口可乐的光环下，对百事可乐的经营非常不利，为此百事可乐将企业标准色改为蓝色，构造形象上的差异性，与可口可乐有效地区分开。

比附定位以竞争者品牌为参照物，依附竞争者定位，其目的是通过竞争提升自身品牌的价值与知名度，给消费者留下具有相当实力的印象。20世纪60年代美国DDB广告公司为艾维斯租赁汽车创作的"老二宣言"便是运用比附定位取得成功的经典个案。由于巧妙地与市场领导者建立了联系，艾维斯的市场份额大幅上升了28个百分点，大大拉开了与行业排行老三的国民租车公司的差距。

3. CI计划制定

企业形象定位确定后，就应制定相应的CI计划，应明确以下内容：

(1) 企业形象建设的目标

企业形象的提升。企业的知名度和美誉度是衡量公众对企业形象评价的重要指标，企业形象建设的首要目标是通过一系列的设计、实施、培训、传播工作，改进和提升企业知名度和美誉度，在CI计划中应提出量化的知名度和美誉度提升目标。

改善企业经营绩效。企业形象建设的最终目标是促进企业经营绩效的改善，如增加产品销量和销售额，扩大市场占有率，提高利润。因此在CI计划中应明确导入

CI后一段时期内企业经营绩效的达成目标。

（2）企业形象建设的资源分配

首先要明确企业形象建设的组织和人员。企业应设立CI领导小组，负责CI战略的贯彻和实施；抽调部分骨干成立CI办公室，负责CI战略实施的检查落实和日常工作。其次要制定CI的活动预算。CI的导入与企业其他的项目如信息系统的导入都有明确的成本和收益目标，因此CI实施前应编制详细的成本预算表，包括企业调查费、策划费、CI方案设计开发费、实施管理以及维持费用，CI策划方案确定后，还要追加CI手册制作费、培训费、对外宣传推广费以及其他实施CI所必需的费用。

（3）企业形象导入的进度安排

企业形象建设的进度涵盖CI的设计和实施，包括：根据企业形象建设的目标要求及定位，对CI战略的各个组成部分，包括MI、VI和BI，制定相应的设计计划；CI实施的时间和日程表，包括对内对外的实施及宣传推广等，将已经制定成熟的CI方案向企业内部员工、新闻界和社会公众公开展示企业的同一行为、统一形象，以期在公众心目中产生良好的影响。

10.2.2　企业形象开发管理

由于本书第3章CI导入的程序中对本部分内容有详细的叙述，因此这里仅作简要描述。

1. 企业形象设计开发

CI的设计开发阶段，是企业导入和实施整个CI计划的重点，主要的设计作业内容包括：企业理念系统的构筑、企业行为规范的归纳、企业视觉基本要素和应用要素的设计和CI手册的编制等。

2. 企业形象体系传播

当CI计划开发完成后，需要对内对外发布CI的成果，使企业内部员工和外部公众能够认知和接受企业的新形象。对内发表的内容包括：实施CI的意义和原因，CI实施过程和进度，新的MI、BI、VI要素，统一的对外说明方式等；对外发表的内容包括新的MI、BI、VI要素。

10.2.3　企业形象维护管理

1. CI导入评估

企业在导入CI后，必须对CI效果进行评估，通过评估，来检测、衡量导入CI是否达到企业的预期目标，总结经验，取得反馈信息，为塑造良好企业形象、提升企业经营绩效提供有价值的参考依据。CI导入评估包括企业形象评估和CI导入效果评估两部分。

（1）企业形象评估

企业形象评估在企业导入CI一段时间后进行，依据CI策划评估指标的通用性和本企业所在行业的特殊性，设定能客观、科学而又易于操作的评估指标体系。一般而言，可以将企业知名度和美誉度作为主要评估指标。知名度是评价企业形象的量的指标，它是一个企业被公众知晓和了解程度，从中可以发现企业社会影响的广度和深度，是评价企业名声大小的客观尺度。美誉度是评价企业形象的质的指标，它是一个企业被公众信任、赞许和肯定的程度，是评价企业社会影响好坏程度的客观指标。测评工作可采用实验性手段，在可监控的范围和条件下，对 CI 实施前后的企业知名度和美誉度指标进行跟踪调查，并分析资料，作出形象效应评价。

(2) CI 导入效果评估

CI 导入效果评估是以企业实施 CI 前后的销售情况变化为基础进行评判。一般可以通过对企业导入 CI 前后几年的营运情况的数据资料的分析，了解 CI 导入的效果。从可操作性角度，常用以下简约化指标：企业经济效益增长率，企业经济效益以企业利润或销售收入为指标；商标价值提升额；市场份额扩大率。如果以上指标在导入 CI 后都明显上升，且上升的前提是广告费的投入比率上升的幅度较小，那么说明 CI 导入的实际效果明显；反之，如果导入 CI 后，这些业绩指标增幅不大，则说明 CI 导入的效果不明显，甚至可以说 CI 的导入是失败的。

2. 企业形象修正

CI 的导入涉及方方面面，受各种因素的影响，CI 导入与预期目标之间可能会有偏差。这些因素主要来自于策划主体方和企业客体方两方面。策划主体方因素：策划人员的素质包括其知识面、创意力等一系列因素；策划人员对企业实态的了解程度；策划者的职业精神和精益求精的工作作风。企业客体方的因素：对导入 CI 的态度和决心；策划过程中的配合；策划方案的执行力。

如果经过导入评估，CI 未达到预期效果，必须从企业形象定位、企业形象体系设计、CI 计划安排、CI 导入的组织、执行、培训、传播等工作方面进行检讨，找出影响 CI 实施效果的关键环节和问题，并制定相应的修正方案和计划，实施 CI 的二次修正，使 CI 的实施效果与预期目标趋于一致。从总体上看，企业形象建设是一个长期的过程，不可能一步到位，也不可能一劳永逸，需要持续地不断评价、反馈、改进、提升。

3. 企业形象维护

对于一个企业或者组织、机构来说，突发性的危机事件会严重影响其正常运作，严重损害企业形象，因此必须立即妥善处理，摆脱危机给企业经营及企业形象造成的不良影响，也就是要进行及时的危机管理。

(1) 危机

危机就是风险事故，系指组织因内、外环境因素所引起的一种对组织生存具有立即且严重威胁性的情境或事件。危机具有三项共同要素：危机是一种未曾意料到而且仓促爆发所造成的意外；危机对组织或决策单位之价值或目标造成威胁；危机在完全爆发之前可供反应的时间有限。

(2) 危机管理的程序

危机管理程序步骤一：危机的识别和分析。包括确定危机的来源，如企业内部战略、营运、财务、人员等，以及外部因素；分析危机发生的频率，即过去发生的次数；分析危机发生的影响力；分析危机管理的难度，包括危机的可控程度、消耗资源；分析危机引起的公众关注度。

危机管理程序步骤二：建立风险与危机管理机构。成立风险危机管理委员会或小组，并任命风险危机管理经理或首席风险官。

危机管理程序步骤三：拟定风险与危机计划。在事前对可能发生的潜在危机，预先研究讨论，以发展出应变的行动准则，明确风险和危机控制策略，如风险控制、财务控制等。危机控制策略须清楚显示各员工所肩负的危机处理工作，包括公关部门以及其他职能部门的任务分配全面的沟通计划；调整企业计划，保证业务运营的连续性，启动灾难恢复性工作计划。

危机管理程序步骤四：启动风险与危机应变程序，进行危机控制。针对已经发生的危机采取控制措施，以降低危害，减少损失，防止危机的蔓延，包括危机产生的直接损失和间接损失，而后者的影响从时间和范围上都更为深远；尽快恢复企业或品牌形象，主动恢复消费者、社会、政府对企业的信任，从而使企业逐步恢复发展活力。沟通手段包括传播、广告、营销、公关活动等方式。

危机管理程序步骤五：风险与危机善后工作、遗留问题处理和滞后效应处理。关键要做好危机的"导势"工作，借助媒体，将危机引导到对企业有利的方向去。

危机管理程序步骤六：风险与危机管理评估。包括两个层次。第一个层次是针对所发生的危机本身的总结，即调查问题是怎样发生的，查明问题的原因，采取必要的步骤，以防再次发生。第二层次的总结则是针对公司的危机管理的总结，即反思检查公司应对处理整个危机的全过程，检查公司在应对危机中所作的决策与所采取的行动，从中发现公司危机管理的不足之处，进一步完善公司的危机管理程序与制度。

(3) 危机管理中的沟通

与员工沟通。当发生危机的时候，如果员工能够得到第一手资讯，知道到底发生了什么事情，知道公司怎么处理，他会对公司有信心。同时，员工和他的家庭，都成为你们公司的一个大使，当外界对于这件事情的报道有一些偏颇的时候，这些人会帮着你说话。

与媒体和社会公众的沟通。要将与媒体沟通定为一种经常性工作，所有不利或者有利的公关素材必然就会显现面前，使企业能洞烛机先，更能防患未然。危机发生时，要注重信息的沟通和交流，对企业不当行为造成的后果，要尽快公布于众，及时采取措施补救，不要隐瞒真实情况或压媒体。

10.3 企业形象日常管理和维护的机制

10.3.1 企业形象日常管理机制

在 CI 导入项目实施后，企业形象战略进入日常管理和维护阶段。原有的 CI 策划小组完成了其使命,此时应对其进行调整,成立 CI 发展管理部门(或者赋予公共关系部等相关部门相应的职责),作为实施、贯彻 CI 战略的常设机构,隶属于 CI 委员会,且直接向企业管理决策层负责,从而从组织制度上提供形象管理工作的保障。这是因为:

(1)企业 CI 的实施,贯穿于企业日常经营活动的全过程,且需要在实施过程中不断总结和完善。

(2)企业 CI 的实施过程中,必须要有专门机构与各个部门进行沟通和协调。

CI 发展管理部门的主要职责是监督和控制 CI 的实施,包括:监督和管理 CI 计划的执行;对各项活动的进展情况进行评估;定期检查、评估 CI 的实施效果;对 CI 计划进行调整和修正。

10.3.2 企业形象日常维护机制

1. 公共关系部门

企业公关部同企业内部的其他部门一样,是一个重要的职能部门。随着企业形象竞争与公关专业化发展以及当代公共关系发展特性的要求,企业公关部的职能定位和作用也愈显重要,不容忽视。企业公关部在一个企业中需要沟通的群体是非常多的,政府、媒体、内部员工、客户、股东(上市公司)等,这些都是公关部所面临的目标受众。实际上,公关最终的目的就是和目标受众保持长期有效的沟通,因此,企业公关部的设置就需有一个综合考虑,以建立最有效的传播机制,从而在公众心目中树立良好的企业形象。

建立和维持企业与社会公众之间的良好关系,通常可借助以下几种公共关系活动方式来实施:一是宣传型公共关系活动方式,即企业运用大众媒介和内部沟通方法,开展宣传工作以树立良好的企业形象。二是服务型公共关系活动方式,即企业通过向公众提供各种形式的实惠服务,强化企业信誉和形象,设身处地为顾客着想,特别是通过热情周到的售前、售中、售后服务,为消费者提供全方位的服务,使消费者得到最大限度的满足。三是社会型公共关系活动方式,即企业利用举办各种社会性、公益性、赞助性活动,塑造企业形象,扩大企业的社会影响,提高其社会声誉,赢得公众支持的手段。四是交际型公共关系活动方式,即企业在人际交往中开展公共关系工作。其目的是通过人与人的直接接触,进行感情上的联络,为企业广结良缘,建立广泛的社会关系网络,形成有利于企业发展的人际环境。五是征询型公共关系活动方式,即以采集信息为主来为企业的决策者提供咨询,保持企业与社会环境之间的动态平衡。

2. 新闻发言人制度

新闻发言人制度是当今世界许多大企业推行的一种基本的信息发布制度,企业新闻发言人是企业与新闻媒体及社会公众的中介人,是企业公关部门的核心人物,也是企业的高级管理人才,他们受企业委托,来向公众表达企业对某些事情的意见与主张。企业通过建立新闻发言人制度,可以及时向公众和媒体发布企业发展的各种信息，吸引媒体关注，保持企业声誉，可以引导舆论提升企业的市场形象和社会形象，以及在遇到危机事件后，将不良的影响降到最低。

企业建立新闻发言人制度，重点要规范以下内容：

建立健全的日常工作机制。主要是要成立固定的新闻发言工作小组，对有关新闻发布工作进行明确的分工。比如要确定由谁担任新闻发言人、谁接听记者日常来电、谁组织策划新闻发布会、谁起草新闻发布稿和准备应答口径等等。

建立舆情跟踪分析机制。主要是平时要指定专人收集报纸、电视、网络上媒体和记者对企业报道的信息，对报道内容加以研判分析，为新闻发布和回答记者提问提供参考。

建立新闻发布后的评估机制。在新闻发布会后，跟踪媒体对新闻发布会是如何报道的，反响如何，是否达到预期目的。通过跟踪、研究、分析，总结经验教训，从中找出不足和问题，从而决定采取相应的补救措施。

思考题：

1. 企业形象管理的内涵是什么？
2. 用实例分析企业形象定位管理、开发管理和维护管理三个阶段的具体内容。

第11章 形象营销三部曲

近年来，随着市场竞争的日趋激烈，企业营销手段不断发展。其中借助以企业形象、品牌形象、产品形象等为核心组成的形象力来展开的营销活动——"形象营销"，已越来越受到企业界的青睐。那么，企业究竟应该如何运用形象营销这一手段，来提高自身市场竞争力呢？以下从三个方面展开论述。

11.1 战略定位与形象定位

11.1.1 战略定位是"皮"，形象定位是"毛"

对人生而言，罗盘比时钟更为重要。时钟代表我们的各种时间表、短期目标、活动、邀约等；罗盘则代表我们的价值、原则、良心、方向等。对企业而言，同样如此。有效的形象营销是建立在准确的形象定位的基础之上的，而准确的形象定位又是以准确的战略定位为前提的。

因此，要为企业找准"罗盘"，就必须明确企业的战略定位。

道理似乎非常简单，但在现实经济活动中，不少企业却往往是"只埋头拉车，不抬头看路"，只想要把企业做大，至于要把企业办成什么样则未必十分明确，以至于盲目扩张，什么赚钱就做什么，最终可能被稀里糊涂地淹没在市场经济的汪洋大海之中。

如果把形象定位比作"毛"，那么战略定位就是"皮"，皮之不存毛将焉附？笔者曾经接触过一家资产3.2亿的企业。但这家成立已3年多的企业，在经营过程中始终没有明确的发展主业和主导产品，采用的是一种在市场开发过程中被称作"跟进大势，人云亦云"的思路，使得企业整体经营思路一直处于混乱状态，最终导致企业在上海、广东、北京、深圳、新疆、湖南、海南等地的投资项目全面亏损。当笔者请教公司老总"这家企业经营什么"时，得到的回答是：公司经营所涉及的行业包括，金融投资、房产开发、酒店、计算机、汽车、娱乐、餐饮、化工、新产品开发等等。很显然，企业在如此缺乏战略定位的情况下，是不可能谈得上形象定位的，有效的形象营销也就无从谈起。

11.1.2 缺乏核心竞争力的多元化使得形象模糊

在确立企业的"罗盘"时，必须避开多元化的陷阱。这些年国内有一种倾向，即企业越大越好，跨的行业、地区越多越好。殊不知，缺乏核心竞争力的多元化，不仅无助于企业竞争力的提高，而且从形象营销的角度来看，它还会使企业形象模糊不清。

企业必须清楚要把自己的主力用在哪里，需要专注、有焦点，应把资源集中放在培养核心竞争力、开发核心产品上，发展出自己的流程和技术，并且把品质标准提升到世界水准，到国际上竞争。笔者接触过一家德国企业，它的创始人在1948年发明了世界上第一枚用高级尼龙制成的锚栓，开创了建筑锚固技术的新时代。半个世纪以来，企业不断革新进取，在完善锚栓安全性的同时，适应建筑固定技术的不同要求，开发出5000多种产品，形成三大系列，即尼龙锚栓、金属锚栓和化学锚栓系列，从而在市场上形成鲜明、独特的企业形象。

只有企业的自我认知清楚，战略定位明晰，才能确立准确的形象定位。

11.2 光环产品与竞争力

11.2.1 "光杆产品"不敌"光环产品"

近年来，被称为所谓"家乡鸡"的"肯德基"在中国大行其道，而我们真正的家乡鸡却节节败退。原因何在？虽说可以见仁见智，但笔者认为，其根本原因在于"光杆产品"不敌"光环产品"。

我们的家乡鸡仅仅被作为"鸡"来销售，因此称其为"光杆产品"。而"肯德基"的"鸡"却罩着一层光环，这便是肯德基的形象，它是企业理念、文化背景、企业行为、店铺氛围、视觉形象所构成的企业形象与产品形象在消费者心目中的综合反映。消费者在肯德基餐厅里所消费的不仅仅是鸡，而是一个以"鸡"为核心的系统。试想一下，如果把肯德鸡的炸鸡搬到别的快餐店去卖，会有人买吗？

其实，类似"肯德基"这种以企业形象、品牌形象和产品形象来为产品打造光环的做法，在跨国公司中并不鲜见。

仅以移动电话市场为例，即可见一斑。

中国移动电话市场曾被爱立信、摩托罗拉、诺基亚三分天下，但飞利浦、阿尔卡特、松下、索尼、西门子等公司的加入，很快将这种垄断格局打破，移动电话市场迅速演变为买方市场。面对这种竞争格局，摩托罗拉在1998年5月首次将其主要产品寻呼机、手机、对讲机作为一个整体进行宣传，试图将寻呼机的良好形象延伸至其他产品上，进而使企业的整体形象得以提升。

诺基亚推陈出新，通过克林顿、叶利钦、布什、撒切尔夫人"四大人物"返璞归真的表演，阐释"以人为本"的企业理念，倡导每个人都应该拥有可贵的人性特点的主张，以其鲜明的、富有个性的形象，在同行当中独树一帜。

爱立信曾以企业形象系列电视广告片"代沟篇"、"父子篇"、"矿工篇"，标榜"沟通就是理解"、"沟通就是关怀"、"沟通就是爱"，并将"电信沟通"与"心意互通"巧妙地联系起来，加上张曼玉所演绎的浪漫与温情，在社会大众面前树立起"柔情沟通"的形象。但随着市场格局的变化，爱立信试图再次提升品牌形象，于是在1998年8月推出全新广告，通过"城市救星"刘德华的"硬汉"形象，表现进取、领先，标志着爱立信从柔情沟通走向科技领先，以此进一步巩固其市场领导地位。

我们的产品多为"光杆产品"，而世界名牌却罩着一层光环，这便是名牌的形象，它是企业理念、文化背景、企业行为、店铺氛围、视觉形象所构成的企业形象与产品形象在消费者心目中的综合反映。消费者所购买的不仅仅是产品的使用功能，而是一个以其为核心的系统。

形象营销何以在众多的传统营销手段中脱颖而出，成为跨国公司的营销利器呢？奥妙大概就在于此。

11.2.2 竞争力 = 产品 + 光环

"变革大师"佐治亚州大学教授罗伯特·戈连比耶夫斯基说过，"企业革新关键在于价值观重塑"。可见，要想成功打造光环，必先从革新意识做起。

首先，必须建立"形象营销"的观念。在买方市场下，由于消费者的消费观念发生了变化，消费者所购买的或者说企业所销售的不仅仅是商品，也包括商品及企业所具有的形象，实际上是以产品为核心的一个系统。形象营销正是为了适应这一市场变化的趋势。

其次，要输入新的竞争意识。企业靠什么竞争，在市场发展的不同阶段，竞争的手段和形式是不同的。笔者认为，在买方市场下，仅有好的产品是不够的，形象营销的生命力就在于，通过为产品打造光环，来提高产品及企业的竞争力。有鉴于此，笔者发明了一个公式，即：竞争力 = 产品 + 光环。

再次，要认识到"光环不等于广告"。在打造光环的过程中，一定的广告投入是必要的，但不能把二者混为一谈。打造光环的途径不只是做广告，营销的每一个环节都是打造光环的过程。笔者在江苏如皋市属工业企业厂长、经理营销培训班上，接触到这样一个事例很能说明问题。江苏昌升集团在销售其产品卷扬机、胶印机时，其售后服务有一条承诺，即在配件供应上，宁可少装整机，也要优先保证用户的配件需求。该公司的一家客户需要配件，但公司一时缺货，为了保证信誉，公司从整机上拆下配件来满足客户的需求。这件事在客户中传为美谈，公司产品随之增色。可见营销的每一个环节都会对产品光环的形成产生影响。因此我们认为，光环是通过包括广告在内的各种营销手段，在营销的各个环节中个逐步累积而成的综合效应。

最后，要认识到光环效应不是静态的，而是可以叠加和放大的。营销过程应该是光环效应累积的过程。企业通过形象营销，可以将产品营销提升为品牌营销，将单品营销发展为系列营销，将产品形象营销提升为企业形象营销，并进而以企业形象营销带动产品营销，最终提高企业的市场竞争力。如著名的宝洁公司，每当推出新品牌时，在初始阶段十分突出公司形象，以此带动品牌形象的提升。以后再逐渐过渡到以传播品牌形象为主。而各个品牌的成功推出，又进一步强化了公司形象。二者相互促进、相互推动，效应叠加，共同提升。

11.3 "三位一体"战略

11.3.1 "三位一体"战略的优点

所谓"三位一体"战略是指将企业、品牌、商标三者名称合而为一，以获得单一名称的张力，便于形成集中、统一的形象，并增强名称的传递力。

对于中小企业或创业阶段的企业而言，运用"三位一体"战略，从形象营销的角度看，具有明显的优点。

其一，容易被大众接受和识别。要使大众接受、识别一个概念，比同时接受、识别两个、三个甚至更多的概念要容易得多。因此，对企业、品牌、商标冠以统一名称，与三者名称各异相比，优势自不待言。

其二，容易传播。"三位一体"使企业信息高度集中，传递力增强。如SONY公司，几乎所有产品都以SONY这一名称销售。实际上SONY既是公司名称，又是产品和商标名称。松下公司和东芝公司的电器也是如此。这样在销售产品的同时，自然而然地传播了企业形象。相反，多名称、多品牌不利于传播的一致性，也使企业形象分散。

其三，费用降低。由于企业、品牌、商标的名称一致，不仅企业形象、品牌形象的策划设计成本降低，而且对外宣传亦可收"一箭三雕"之效，可以最小的投入获得最佳的传播效果。如果三者名称各异，而且公司开发的新产品均冠以新名称，传播费用将会大大增加。如宝洁公司采用多品牌策略，每年的广告费都在数十亿美元，成为全美最大的广告客户。像宝洁这样财大气粗的公司可以投入大量广告培养多个品牌，但对一般中小企业而言，多品牌策略所需的巨额传播费用就难以承担了。

11.3.2 "三位一体"战略的实现途径

从企业、品牌、商标三者形象的互动关系角度来看，"三位一体"战略的实现途径大体有以下三种：

1. 商标、品牌形象主导型

对于因历史等原因拥有著名商标、品牌，但企业名称却与商标、品牌互不相干时，企业可将三者名称统一起来，以商标在消费者心目中的形象来带动企业形象和品牌形象的提升。如化工部第一胶片厂（保定）与第二胶片厂（南阳）及感光材料研究所（沈阳）联合组建一家新的公司时，就以著名的品牌"乐凯"作为公司的名称，即"中国乐凯胶片公司"。上海冠生园（集团）总公司拥有"大白兔"、"生"、

"天厨"、"佛手"、"华佗"、"沙利文"等著名商标、品牌，为了充分利用这些无形资产，总公司分别将其组建成独立的品牌公司。云南红塔集团正是利用中国卷烟第一品牌"红塔山"高达近400亿的无形资产，以"红塔"命名，使该集团成立不到几年便以"大哥大"的形象立于企业界。

2. 企业形象主导型

如果企业具有较高的知名度，可将企业名称应用于品牌及商标上，以此带动品牌及商标形象的提升。如一些拥有金字招牌的"老字号"企业，在进行产品和品牌开发时，可重点考虑对金字招牌这一无形资产的挖掘和利用。

3. 同步培育型

对于一些专业化经营的新公司而言，可在公司成立伊始，即将企业、品牌、商标三者统一起来，同步培养，共同提升。近些年在国内市场涌现出来的著名品牌，有相当一部分属于这一类型。

当然，"三位一体"战略并不是对于所有企业都适用，如对各事业部门之间相关性不强、多元化经营的集团公司来说，采用"三位一体"战略就不一定合适。况且，"三位一体"战略还有"一损俱损"的风险。因此要视具体情况来决定是否采用"三位一体"战略。

思考题：

1. 例说明什么是形象营销。
2. 举例分析"三位一体"战略的利与弊。

第12章 企业形象管理新发展

12.1 企业形象管理中的误区

CI 引入我国的时间不长,率先实施 CI 的企业尝到了甜头,使 CI 在我国迅速发展起来。但是,由于 CI 是舶来品,人们对 CI 在认识和运作上还存在一些误区,如果不正视这些误区并充分认识到其危害性,后果将非常严重。下面分别从认识上的误区和运作上的误区两方面进行分析。

12.1.1 认识上的误区

1. CIS 无用论

一些企业的领导缺少现代企业管理的经验与理论,认为 CIS 乃花拳绣腿、华而不实。过去没有使用 CIS,甚至听都没有听说过 CIS,不是也取得了成功吗?所以没有必要引进 CIS 战略。一些实行承包制和任期制的企业,行为短期化,得过且过。在位者、承包者只做在任期内或承包期内要做的事,急功近利,缺乏发展的意识和长远目标,仅仅拼命追求产值或利润。因为 CIS 的效益短期内难以直观体现,不如产品让利促销来得实在,所以对具有极高附加值的 CIS 战略投资十分吝啬。一些企业的领导,因对 CIS 的性质、运用过程、投入与产出缺乏了解和把握,在 CIS 这一新的竞争战略面前,信心不足,丧失勇气或犹豫不定,畏缩不前。

2. CIS 立竿见影论

CI 的导入和实施,不仅可使企业获得巨大的直接经济效益,而且还形成巨额的无形资产,如美国的"可口可乐"、"麦当劳"、IBM;日本的"丰田"、"索尼"、"松下"等。CI 的独特功能和超凡魅力,使国内企业刮目相看,纷纷仿效。仿佛进入市场经济了,特别是即将加入 WTO 之时,不 CI 一下,就不是现代企业。于是乎,把 CI 当灵丹妙药、包医百病,一些企业对 CI 的期望很高,认为只要导入 CI,便可立竿见影、一劳永逸,企业原先存在的管理水平低下、经济效益不高等问题也可迎刃而解。甚至有的亏损企业把 CI 当作扭亏良方。

CIS 战略作为企业经营的一种理论和技法，有着自己特殊的作用范围，而不能包罗企业管理的各个方面，更不能用 CI 代替管理，或者重 CI，轻管理。例如 CIS 与企业文化建设有着重叠与交叉的关系，但 CIS 不能代替企业文化建设。

同时，CI 计划导入本身就是一个长期积累、综合创造的过程，需要长期投资并不断完善，而且要根据变化了的企业情况和外部经营环境及时调整和完善。否则，一套原先适合企业现状与发展、适应市场、适应社会公众的 CI 计划就会蜕变为与之不相适应的 CI 计划，这样的 CI 计划只会成为企业发展的障碍。CI 是永无止境的过程，是对企业原有的市场运作标准、广告设计标准、公关活动标准等不断加以提升、综合及系统化，建立以明确的经营理念为指导、更具有实际操作性的企业整体运作方式与统一化的标准，以提高企业的整体素质与竞争力的过程。

3. CIS 形式论

错误认识：有的企业认为塑造企业形象就是标志和色彩设计问题，完成了标志和色彩的设计就完成了企业形象的塑造，把标准字、标准色以及公司徽标等一些视觉运用设计当作 CI 形象，将 VI 与 CI 划等号。有的企业要么没有 MI，即使存在 MI，也缺乏个性，千篇一律。

不少企业抱有如下观点：导入 CIS，在外观形象包装上花钱值得，因为看得见，摸的着，能给企业新鲜感。其他方面则是可有可无的事。

VI，确切地说是 MI 的视觉转化，当初美国的 CI 导入是以 VI 切入的，这是因为美国工业高度发达，企业管理水平已到了高层次。日本的 CI 则是从 MI 切入的。中国企业情况千差万别，切不可盲目跟随。企业导入 CIS，不仅仅是设计上的变更，而是企业通过一系列独特的视觉识别手段向外界传达信息。但 CI 的深层次却是 MI、BI，尤其以 MI 为核心。因为经营理念的完善与巩固，是整个系统运作的原动力。一些企业尚未确定符合企业实际的经营理念，便匆忙将 VI 实施了，便称之为 CI。CIS 是一个系统工程，CI≠VI，导入 CI，不能只做 VI、只注意物件的外观装潢，将视觉系统统一化。这只是对 CI 片面和肤浅的理解。企业导入 CIS 战略，应重点在经营理念上下功夫，弘扬企业个性。但一些企业没有深入、全面进行理论思考，只重视企业视觉识别（VI）部分，而忽视企业理念识别（MI）、企业行为识别（BI），把完整的 CIS 系统理解成片面的 VI 系统。将 CI 等于 VI，匆匆地将 VI 的基本要素和应用要素实施，这恰恰是舍本求末，买椟还珠，实际上没有抓住 CIS 的关键。因为具有鲜明个性的经营理念和行为规范是创造成功企业形象的基础，没有极具个性的经营理念和行为规范，视觉系统只能徒有形式，成为简单的装饰品。所以说 MI 是 CI 的核心和灵魂，而没有 VI，MI 也将无法有效地传达和表现。

4. CIS 理念论

有人认为，塑造企业形象主要是确立企业的目标、使命，提升和概括企业的价值观，狠抓企业精神和企业理想、道德等方面的建设，各种色彩设计和宣传活动是可有可无的事情；不搞，对企业发展起不了影响；搞了，影响也不大。认为企业形象的树立主要是 MI 的事，可以用 MI 来代替 BI 和 VI。

这种观点将 MI 与 CI 划等号。在整个 CI 体系中，MI 固然是最重要的，但并不能由此得出唯 MI 的结论。因为，企业理念是企业的经营理念、价值准则等的高度概括和提炼。对广大消费者来说，它是一种"看不见、摸不着"的东西，只有通过一定的具体的感性形式，运用某种具体的物质载体，通过员工的日常活动，才能具体地体现出来，从而为大家所深刻感知。塑造形象的根本目的，就是要让消费者对企业认知和认同，并在此基础上产生信任、好感和合作。其中不可或缺的手段，就是通过企业的视觉识别和活动识别来领悟企业的理念，达到对企业形象产生好感的目的。如果将视觉识别系统视为形式的话，那么企业理念识别系统这一内容只有借助于形式才能具体化。

5. CIS 过时论

20 世纪 90 年代中期，CI 在中国被舆论界炒作了一阵子，之后，很快又发出另一种论调："CI 过时了，现在轮到 CS（顾客满意战略）了。"

回顾世界 CI 起源的历史，自 IBM20 世纪 50 年代导入 CI 成功开始，至今已有半个世纪。CI 从欧美传到日本、韩国和中国的香港、台湾，风行世界，为国际企业普遍采用，历经半个世纪而不衰。已经形成 MI、VI、BI 三大系统交叉互动的完整战略体系，并且随时代与不同国家地区之发展而深化发展。中国 CI 起步较晚，自 1988 年广东太阳神集团有限公司第一个导入 CI 开始，不过十来年时间，引进 CI 企业不过百分之几，大多数企业只知 CI 表象。从实施 CI 的企业来看，多数企业导入 CI 后在经营业绩上都有明显的改善。虽然由于各种因素使 CI 的普及应用还存在不尽如人意的地方，但 CI 是适合现阶段中国企业需要的一种管理手段，从发展趋势看，CI 在中国仍有广阔的发展空间。

12.1.2 运作中的误区

1. 忽视深入调查，凭主观想象设计企业形象

有些企业在导入 CI 的过程中，不是把树立良好的企业形象看作企业自身的事情，不是动员企业全体员工参与和设计自身形象，而是把它看作份外之事，全部委托给各类策划公司和公关公司。而这些公司在进行设计前并没有进行深入细致的调查，仅凭主观想象进行设计，在 VI 上花样翻新，在 BI 上制定一些死硬的规范条例，在 MI 上提些空洞无物的标语口号。由于设计者和具体运作者是两张皮，因此所谓的 CI 导入换来的只能是静态的和作为主观产物的 CI 手册，它充其量只能成为企业的一种摆设，其效果可想而知。

2. 千篇一律，没有个性

有关资料表明，当前我国企业口号大多千篇一律；而企业和商店的企业字迹与招牌也多由少数名人题词书写，都是一个面孔，毫无个性，很难在公众中留下深刻印象。

CIS 的导入目的是塑造鲜明的企业形象，它归根结底是一种差异性的竞争策略。

个性化是 CIS 的灵魂和生命，是 CIS 功能发挥的重要条件，是 CIS 成功关键所在。CIS 就是要创造个性，无个性也即无形象。企业形象通过差异性设计后，不仅有利于公众的识别与认同，也有利于表现本企业与其他企业在产品或服务上的差异。差异性是企业相关组织或个人识别的基础，也是企业在这一瞬息万变时代、眼花缭乱世界的生存之道。差异性不仅体现在企业的视觉标识上，如商标、标准字、标准色、广告、招牌、徽章、工作服等，而且表现在企业的产品、经营宗旨、目标以及经营风格、企业文化和企业战略上。

3. 重设计轻实施

策划出一套符合企业实际情况的 CI 系统固然十分重要和不易，但要按制定的导入步骤和运作流程去推行则愈加困难和必要。一些企业对 CIS 设计十分重视，但设计完成之后，便将设计规划束之高阁，以为制定出规划，编写出一本门类齐全的 CIS 推进手册，便宣告大功已成。至于如何采取有力措施和步骤加以实施则不愿下功夫，其结果往往是半途而废。

CIS 是一项系统工程，它的导入、维护、完善是一个实践性很强的过程。它的具体实施需要企业做出比规划方案更多的努力。CIS 运动的导入至少要花 1~2 年的时间，许多企业都要在第一次 CI 导入的基础上，不断地总结反思、强化和完善，只有这样，才能实现 CI 导入的目的。

4. CIS 本位主义

有的企业在导入 CI 时，没有将 CI 与企业自身的需求结合起来，脱离企业的战略目标和方向，孤立地对待 CI。例如有的企业在对未来发展方向路线不明、品牌意识较差的情况下就进行公司标识系统和产品商标的设计。这种忽视 CI 根本目的舍本逐末的做法在我国企业中非常普遍，造成这种现象的根本原因是对 CI 理解的片面性。实际上，成功的 CI 策划，不首先研究企业发展战略计划是毫无依据的，实施 CIS 必须遵循战略优先的原则。以企业标志设计为例，倘若对这个企业的行业特征、未来发展方向、主导产品、经营理念等有了比较清晰的了解和正确的形象定位之后，那么上述这些创作之素材就可以在设计师标志创作过程中，对构图、色彩、线条等的运用起很好的导向作用。其完成的设计作品将是与 CI 策划融为一体的形象识别标志。反之，脱离了具有战略高度和发展规划作指导的标志设计，则难免因脱离企业的实际而难以得到个性的展示，也不会成为具有强烈差异性的成功 CI 设计。

5. 上热下冷，领导包办

企业导入 CI 不仅仅是企业最高领导的事。企业最高领导要有导入 CI 的坚定意志固然重要，但如果只有企业高层领导的热情，没有在企业内部上下统一认识，形成共识，没有全体员工的支持和共同努力，不能调动起全体员工对 CI 运动的热情支持，形成一种热烈的时不我待的氛围，光凭几个领导者的努力，根本无法有效地推动 CI，发挥 CI 的影响力。企业形象是企业诸要素形象的综合，企业形象塑造的动力来自于全体员工协同奋进的合力，CIS 的导入和实施过程，实质上是全体员工共同参与和投入的过程。CIS 战略是永久的没有终点的一连串活动，为了使企业内部士气高昂，应该从一开始就轰轰烈烈地进行，要使员工感到企业导入 CI 的必要性，CI 的导入与自己的切身利益密切相关，从而达到内部员工的认同感，创造 CIS 顺利导入和实施的必要条件。

12.2 企业形象管理发展趋势

12.2.1 CI 应用的发展趋势

1. 应用的普及化

普及化是对实施 CI 的主体——企业而言，CIS 将逐步成为我国企业所普遍采用的一种基本战略。

(1) 国外企业实施 CI 的导向作用

CIS 是国际企业所普遍采用的一种现代经营战略，众多的国际名牌都是借助了 CIS 这一基本战略雄霸世界，成为跨国经营的世界名牌，同时成为中国企业导入 CI 的国际范例。CI 在世界风行半个世纪而不衰，必将引起中国企业家们的深层思考。我国企业同国际品牌的差距，其中特别是表现在经营理念、策略、文化、管理素质等方面的差异，必将激发我国企业在加入 WTO 之后的国际化竞争中奋起直追，使之成为企业自身求生存和可持续发展的基本战略而加以开发应用。

(2) 企业对 CI 认识的深化和观念的转变

中国企业引进 CI 战略的历史不过十几年，迄今仍然是少数观念前卫的企业导入 CI，而大多数中国企业仍然处于对 CI 的朦胧认识时期。伴随世界经济一体化进程加快，它们面临国内国际两大市场的激烈竞争压力，必然愈来愈普遍地认识 CI、引进 CI、导入 CI。以前认为 CI 必要性不大的企业，现在也在转变观念。他们开始理解，CI 的功用不单是促销产品，不仅仅是面对消费者，而是面对整个社会产生影响力。对外是塑造公司、品牌、产品形象，开拓市场；对内是强身健体，改善企业体质，增强活力的一剂管理良药，是企业谋求长远可持续发展的基本战略，不可不重视。

(3) 来自企业内部发展的必然需求

企业，特别是改革初期成长起来的一大批民营企业，他们在企业发展的初期往往是顾外不顾内、顾头不顾尾，两只眼睛直盯着市场，对企业管理、企业形象、文化建设等可以说无暇以顾，或并未引起充分重视。但是，当企业走上高速发展轨道后，才发现企业形象等是制约其进一步发展的瓶颈，必须通过导入 CI 等手段，苦练内功，夯实基础，企业才能站在更高的发展平台上。

2. 应用的深化发展

(1) 从单纯的 VI 向 MI、BI、VI 三位一体的系统理解和应用发展

将 CI 最初引入中国的主要是广告公司，其长处是"做表面文章"，对包装设计比较精通，但对企业的经营理念、价值观、工作规范等方面的理解和把握则是其的短处，因此在为企业提供 CI 策划时，很自然地将重点放在视觉设计上而忽略了深层次的理念识别和行为识别。VI 成为早期中国企业导入企业形象设计的核心，导致企

业对CI的作用、角色和内涵处于一知半解状态。

经过十几年CI实践的中国企业进入21世纪之后,已经对CI战略体系有了比较深刻的认识,他们不再为"表象化CI"所迷茫、所误导。他们开始执著追求其本质和精髓。现时导入CI的多数企业,特别是有一定规模、有较好产品基础的企业,都提出整体导入CI的要求,包括理念识别(MI)、视觉识别(VI)、活动识别(BI)全面引进,他们已经明白三者的关系和整体推动的力量。

(2) CI与企业经营管理日益紧密结合

1) 企业战略

以往不少企业在对CI缺乏深刻理解的情况下,往往就CI而谈CI,没有看到CI与企业发展战略的内在关联。事实上,没有企业战略指导的CI会迷失方向,起不到应有的作用;CI是为企业战略服务的,是实现企业战略的重要手段。现在越来越多的企业认识到这一点,在导入CI时通常会首先进行战略诊断和梳理,这是做好CI的前提和基础。

2) 市场营销

企业导入CI的直接目的是在竞争日益同质化的市场中,塑造有独特个性的企业形象,构建差异化竞争优势,提升产品在市场中的竞争力。从CI的应用和市场营销的发展来看,两者在许多方面相互融合:产品的外观包装是产品重要组成要素,甚至有人将包装看成是第5个P,而包装同时又是VI的重要内容;广告宣传、公关关系、公益活动既是市场促销的有力手段,同时也是BI的组成部分。在产品名称、终端布置等其他方面,两者也有非常紧密的联系。

3) 品牌经营

环顾目前众多导入CI的企业,我们可以分析出一个非常集中的特性,即以建立和塑造自己品牌、提升品牌知名度、美誉度、竞争力为导向导入CI。

目前中国已成为制造大国,许多工业产品的产销量位居世界前列,被誉为"世界工厂"。但制造大国不等于制造强国,目前中国制造业以贴牌加工为主,而这往往是整个产业链中增值能力最低的环节,品牌以及渠道等在产业链中起决定作用的要素被国外企业牢牢控制。中国一些企业在同外来品牌、国内著名品牌的对阵中,最大的劣势是品牌弱势。他们发现对方品牌优势的建立原因之一,是因为导入CI,并运用CI战略来操纵市场行为。于是,中国企业纷纷导入CI,首要目标是建立和强化自己的品牌竞争力。

12.2.2 理论上的继承和发展

1. 中国型CI应体现民族性

日本型、美国型的CI对我们有借鉴作用,但由于政治体制、经济发展背景和条件、人的文化素质等不同,我们不能照抄照搬。实施CI不从中国实际出发,就从根本上背离了CI。学术界必须研究中国传统文化,将西方CI的精华与我国传统文化融合一体,发现或总结出适合我国国情的CI模式。

现代企业的竞争归根结底是文化的竞争。如果说企业有形资产的价值含量在于资本的多少，那么无形资产的价值含量则在于文化内涵的丰富与否。企业 CI 战略的实施是企业无形资产的主要实现形式。因此，企业在导入和实施 CI 战略时，不能不以文化为根基，立足于中国传统文化的土壤，创立有中国风格（或民族特色）的 CI 理论，从而有效地指导企业的实践，塑造鲜明的品牌形象。

中国传统文化强调天人合一，人、自然和社会和谐，顺应自然规律，重视伦理关系，讲究"人能弘道，非道能弘人"，讲究"人本"，崇尚和平与德治，倡导个人对国家、社会的责任感和使命感等。这些传统文化观念对企业文化建设和树立形象影响深远，意义重大。企业导入 CI 必须注重研究中国文化，要符合中国文化的精神，建设有中国特色的 CI，并促进中国现代文化的发展。

如果说美国型 CI 是沟通客观事物的工具，日本型 CI 则是创造对企业认同的活动。中国型的 CI 应是对美国和日本的 CI 进行高度的综合，扬长补短，创建符合中国企业实情，显示中国企业独特文化底蕴的高品位的 CI。

2. 理论上的探索

CI 起源于美国，以视觉识别为主；CI 完善于日本，形成了 MI、BI、VI 三个层次的 CI 体系。随着 CI 的广泛应用，其理论内涵仍在不断地丰富和完善。

例如，VI 一般意义上指视觉识别。但是在人们感知外界事物所获取的信息中，听觉发挥的作用不容忽视。有学者对人的视力和听力有机结合的视听系统进行过考察，发现其整体功能优于视和听的单独功能及其简单相加。日本 CI 专家山田理英在其专著《新 CIS 战略》中，提供了有关视听识别的有趣资料。该资料将声音与色彩、形状等因素结合起来，以五官感觉来控制具体化的形象概念，运用所有的感觉管道向人的意识及潜意识发出信息，以取得企业形象的有力定型。

因此，企业导入 CI 时，切不可置听觉识别（Audio Identity，简称 AI）于不顾，在设计时应考虑以下几个方面：商品名称的可读性，广告导语的可传播性，企业主题音乐的统一性。

思考题：

1. 结合我国企业形象管理的实际，谈谈其中的误区，并给出解决方案。
2. 借鉴国际经验，用实例说明企业形象管理的新动向。

附录

企业导入 CI 的案例

不同的企业实施 CI 的诱因各不相同：有的是企业发展战略的需要，有的是业务或市场发生了变化，有的是因为竞争使然，有的是因为企业处于经营的困境。仔细分析可以发现，企业导入 CI 的选择与企业所处的发展阶段即企业生命周期密不可分：

1. 初创期

这是 CI 导入的最常见也是最好的时机。在新企业建立，企业兼并、合资、集团化的过程中，都需要考虑新企业的名称，设计新的企业标志。经过高度提炼概括的企业使命和理念为企业的发展指明了方向，而经过良好设计的企业标志和企业名称给消费者留下美好的第一印象，其作用随着日后企业的发展日益突出。

2. 成长期

企业在经历了导入期的起步后，进入了高速发展阶段，企业的市场占有率、品牌知名度迅速提升，产品线的种类不断丰富。这个阶段对企业非常重要的一点是尽快树立起统一，同时个性鲜明的企业形象，并借助各种媒体和渠道进行传播，使企业得到社会的了解和认同。

3. 成熟期

经过了成长期的高速发展阶段后，企业进入了成熟期，市场逐渐饱和，企业之间的竞争日益激烈。为了保持自身的平稳发展，企业有多种选择，可以进入新的市场，或者开发新的产品乃至进行多元化经营，也可以采取差异化竞争策略。这些行动都要求原有的 CI 进行相应的调整。

4. 衰退期

如果企业所处的行业逐步萎缩或者企业自身经营不善，企业就进入衰退期。为了摆脱不利局面，企业必须对自身的战略定位和方向进行根本性的调整，同时制定与战略调整相适应的策略，CI 就是众多可采取策略中的一种。企业期望通过导入或修正 CI，在社会公众中树立焕然一新的企业形象，以此重整旗鼓，改变发展的颓势，使企业重新走上发展的道路。

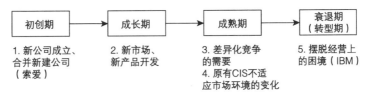

企业生命周期的不同阶段企业导入CI的情况

初创期企业 CI 案例：索爱

一、公司背景

索尼和爱立信两家公司于 2001 年 10 月分别投资一半成立新公司"Sony Ericsson Mobile Communications"。合资公司结合爱立信公司的有关通信经验和索尼在民用设备领域的经验，从事手机的市场调查、设计、开发、市场分析、销售、发行以及顾客服务，公司使命是将索爱建成手机界最具吸引力和最具创新精神的全球品牌。

二、公司新标志

一个标志反映一个公司的事业、前程和雄心，所以当索尼爱立信标志的设计工作开始时，设计组的人员提出了不少意见。索尼爱立信全球市场的负责人说："公司标志应该能够反映出我们的所作所为，应该体现出这个新公司的朝气和不断的进取心。当然，它必须能把索尼爱立信和市场上的其他商标区分开来。我们想到一个能把商标的价值和我们的理念结合起来的标志，同时它也要生动、有活力，这很重要。这个标志反映的是索尼爱立信的梦想和心灵。"

索尼爱立信作为一个从事移动通信和多媒体产业的公司，要求它的标志能像"旧"媒体表现得一样既有视觉冲击力，又有动画效果。"流动的形象"和"另一个自我"是这个新标志要体现的两个关键元素。

索尼在东京的设计中心的 TakuyaKawagoi 说："流动的形象是指当你看见它的形状和颜色时能够产生动感。"他是该项标志设计组的领导人。

"而且，这个标志要让人感觉像活的一样。这是因为我们觉得移动电话已经成为最个性化的东西之一，犹如你身体的延伸。我们还往前推进了一步：要是它变成了'另一个自我'会怎么样呢？一种有个性的东西。"

"这个标志能表达出我们全部的感情和行为，它可以是平静安详的或者是活泼驿动的。为了增强生命感，我们选择了温暖的绿色。"

索尼和爱立信本身的历史对新标志的产生很重要。

TakuyaKawagoi 说："它要有别于索尼和爱立信自己的标志。我们经过了认真考虑，才创造出这个独特的又具有两家公司合作意义的新标志。"

TakuyaKawagoi 强调这个标志的象征性意义超过了先进的技术。

"今天，移动电话不只是一个设备，它是用户自身的一种延伸。因此，公司的标志应该不仅仅表现高技术的产品。"

索尼的设计组花费了两个月才使这个标志由一个概念变成了视觉形象。

TakuyaKawagoi 说："我们做了差不多 150~200 个图样，最后终于取得了满意的结果。"

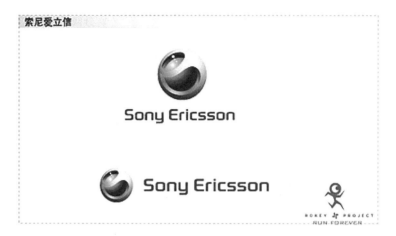

索爱的标志

三、索爱的形象塑造

我爱音乐。我爱影像。我爱运动。

在索尼爱立信最新的产品广告中，公司品牌标志被作为表达爱、喜欢、渴望和期待的一个载体，两边分别用第一人称的我和所渴望的事情或梦想，来诠释消费者对手机或者沟通的一种情感渴望。

简洁、直白、动感、活泼、热情、时尚而充满激情，索尼爱立信的最新品牌形象获得了广大消费者和市场的认同。

索尼爱立信的品牌也因此在消费者心目中形成了与众不同、卓尔不群的印象。

世界因我不同。勇于创新和引领时尚潮流的索尼爱立信注定要不断给消费者和市场惊喜和惊艳。

索尼爱立信公司副总裁和市场营销负责人 Dee Dutta 表示："索尼爱立信正在进入快速增长阶段，一个成功的重要因素是各地的人们能够在各个层面与我们产生互动。过去，我们的品牌形象已经在消费者心目中树立起来。现在是我们影响消费者内心和心灵的时候了。未来移动设备将不断以诸多不同方式成为我们生活的中心，这就需要我们的品牌能够以充满能量、激情和热情的方式与其他品牌区别开来。而这至关重要。"

心灵的触动和情感的共鸣与交流，这就是索尼爱立信最新品牌形象所希望达到的效果和目的。

索尼爱立信全新的品牌形象包括一系列明亮、明快的色彩，这些颜色经过特别选择，以不同于目前主要科技品牌常用的白、灰、黑和蓝色调。除了全新色彩，还有一个包括两个基本要素的强势核心理念：文字信息和围绕索尼爱立信流动品牌标志的感情描述。信息一直由表现个性的"我"（I）开始，接着是流动品牌标志，然后是与个体喜欢、关心或者被激励的事情相关的信息。这一框架可以以诸多方式、任何语言来应用，与观者产生视觉和即刻的互动。

这同时也意味着，索尼爱立信全球化进程的进一步加快，从而为索尼爱立信未来成为业界前三甲呐喊助威。

索尼爱立信品牌管理负责人 Andrew Warner 在解释新识别如何与观者产生互动时表示："当你一看到这一品牌形象，立刻会产生你与索尼爱立信品牌的参与感。传达的信息是它将你视为一个个体，不是告诉你怎样看待索尼爱立信，而是展现你所想的内容。它不是一个传统的、精致的品牌形象。我们计划增加使用互动媒体来建立与全球消费者的对话，并与他们一起共同创造我们的品牌信息。人们希望知道我们的产品如何增加了他们的生活内容和感受；他们如何被联系起来；他们可以获得多少乐趣；他们可以怎样更好地工作，等等。全新的品牌形象以非常简洁的方式将我们的产品与人们关心的东西联系起来。它不是把重点放在产品如何如何上，而主要是放在消费者可以从产品中获得什么上。"

无疑，全新的参与性品牌形象将使索尼爱立信与其他厂商区别开来，展现索尼爱立信创新性移动电话的全面特性。比如索尼爱立信在音乐、影像手机方面的领先地位和优势。

领先消费者和市场半步是致力于成为全球移动通信领域最有吸引力、最有创新性全球性品牌的索尼爱立信的一贯追求，而最新的品牌形象恰恰是一个非常有力的诠释和佐证。

四、索爱的形象代言人

超女何洁与广州索爱数码科技有限公司总经理刘建佳签订了合作协议。"爱我索爱，自由自在；爱我索爱，无处不在；爱我索爱，自成一派。"这是何洁代言索爱 MP3 上的广告语。

索爱看中何洁，旨在与超级女生品牌形成强强联手，认为超级女生策划推广的广度、高度和影响力都是无可比拟的。"这种创新意识和'敢为天下先'的勇气和敏锐的市场力，都是索爱公司极力推崇的。"刘建佳总经理认为它的迅速崛起的时间之短、速度之快与索爱的发展目标不谋而合。"他相信，相同的企业文化、相同的人性化的管理与亲和力，使双方企业走到了一起，彼此肯定能在中国的娱乐数码市场形成强大的品牌影响力，共同实现双赢的局面。

何洁在超级女生中的顽强、自信形象，也是索爱与何洁合作的重要因素。"她率真的个性、动人的五官，乃至她身上所体现出来的健康时尚、活力四射、爱我所爱的生活观念，恰与索爱品牌的个性以及希望阐释的精神完美契合。"刘建佳总经理说，从何洁成功的历程中，他也看到了索爱的成功和未来。

五、索爱的公益活动

5月17日,索尼爱立信在北京宣布,在世界电信日和中国首次北极科学考察十周年到来之际,索尼爱立信携手《中国国家地理》杂志正式启动"索尼爱立信北极极地探索"活动。

此次活动的背景是,索尼爱立信今年把传播重点转向了品牌建设,而极地探索是今年的重要事件,两者可以很好地结合。就索爱主观目的来说,是希望借极地探索活动在带来不同寻常体验的同时,也充分展现索爱关注、呼吁和推动环保的实际行动,以及积极参与社会公益事业、致力于成为社会好公民的决心。当然,更为重要的是向世人展示索尼爱立信的产品和企业形象。

1. 高举环保大旗展企业风采

索爱此次赞助极地探索在环保上做足了文章。据了解,此次北极队员考察将有两大主要任务。一是带去自己家乡的土壤一包,对比北极土地,把土壤埋在北极永作纪念,时刻牢记环保的重要性。二是感受环保带来的乐趣,将在北极住进冰雕的房子,还将到北极圈临近的瑞典,与当地探讨如何环保。索尼爱立信全球副总裁、中国区负责人古尼拉女士表示,她希望通过这次活动,让企业、社会和大众更多地关爱自然环境。

当然,作为一个企业赞助的活动,不可能背离其商业目的。古尼拉表示,除极地探索活动外,此次行程中将包括访问索尼爱立信位于英国伦敦的全球总部。通过消费者亲身的深入了解、访问和媒体的深度报道,让中国消费者深切感受作为国际化企业,索尼爱立信在短短时间内的快速发展和进步,以及发展壮大的源泉所在。

还有一个更为直接的商业活动是,《中国国家地理杂志》将汇集考察队拍摄的照片,进行筛选、分类和冲洗,将印制特别纪念专刊,展示此次极地探索所拍摄的人文、社会和企业风貌。拍照的工具当然主要是索尼爱立信提供的手机。

索尼爱立信公关总监宁述勇在谈到此次赞助目的时坦然表示,活动谋求的是经济效益与社会效益的统一,两者互为补充,不可缺一。

2. 借运动拉动产品销售

索爱在启动探索活动的同时,当然也不忘借此来拉动产品的销售。凡在指定日期间购买指定手机的消费者,上网登陆后,经过核实抽奖,10名幸运的消费者将有幸亲身奔赴北极、参加为期10天的北极极地探索之旅。从另一个角度来看,这与普通的产品促销区别了开来,不单是一次颇有诱惑力的北极之旅在招手,还是非常高尚的环保教育之旅。

此前,索尼爱立信已经展开了一系列品牌建设活动。2005年初,索尼爱立信通过与《功夫》携手,赞助《大城小事》等影片和华人音乐剧《雪狼湖》等来促销产品。去年底,索尼爱立信赞助了国际女子网球巡回赛,以此提升索尼爱立信的品牌影响力。

成长期企业 CI 案例：联想国际化 CI 标识切换

标识是品牌的"代言人"。18 年来，联想的英文标识 Legend（传奇），伴随着成千上万的联想产品，进入寻常百姓家，其品牌价值高达 200 亿元。联想 PC 市场占有率至今保持中国第一，就像 Legend 的英文原意一样，演绎了一段中国 IT 企业的"传奇"。2003 年 4 月 28 日，联想正式在全球更换追随自己 19 年的"Legend"标识。联想为何要换标识？

一、联想国际化发展的背景

"联想"这一品牌最初来自于联想式汉字系统，这也是 1984 年联想创业以来公司的第一个自有产品。1988 年 6 月 23 日香港联想开业，并正式采用英文名称"Legend"作为公司名称。据柳传志介绍，当初联想在香港成立、起名叫 Legend 的时候，也有其他行业的其他公司叫 Legend，在这些公司里面，联想是排名最后的一个。当初起 Legend 的名字，只是为了谋生，完全没有想到有国际化的问题。1989 年 11 月联想集团公司成立，第一次在国内把"联想"作为企业及集团名称。这个时期，"Legend 联想"正式出现在历史舞台上。1994 年，联想集团有了联想自己的品牌电脑，1997 年，联想做到了本土市场第一，成为中国本土第一品牌。

2000 年联想集团分拆，开始多元化发展的征程。联想出击手机、互联网以及 IT 服务等多个市场，目的是摆脱"联想就是做 OC 的"说法，转向 IT 服务、高性能服务器、手持设备等业务和产品线。但是经过多年的发展，联想基于国内市场的多元化发展已趋于极致，进一步横向拓展的空间较小。由于本土市场日趋饱和，在竞争日益激烈的情况下，联想很难迅速做大营业额。

在 2001 年 4 月 20 日的联想集团誓师大会上，杨元庆提出了联想国际化的战略目标，并郑重宣布未来的联想是高科技的联想、服务的联想和国际化的联想。当时确定的国际化目标就是：在 2010 年，集团将有一定比例的收入来自于国际市场，公司的管理水准达到国际一流，公司具有国际化发展的视野和与之相对应的人才和文化等。2002 年联想海外收入占总收入的 5%～7% 左右（另有一种说法是，联想海外收入占 5% 以下）。它在国外设有美国、英国、荷兰、法国、德国、西班牙、奥地利 7 间子公司，以及超过 100 家的海外营销渠道。联想 QDI 主板在欧洲市场的销量是每年 150 万块左右。2001 年开始在欧洲推出 QDI 品牌中高端笔记本。2002 年联想在香港市场的 PC 销售目标是 1 万台，占到香港市场份额的 5%。但杨元庆认为，过去联想的海外业务主要是生产加工及产品出口业务，没有真正意义的品牌业务，长远来说联想要逐步在国际市场发展品牌业务。

2003年，联想除PC之外其他业务增长乏力，决策层不得不考虑除业务多元化之外的发展方向。联想内部讨论的结果认为：在地域上拓展，即进军海外是最好的方向，同时，向海外拓展的业务应是联想具有核心竞争力的PC业务。随着时间的推移，联想贯彻国际化战略、实现这一目标的紧迫性就越来越强，而联想在管理、技术、服务和品牌运作等诸多方面进行变革提升，以适应国际化需要的任务也越来越被提到日程上来。

另外一件事也加快了联想国际化步伐，这就是北京申奥成功。柳传志认为：北京成功申办奥运会，将给中国企业的国际化提供千载难逢的机会，联想不能错过这个机会。韩国、日本的企业都市借助举办奥运会的机会开始国际化的步伐的。想像三星在1988年没有布局国际化，三星还会是今天的三星吗？

二、联想换标的过程

从2001年开始，联想就开始有意识地进行品牌的梳理工作。而到了2002年5月份，联想正式成立了专门的项目小组来运作这件事情。项目小组分为领导小组和日常小组两部分。领导小组由联想总裁室成员来承担，而日常小组则融合了联想员工，联想的策划、公关公司等。

切换标识的工作启动后，每作一步重大决定都经过董事会来作决定。整个切换新标的工作就一些重大反反复复讨论好几次，比如公司内部曾讨论说，究竟是否采用单一的品牌标识、是否全球统一更换？还是国内外标识分开采用？最后讨论的结果，全球统一更换新标识，但国内与海外市场有所区别，也就是在国内使用的"Lenovo联想"标识，海外市场则使用的"Lenovo"标识。

2003年4月28日，联想集团全球品牌新标识切换项目正式启动，Lenovo从此取代Legend成为联想品牌走向国际化的新标识。在品牌切换发布仪式上，杨元庆直言："联想此次切换品牌标识的直接原因是国际化的需要。联想要国际化，首先需要一个可以在世界上畅通无阻的、受人喜爱的英文品牌，但Legend这个英文名称在国外很多国家已经被注册，联想产品进入海外市场后，使用"Legend"标识就无法进行销售及市场推广。所以我们必须未雨绸缪，为未来公司业务拓展做好先行部署。"

联想原英文标识"Legend"加上状似5寸软盘、外方内圆的联想品牌图，象征着"传奇"的意思。联想决定更换标识时，也曾试图用直接的英文单词来做新标识，但最后还是采用了现在大多数国际性企业通常选择商标的做法，用一些比较有创意的词语。新标识同时还被赋予了另外一种含义。杨元庆称，新标识意味着联想国际化的开始，而更换新标识则代表着联想迈开了国际化的重要一步。Lenovo取代Legend是联想对联想品牌内涵的坚持与发展，是联想品牌走向国际化的一个重要里程碑。Le是原来品牌标识的字头，novo拉丁文是创新的意思，Lenovo这个新单词的寓意为"创新的联想"。新标识采用蓝色的基调，现代简约的设计，表达了专业、科技、深邃和智慧的意境，更有效地传递着联想"科技创造自由"的理念，并注入了更多新的活力。通过充分挖掘和提炼，在以前品牌内涵继承和创新的基础上，联想整理出"诚信，创新有活力，优质专业服务和容易"四大品牌特性。

联想原标志　　　　　　　　　　　　联想新标志

联想将把新品的上市和新标识结合起来，因为不同产品之间也都有各自的推广计划，包括店面的切换、广告宣传等。在2003年里，联想的专卖店，和渠道的标识都将根据计划切换过来，联想将实现单一架构的品牌管理，联想旗下的所有产品都将先后被打上Lenovo的新标识，以"联想1+1"为代表的群组品牌也都要消失，联想的某些专卖店已经开始更换门面，用新标识取代"联想1+1"。

由于联想原标识Legend（传奇）在国内拥有很高的知名度，曾伴随着成千上万的联想产品，进入寻常百姓家，其品牌价值高达200亿元。联想采用平稳过渡的方法——国内仍然采用汉字和英文的双重标识，而香港联想的英文名字并没有改变，改变的只是标识。如果未来Lenovo非常有名，不排除香港联想英文名称自动更换的可能。

三、联想换标与国际化发展

标识的改变是联想转型、走向国际化这个过程的第一步。联想品牌能否真正在国际市场上成为长久的知名品牌，还有很长的一段路要走。联想认为国际化的实现是一个长远的目标。进军海外不仅需要在品牌方面做好准备，更为重要的是在业务方面提高自身的水准，提供高品质的产品和服务。切换品牌标识虽是国际化进程中一个不可或缺的步骤，但仅是为国际化战略做了第一步的准备，至于未来国际市场的策略怎么做，联想还需要做更加深入的思考。

柳传志认为，中国企业走向国际化，我们要一步步地让人家认识到中国企业和社会越来越诚信，而且还要让人认识到中国企业越来越有实力，中国企业的形象将是我们走向国际化遇到的最大的问题。联想要通过Lenovo传递出来的品牌特性来征战国际市场，以实力证明自己。

联想在实行全球换标后，紧接着又有两个重要战略举措，一个是向全球宣布收购IBM个人电脑事业部（PCD），成为一家拥有强大品牌、丰富产品组合和领先研发能力的国际化大型企业，目标是整合全球业务，达到协同效应。另一个举措是奥运品牌战略。2004年3月26日，国际奥委会在北京宣布，联想成为第六期国际奥委会的全球合作伙伴（简称TOP），从而使联想作为奥运会顶级赞助商与可口可乐、源迅公司、通用电气、美国恒康人寿保险、柯达、麦当劳、松下电器、三星电子、斯沃琪集团、威士国际组织10家公司站在了同一个高度上。由于奥运会顶级赞助商可以在200个以上的国家和地区展开市场营销，所以能够较快地提高品牌的知名度和美誉度，联想正是在这种思想的指导下，抓住北京成功申办2008年奥运会和IBM退出TOP的契机，成功跻身于奥运会顶级赞助商之列。相信联想此举能为其国际化进程添加一剂助推剂。

成熟期企业 CI 案例一：百事蓝——差异化竞争的典范

一、背景

作为对手，到 1995 年，百事可乐和可口可乐已经整整打了 97 个年头。成立初期，百事公司大打价格战，凭着"一分钱，两分货"的口号，从早它 12 年成立的可口可乐公司手里抢走了不少顾客，初战告捷。20 世纪 70 年代，百事雄心勃勃，打出了第二张牌，发起著名的"百事挑战"活动，说服消费者百事不仅价格便宜，而且味道也更胜一筹，继续扩张它的版图。80 年代，两家公司都把赌注押到形象宣传上。百事号称自己是"新一代的选择"，向年轻消费者发起攻势；而可口可乐则喊着"永远可口可乐"的口号，固守自己的阵地。1993 年，面对百事的猛烈攻势，可口可乐重新推出经典的印有红色圆形图标的包装瓶，同样赢得了不少青少年消费者。这一招，又把百事逼回了穷于应付的境地。在总收入超过 1000 亿美元的世界软饮料市场，1% 的市场份额，就意味着 10 亿美元的收入。

二、百事蓝推出的过程

在 1995 年的竞争中百事国际，处于一种劣势，基于对品牌的忧虑，百事国际进行了一次全球市场的品牌调查，它们发现，不光是在不同的国家，甚至是在同一个国家里，百事这个品牌的这个标志，当时都有一个不太一致的现象，另外，当时在 1995 年的时候，百事和可口可乐，它们同样是以红色作为包装，那么百事的红色和可口可乐的红色放在一起，不是那么明显、那么的突出，在传统碳酸饮料市场以及品牌价值上，百事始终在红色可口可乐的阴影之下。百事可乐由此提出著名的"百事蓝"提案，要把百事改成蓝色的，充满了激情，充满着活力，更代表年青一代人，而且，蓝色给人一种比较清新的感觉，这样百事就像可口可乐的红色一样，拥有了自己的识别颜色，那就是蓝色。

当时百事国际总部的这些高级管理人员，觉得这个计划非常有意思。所以在 1995 年全球的瓶装商和经销商的大会上把这新的方案提出来了，方案提出来以后，得到了不少人的兴趣和支持。为稳妥起见，他们决定在全球推广百事蓝计划之前，要先进行一个试验。百事在这个偌大的全球市场里选择了中东的一个小国家巴林，巴林是一个只有两个小岛组成的国家，中间一个桥相连接。人口只有一百万，而且在巴林百事只有一个当地的经销商，所以营销起来相对比较容易。再有一点，百事可乐当时已经是可口可乐市场份额的 3 倍。巴林调研是在 12 个星期内完成的，调研过程之中他们发现这个新的包装确实对百事的品牌形象有所提高，而在这过程之中，百事的销售额和市场份额都有所增加。而且有 70% 的百事拥护者，他们认为这个百事可乐的口味并没有什么变化。在 30% 认为这口味有变化的人里面，三分之二的人反而觉得这百事变成蓝色之后，口味比以前好了。

在巴林市场调研的结果出来以后，百事国际觉得调研结果还是有一定的代表性的，所以他们制作了一套全世界推广百事蓝计划的方案。这个计划，包括要斥资5亿美金，要在未来的6个月时间之内，在百事国际的超过50%的国际市场，来推行百事蓝的方案，而且，他们还安排了一系列大型的活动，比如说他们想把协和飞机，都刷上百事蓝的新的包装，然后在世界畅游。在公司的营销和广告宣传过程中掀起蓝色风暴，以抗衡可口可乐的红色风暴。

百事可乐在纯白的底色上是近似中国行书的蓝色字体"PepsiCola"，蓝字在白底的衬托下十分醒目，呈活跃、进取之态。众所周知，蓝色是精致、创新和年轻的标志，高科技行业的排头兵IBM公司就选用蓝色为公司的主色调，被称为"蓝色巨人"，百事可乐的颜色与它的公司形象和定位达到了完美的统一。

1998年，百事可乐百年之际，百事推出了一系列的营销举措。1998年1月，郭富城成为百事国际巨星，他与百事合作的第一部广告片，是音乐"唱这歌"的MTV情节的一部分。身着蓝色礼服的郭富城以其活力无边的外形和矫健的舞姿，把百事一贯的主题发挥得淋漓尽致。此片在亚洲地区推出后，引起了年轻一代的普遍欢迎。1998年9月，百事可乐在全球范围推出其最新的蓝色包装。配合新包装的亮相，郭富城拍摄了广告片"一变倾城"，音乐"一变倾城"也是郭富城新专辑的同名主打歌曲。换了蓝色"新酷装"的百事可乐，借助郭富城"一变倾城"的广告和大量的宣传活动，以"ask for more"为主题，随着珍妮·杰克逊、瑞奇·马丁、王菲和郭富城的联袂出击，掀起了"渴望无限"的蓝色风暴。

百事可乐和可口可乐的红蓝之争跨越了世纪，一直延续到现在，而且有愈演愈烈之势。在中国，"可乐我要蓝色的。"这是百事路牌广告上的广告语。这种色彩识别定位被百事可乐与可口可乐公司演绎的颇为好看。在可口可乐的广告中，红色元素的应用象征着可口可乐"要爽由自己"的价值诉求。百事明星们更是第一次以彩蓝色的造型染发出现在广告中，并且彻彻底底从头蓝到脚。在百事的预告片中，蓝的运用发挥到了极致。"百事蓝色风暴，突破梦幻国度"的电视广告是百事可乐有史以来制作费最为庞大的一支广告，据悉高达上亿元人民币，前后共用了6个月时间才完成。最新版本的百事广告特别邀请古天乐和F4担纲主演，出镜明星以百事的主打蓝色从头武装到脚，连头发也采用彩蓝色，完美符合了"百事蓝色风暴，突破梦幻国度"的全新广告语。

三、结果

AC尼尔森公司最近的调查结果显示：百事可乐已成为中国年轻人最喜爱的软饮料品牌。

在2004年4月《福布斯》杂志评选的"全美最有价值公司品牌"中，百事公司以561亿美元位列前十名，首次超越一直以品牌价值为傲的可口可乐。对百事这家曾经一度请求可口可乐收购自己的公司来说，无疑是"君子报仇，十年不晚"，打了一个漂亮的翻身仗。

成熟期企业 CI 案例二：中国联通新标识亮相——品牌定位是"创新、活力、时尚"

一、背景

2006 年被称作 3G 元年，中国电信行业正在积极应对这一新时代。年初，中国联通提出了实现由"基础电信网络运营商"向"现代化的综合通信与信息服务提供商"转变的目标。

联通认为，电信企业的竞争已从基于业务层面的"异质竞争"转为基于客户层面的"价值链竞争"。以客户为中心的战略思想，将成为电信运营商的核心服务理念。3G 时代真正决定企业核心竞争力的已不再是技术，而是企业如何将技术应用到消费者的生活中，满足消费需求，提升生活质量。今后，中国联通将立足用户需求，不断创新，随时随地为消费者和全社会提供更新、更丰富、更个性化的通信和信息服务。

随着行业全球化进程的不断加速，中国联通的公司战略也进行了相应调整，新形势对中国联通品牌形象的树立提出了更高的要求。此外，随着公司实力的日益增强，业务发展所涉足的领域也越来越广泛。全新的品牌形象标识将更清晰地展现公司面向 3G、面向国际、面向未来的品牌理念，向用户及投资者传达公司持续发展壮大的自信心。

因此，中国联通推出以红色为基调的全新品牌形象标识，体现了公司面向 3G、面向国际、面向未来的品牌理念。中国联通的新品牌标识既顺应时代潮流，又满足公司自身发展需求，更体现了中国联通"让一切自由连通"的执著追求。

二、联通新形象

1. MI

联通在成立之初基本上是以技术为主导，以业务为中心，中国联通一直都争取扮演"引领通信未来"的角色，努力做到"网络今非昔比，精彩无处不在"，此次更是将目标和眼光放得更高更远，发布"世界有多丰富，就有多少沟通的可能——让一切自由联通"的全新品牌口号。这句新品牌口号体现了联通以市场为导向、以客户为中心的理念转型，强调了联通不断创新的业务和功能，更个性化的需求、更超值和轻松的沟通体验。此次整体品牌的规划是从洞悉消费者需求角度出发，"让一切自由连通"以一种更人性化、更亲近消费者的方式传达出新的品牌精神，集中表现出中国联通贴近用户，处处满足用户需求的自许。

2. BI

中国联通还于近日与中国乒乓球协会结成全面战略合作伙伴关系。同时，中国联通"让一切自由连通"的新品牌口号也籍此活动的推广正式与广大消费者见面，它充分表达了中国联通在新通信时代对满足消费者需求的承诺，也是联通基于自身发展确立的全新品牌目标。签署协议后，中国联通将以先进的移动通信网络为依托，在国家乒乓球队参加赛事、中国乒乓球俱乐部超级联赛以及全国大众乒乓球运动等诸多领域与中国乒乓球协会展开全面合作。多年来，我国乒乓球运动一直保持了较高发展水平，并以雄厚的技术实力稳居世界乒坛头把交椅。今后，中国乒乓球队的健儿们将享受中国联通提供的优质通信服务，并身披带有中国联通标志的战袍征战国际乒坛。

此外，中国联通还作为可可西里科考的首席合作伙伴，独家提供全程的通信支持，由于此次可可西里科学考察受到了社会各方面的高度关注，联通对这次活动全程全方位的通信支持，不仅充分显示了联通 CDMA1X 网络的技术优势，更是成功打造了一次重要的品牌营销。

3. VI

从诞生伊始，中国联通就与中国传统的盘长纹样的中国结结下了不解之缘。以同心结所表现出来的企业形象，利用盘长纹样两个上下相连的"心"形图案，中国联通体现通讯网络的相连相通，也体现了人们通信交流的互联互通和畅通无阻。由蓝色同心结陪伴，经历了 12 年的跨越式发展，中国联通凭借独特的创新精神和强大的技术实力，逐步成长为中国电信行业的中坚力量。如今，中国联通推出了以红色为基调的公司品牌标识（LOGO）。新标识同样是同心结，同样是"中国联通 Chinaunicom"，不同的是同心结由蓝色变成红色。

根据中国联通的诠释，新 LOGO 中的中国红，是蕴含着中国人几千年情结的颜色，代表热情、奔放、有活力。象征快乐与好运的红色增加了企业形象的亲和力，并给人强烈的视觉冲击感，与中国联通"创新、活力、时尚"的企业定位相吻合。水墨黑则是最具包容与凝聚力的颜色，是高贵与稳重的象征。红色和黑色搭配具有稳定、和谐与张力的视觉美感。

在中国联通新 LOGO 中，水墨黑字体中中国红的双 i 是点睛之笔，既像两个人在随时随地沟通，体现了"让一切自由连通"的品牌精神，又在竖式组合中巧妙地构成了吉祥穗造型，强化了联通在客户心中吉祥、幸福的形象。同时英文字母 i，发音同"爱"，延伸"心心相连，息息相通"的品牌理念；英文释义"我—i"、"信息—information"体现公司"以客户为中心"的营销模式以及"向客户提供一体化的通信与信息、服务"的品牌营销理念。英文改成小写，摈弃了大写字母的威严、冷峻，更显得活跃和亲和。盘长纹样的"同心结"，图形不变，但增加了新的时代内涵，回环贯通的线条，象征着中国联通作为现代电信企业的井然有序、迅达畅通以及联通事业的日久天长。上下相连的"心"，形象地展示了中国联通的通信、通心的服务宗旨，将永远为用户着想，与用户心连着心。

新 LOGO 在设计上的传承与变革，既体现了中国联通经过多年发展打下的坚实基础，更体现了面对新形势主动应变、积极求变的企业精神。中国联通公司的新品牌定位是"创新、活力、时尚"。

创新——中国联通充满活力，可以为客户提供更新、更个性化的业务和沟通体验。只有不断超越、不断创新，中国联通才能获得更好的发展。

活力——中国联通作为电信改革的产物、新兴电信运营商和市场挑战者，充满朝气，散发活力。

时尚——中国联通不断进取，与时俱进，持续创新业务和服务，致力于提升人们的生活质量和工作效率，努力为人们创造时尚生活。

联通的品牌口号是"让一切自由连通"。"让一切自由连通"体现了中国联通可以满足人们与外界自由沟通的愿望，帮助人们实现随时随地、以多种方式进行联络和获取信息，也体现了中国联通将致力于通过现代通信与信息服务，满足人们"随心如意，心想事成，事事顺利"和渴望"社交与归属，受人尊重"的情感需要，通过满足人们更高层面的精神需求，体现公司的品牌价值。上升到文化的高度，"一切"体现了"广泛"，"自由"体现了"顺畅"，"连通"体现了"和谐"，"让一切自由连通"充分体现了中国联通将以现代化的通信与信息。服务报效社会，团结社会各方力量，按照"开放、合作、共赢"的原则，以高度的责任感，致力于创建人类与社会的和谐。

从蓝到红，不仅是表面颜色的改变，也意味着中国联通从"以技术为导向"真正向"以应用为导向，以满足消费者需求为核心"的全面转变。

4. 品牌形象

中移动和中联通两大运营商之间的品牌竞争日趋激烈。中移动不管是请周杰伦为"动感地带"代言，还是精心打造"全球通"品牌"我能"，中国移动的品牌之路一直较为成功，就连一直没有大肆宣传的"神州行"也发起了猛烈的宣传攻势，邀请葛优为神州行精心策划的"神州行，我看行"更是引起消费者的一片好评。从市场竞争的角度看，联通品牌整合的直接目标就是与中移动的全球通、动感地带、神州行等品牌进行 PK，以避免用户的流失，增强市场竞争力。在此次调整品牌战略之前，联通的品牌分布出现了与其定位不匹配的情况，品牌下的相应业务由于没有针对用户的需求进行有效划分，导致所提供的服务出现重叠，让用户感觉品牌定位不清晰。不管是从如何满足用户的消费需求、对手的市场竞争，还是未来的国际化道路来讲，联通"以应用为导向，以满足消费者需求为核心"所进行的形象重塑和品牌调整显得及时而必要，而淡化 G 网和 C 网的技术概念，划分用户群重塑品牌同样成为重要举措。

影响品牌形象的因素很多，包括名称、包装、价格、广告风格、赞助、投放市场的时间长短等等。但更关键的环节是企业品牌的细分，这将直接体现在业务和利润上。联通从用户的体验和用户群的明确细分来看，联通提出的品牌营销的战略包括了公司总品牌"让一切自由连通"，新调整的 LOGO，大品牌之下的四个客户品牌，产品和业务两个品牌,还有一个服务品牌。其中"世界风"是以承载中高端客户的客户品牌,"新势力"是年轻的客户品牌,"如意通"是大众消费群体的客户品牌,"新时空"是行业应用的品牌。"联通无限"是公司增值业务品牌,"联通商务"是公司数据业务的固定品牌,"联通1010"是客户服务品牌。值得注意的是,在调整之后的对外广告宣传中,将不再出现CDMA/GSM的品牌区分,淡化CDMA和GSM概念,加快G网用户和C网用户的融合,以新品牌代替C/G网络是此次联通品牌战略的重点。

首先是中国联通全国范围内首次推出其针对青少年用户群的细分品牌"UP新势力——就要你最红",这一细分品牌是以数据业务作为卖点,其最大的特点就是通过菜单DIY操作,包括定制聊天、图铃、游戏等数据业务。联通一直都缺少像"我的地盘,听我的"这样家喻户晓的年轻品牌口号。因此"UP新势力"品牌被联通寄予了厚望,希望通过建立多元化的品牌选择,让所有的年青消费者都能在其业务中满足需求。

中国联通选择张韶涵、林俊杰代言其面向年轻时尚一族的客户品牌"新势力"。这对当红明星的精英组合代言以其吻合目标用户群的创新形式,正体现了"新势力"所倡导的"分享"的文化底蕴。选择张韶涵、林俊杰作为品牌代言人,亦是深入了解到了青少年的内心需求,以凝聚强大的品牌人气,建立鲜明的时尚氛围。以《潘多拉》、《香水百合》成为歌坛小天后的"电眼娃娃"张韶涵,秀外慧中,是一个靓丽可爱的活泼女生;虽然出道时间并不算长,可是以《一千年以后》、《编号89757》、《曹操》等热门歌曲登场的林俊杰则体现了健康、清新的现代男生形象。他们和"新势力"的用户群体相得益彰,兼具多种文化特质,大气、时尚。双剑合璧的品牌代言攻势必将带来通信市场营销领域的又一轮激战。延续以往的品牌形象,新势力同时也被赋予更多新的概念。"新势力,由我连通"的品牌口号,"阳光、新锐、创新"的品牌个性,流线型图腾夸张的品牌标志,无不充分吻合并倡导着新一代年轻人勇于展现自我,个性但不盲目、追求个人价值与社会认同统一的精神价值。

其次成功的细分品牌是上海联通女性品牌"就爱我"。女性是社会、家庭、消费链的主体,"就爱我——女性专享通信主义",传达的是一个专属于联通女性通信整合的生活新概念。它瞄准20~40岁的女性,以贴近和关怀她们生活、心理、需求为策略,设计开发并整合了通信以外多领域的不同业务优势,让女性在体验时尚新潮和惊喜便利的同时,充分感受通信带来的贴心服务。"就爱我",则是其中真正意义上以客户为核心的品牌。上海联通"以业务拓展为主"到"以客户服务为主"战略转型,是不断细分市场、实现差异服务的又一次创新。

除此之外,为了更进一步探索3G业务的发展模式,统领中国联通C网无线数据业务的总品牌"联通无限",也随之改为"Uni"。"Uni"品牌推广是联通增值业务发展的"首席"项目,"Uni"总品牌覆盖工作、生活、娱乐三大领域,据悉,旗下7个子品牌的建设和发展正在提速,无线上网、联通丽音和炫铃等业务的增长率都达到30%以上。联通通过一系列的品牌攻势,品牌营销逐步突出了系统性和战略性;通过一系列的品牌攻势,联通品牌对市场和业务的推动作用也已经开始显现出来。

转型期企业 CI 案例：Intel 换标

北京时间 2006 年 1 月 4 日，全球最大的半导体芯片制造商英特尔公司宣布舍弃已经使用了 37 年的"Intel Inside"标识，取而代之的是一个企业品牌形象标识、3 个平台标识和 13 个处理器产品标识。新、旧标识见图所示。英特尔承认标识的更改是源于发展战略的根本性转变与调整，不愿仅仅作个芯片制造及供应商，而将走向前台更直接地面向消费者，据称推广这个新标识将花费英特尔 20 亿美元。

 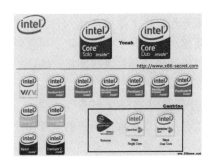

Intel 公司的新旧标识

如图所示，英特尔以前使用的旧标识"Intel"中，"e"略低其他字母，"Intel Inside"标识则被一个圆圈围绕。英特尔老品牌标识由公司两位先驱罗伯特·诺伊斯与戈登·摩尔创建于 37 年前，而"Intel Inside"口号则在 1991 年被提出。在此次推出的新标识中，包括了两部分，一是在两个弧形包围中的"Intel"字样，其中字母"e"不再采用下沉设计，二是新口号"Leap ahead"中文版本为"超越未来"。该口号和创始人罗伯特·诺伊斯的经典话语"不要被历史所束缚，走出去创造更美好的未来"密切相关。

英特尔公司的新标识一经推出，业界对其原因以及换标后的结果众说纷纭，对于英特尔不惜花费 20 亿美金"换脸"事件背后的原因有多种猜测：竞争者压力、整体战略转变需要、重塑新品牌等等。

换标：抵抗竞争者疯狂挑战

AMD 公司所发起的针对英特尔的疯狂挑战可以说是 Intel 换脸背后的一个重要的原因。作为全球电脑芯片的龙头老大，英特尔近两年遭到了同样来自美国的 AMD 的锐意挑战，双核与 64 位处理器是两家公司争夺最激烈的阵地。在先前的 64 位对垒中，英特尔自身战略的失误给了 AMD 翻身的机会。去年夏天以来，双方在双核上展开第一番较量，AMD 的声势一度盖过英特尔。目前，AMD 的双核市场攻势正如火如荼。

虽然英特尔公司曾表示早在 10 年前公司就开始涉足双核技术，然而直到 2005 年 AMD 扬言要在双核时代战胜英特尔时，英特尔才公开宣布自身的双核技术及产品。"到 2006 年年底，40％的英特尔台式 CPU、70％的笔记本电脑 CPU 和 85％的服务器 CPU 将向多内核设计发展。"英特尔中国区市场总监洪力日前表示。他说，2006 年英特尔将在台式机、服务器、笔记本电脑全线产品使用双核处理器，旗帜鲜明地全线进入双内核时代。

2005 年，AMD 在芯片领域的市场份额有了明显的上升，虽然英特尔仍占据老大的地位，但 AMD 取得的成绩显然让英特尔震动了，英特尔不得不开始反思自身的市场策略。前不久，英特尔公司宣布与宝马公司合作，并成为索伯（Sauber）F1 车队的技术合作伙伴，都是英特尔开始转变市场策略的征兆，而此次新标识和双核技术的全面推出，则代表着英特尔公司已做好了充分的准备，奋力抵抗竞争者的挑战，相信新一轮的全球芯片大战即将打响。

换标：公司整体战略大转变

此次品牌标识及宣传用语的改变体现了英特尔整体战略的重大转变。

俗话说"生意不好整柜台"，套用到换标这事上就是"生意不好换标识"。如果我们认为英特尔公司是生意不好才换标识，那简直是低估了英特尔的盈利能力、看扁了英特尔的战略雄心。一般来说，一些名不见经传的企业启用新标识，那是因为旧标识并不为消费者所接受；而对于牛气冲天的知名企业来说，其换标动因绝不是消费者对于旧标识的不认同，大多是为了适应企业战略转变之需。这从联想、IBM、戴尔等公司的换标之举便可看出，他们或是出于国际化战略的考虑，或是服从于多元化战略的需要。因此，我们可以得出这样一个结论，现时 IT 企业界涌动的换标风潮背后隐藏着企业品牌战略转变的新动作。

是的，换标是英特尔战略转型的第三个步骤，这个表象的背后是该公司战略转型的逐步深入：第一步是在产品技术上从一家提供 CPU 的公司转型为一家平台解决方案的提供商，第二步是在 2005 年进行的那次大规模组织结构调整——这是英特尔以全新面貌重新示人之前不可或缺的两个阶段。而如今战略转型的第三波也已到来。

品牌战略转变需要标识迅速跟进。标识从属于企业品牌战略，它是品牌战略思想的视觉化和符号化。标识作为一种特定的符号，实际上已经成为企业品牌战略思想、文化、个性、联想等的综合与浓缩，可谓是小中见大、微中见著。品牌的标识如果能够深刻反映品牌的精神，并与消费者的心理重合，产生共鸣，则能够为品牌起到积极的推动作用；如果不能引起消费者的心理认同甚至产生抵触，则只能为品牌发展做减法。在一定时期内，品牌标识会对品牌战略产生积极作用，但随时间的推移，原有消费者年龄渐大，社会在发展，时代在进步，如果标志没有跟着进步，就会出现品牌形象的老化，跟不上时代的步伐。

Intel 放弃了一些非常有价值的旧传统，如奔腾品牌和标识中的字母"e"，就足以显示英特尔高层想要重新打造更富有时代性的新品牌的决心。在这一点上，从公司新上任的总裁欧德尼接受《商业周刊》采访时的谈话中可以窥见一斑：欧德尼认为，公司的 Logo 中"没有什么是神圣不可侵犯的"，"如果合理的话，把那个'e'去掉也是可以的。"新标识给人的感觉是："这就是 Intel 需要的变化。新标识有种运动感，标识语'超越未来'（Leap ahead）更是突出了这一点。"它不仅充分体现了新品牌标识的时代特征，而且彰显其战略野心。长期以来，英特尔在消费者心目中固化为 CPU 生产商的形象，这对于已称雄芯片行业、希望拓展更多市场空间的英特尔来说不是什么幸事。改变 CPU 生产商形象，重塑整体方案提供商新形象是英特尔的新愿望。英特尔从去年起已经开始向平台提供商转变，随着移动 napa 平台以及面向数字家庭的 Viiv 平台在今年进入市场化阶段，英特尔平台提供商的形象将最终确立。而且英特尔围绕着平台模式实现了组织结构的重组，重点专注于移动、数字家庭、企业与医疗保健四个重要市场细分领域。与此品牌战略相匹配的就是要进行品牌视觉的再造了。原有的品牌已容纳不下英特尔的战略新定位了，更换标识就显得非常自然了。要不然，人们的固有印象难以消除。

这位芯片巨人正努力通过全新的品牌标识告诉世界它已今非昔比，力图改变该公司此前只是 PC 和服务器领域芯片提供商的高端、专业的技术形象，赋予其品牌标识更多且更符合企业发展变化的内涵。

换标的思考

思考一：纷纷换标为哪般

在刚刚进入 2006 年不久，两个国际性的大公司 Intel 与柯达开始的换标事件，成为两件轰动业内的大事，由此而引发的换标浪潮即将席卷全国乃至全球。回想起 2003 年国内 IT 企业的换标事件，如联想、夏新、金碟等，我们可以从中分析出一些共性。综合来看，企业自身发展过程中原有品牌不足以覆盖企业现有的业务及未来的战略延伸以及企业的国际化路线是其纷纷"变脸"的主要原因。

当企业欲做出战略重大转型时，品牌的定位与内涵就需要跟着变化。英特尔与柯达、夏新，以及 2005 年底的腾讯换标行动在很大程度上都是基于这个因素。英特尔之所以换标，主要是因为公司的业务范围已经不仅仅局限在处理器领域，英特尔希望借换标向外界表达英特尔不再是单一产品的提供商；对于柯达换标的原因，公司表示新标识体现了柯达向多元化品牌形象转变的最新发展，也反映了柯达已经成为跨多种行业的数码影像领导者；腾讯换标按照腾讯人的解释，是因为原有的图标不能再体现出腾讯品牌的全部内涵和价值。

至于第二个国际化原因则多体现在国内企业的身上，如联想换标就是因为其原先的 Legend 在国外已被注册；金碟更换其使用了近十年的企业标识，用其老总徐少春的话来说就是"金碟寄希望于从香港出发，开发亚太市场，实现金碟的全球定位"，而换标标志着金蝶国际化的新形象；用友软件在解释其换标时也宣布是其国际化加速的需要。

由此我们可见，换标反映了企业在面对全球化市场竞争中的积极心态和竞争意识。为了满足不断变化的市场需求，适应全球市场的变化，企业有必要调整自身的发展战略，使之按市场导向良性发展。而如果企业的战略调整涉及扩充或者转变企业原有的业务范围，那么适当地变换企业标识或 Logo 就成了企业迈出战略转型所必需的第一步。

思考二：换标带来的风险

在众多企业纷纷寻求换标作为企业战略转型第一步的同时，我们不得不认识到换标也是有一定的风险的。因为对于一个品牌的变更，可能只需要短短的几个小时，而创建一个品牌却往往需要花费几十年甚至几代人的苦心耕耘。将旧有的品牌标识撤下换成新的标的肯定具有很大的风险性，因为换标而走向衰落的国内企业也比比皆是。为了应对风险，企业要认识到品牌是产品的灵魂，产品是承托品牌的载体，在成功品牌的成长过程中，品牌与产品紧紧地联系在一起，相辅相成共同成长，因此换标后更要提高产品竞争力，千万不要简单地认为更换 Logo 后就万事大吉，事实上，换标后如何保持住原来品牌的优势和活力，同时将新品牌形象融入原品牌中，才是工作的重点。

另外，换标所产生的成本也是很难预计的。虽然英特尔中国网站上的标识已经在换标的消息发布后率先切换，但英特尔有关人士表示，英特尔要想在市场上全面更换新标识，预计在时间和资金上仍需要大量的投入，相信数年时间及巨大的资金成本在所难免。据了解，英特尔原企业标识"Intel Inside"用了大约 37 年时间推广成为了全球前 5 名的著名品牌。而此次新标识的推广将花费 Intel 公司近 20 亿美元。在过去的 3 年中，英特尔以每年平均 13% 的速度增长，但是分析师预测在 2006 年该公司的增长很可能只有 7%，为 422 亿美元。由于此次的换标和市场活动将耗资 25 亿美元，尽管在英特尔看来这样做完全必要，但结果却令人担心。

思考三：换标能否带来新空间

英特尔换标使业界不能不联想到 IT 界频频上演的换标事件。虽然换标可能给企业带来新的利润增长点，但也可能因为一些老客户的不习惯而失去一部分市场，有的甚至造成无力挽救的局面。就如 20 世纪末，中国的 WPS 操作系统在市场上销售正旺的时候，求伯君将 WPS 换标为"盘古"，WPS 市场份额便阴差阳错地从此一路滑坡。

再比如联想集团，2004 年 4 月 28 日上午，在经历一段时间的遮遮掩掩的时光后，联想终于在集团总部大厦前升起了一面有"Lenovo"的大旗，正式取代伴随了联想 15 年的"Legend"。然而，根据业界分析，联想品牌的影响力主要在国内，2002 年联想的两个汉字经北京某家品牌评估公司评估，以 198.32 亿元的品牌价值名列国内最有价值品牌第五位。而在换标后，考虑到联想在标识上的品牌推广投入和品牌的市场价值，该举措可能造成联想公司 400 亿元的损失。

无论是新的机遇还是新的挑战，英特尔终究还是勇敢地走出了"变脸"的这一步。毫无疑问，未来的英特尔一定会按照其口号中所倡导的那样：Leap ahead——超越未来，去引领全球平台业技术的发展，实现从CPU芯片生产商向平台提供商的成功转型。成功也好，失败也罢，我们所能做的就是耐心等待，见证这创造历史的一刻。无论如何，英特尔敢于舍弃过去取得的辉煌，进行创新、求变，已经显示出了王者所应具有的风范。

主要参考文献

张茂林，吴东明. 中国式 CI 策划体系. 上海：同济大学出版社，1997.
林磐耸等. CIS——现代企业形象策略. 北京：中国经济出版社，1994.
王军元，方世南. 现代企业形象设计. 苏州大学出版社，2002.
叶万春，万后芬，蔡嘉清. 企业形象策划—CIS 导入. 大连：东北财经大学出版社，2002.
[美] 贝恩特·施密特，亚历克斯·西蒙森. 视觉与感受营销美学. 上海交通大学出版社，1999.
[美] 约翰·科特，詹姆斯·赫斯克特. 企业文化与经营业绩. 北京：华夏出版社，1997.
滕宝红. 高位竞争——企业形象管理艺术. 北京：中国标准出版社，2002.
齐永钦. 提升竞争力的"软手段"企业管理. 2006，7.
陈涛. 企业形象战略的实践误区企业活力. 2004，12.
张春江. 超越 CIS·www.asiaci.com